戦後日本史

福井紳一

講談社+α文庫
プラスアルファ

序　なぜ、戦後史を学ぶのか

戦後史を知らないのは、目隠しで高速道路を歩くのと同じ

戦後史を学ぶことは、なぜ大切だと思いますか？　それは第一に、「歴史を見ることは現在を見ること」だからです。もし、戦後の歴史を知らず、戦後の日本や世界について、何もわからないままでいたとするならば、自分の生きている世界や社会、その仕組みや土台、つまり、現在の自分の置かれている位置そのものが、まったくわからないことになります。それは、「現代社会」を、目隠しをして歩いているに等しいことです。安定期ならば、それでいいかもしれません。目隠しをして広いグラウンドを歩いても、めったに転ばないでしょう。しかし二一世紀の日本、とくに三・一一東日本大震災後の日本を巡る情況は、政治・経済・社会そのものが液状化しているような様相を呈しています。

とくに、第二次安倍晋三内閣になると、「平成の治安維持法」といわれる特定秘密保護法が制定され、日本国憲法第九条を否定する集団的自衛権容認の閣議決定が強行されました。また、国会に参考人として招かれた憲法学者全員が「憲法違反」と明言したにもかかわらず、安全保障関連法（通称「戦争法案」）の成立強行を図るなど、「戦後七〇年」にして急速に「戦争を行う国」「合法的に人を殺す国」に変貌しようとしています。ついに憲法改正も秒読み段階となってきてしまいました。

そのような激動期に、自分を否応なしに規定する「戦後日本の歴史」を知ることがなければ、取り巻く情況を歴史的にとらえる力がなければ、まさに、目隠しのまま高速道路を歩いているようなもので、とても危険です。混迷する情況では、知識は前方の道を照らす懐中電灯くらいにはなるのです。

いま、歴史のなかで自分を確認する

第二に、戦後史は、やはり自分とつながった人、自分とかかわる人々と結びついた歴史だからです。つまり、戦後の歴史を学ぶことの意味は、自分とかかわる人々が生きた時代を感じ、再確認し、「歴史」という時間のなかで、自分を認識する作業でもあるのです。

人間は、どう頑張っても、たかだか一世紀も生きられずに消えていく存在です。しかし、逆にいえば一世紀弱は生きる存在でもあります。当たり前のことを学生にいうと意外と驚かれますが、第一次世界大戦（一九一四～一八年）から、まだ一〇〇年ほどしかたっていません。いま日本人女性の平均寿命は約八七歳ですが、その人たちが一七歳のころ、この国はアメリカから核兵器を二発も食らっています。東京も焼け野原で、東京大空襲のなか生まれた女の子のひとりが、女優の吉永小百合さんです。戦後とは、そのくらいの「長さ」で、戦争とは、そのくらいの「近さ」なのです。ちなみに、一九四五年の日本人の平均寿命は、厚生省（当時）によると、男性は二三・九歳、女性は三七・五歳でした。この「短さ」の「重さ」が、戦後の始まりを規定します。

戦後史を学ぶにあたって、まず「身体の時間」を歴史のなかに置いて再確認してみましょう。一〇歳の小学校四年生にとっては、たった五年が人生の半分です。一五歳は、中学校三年生から高校一年生で、かなりうぶな子から、十分に大人な子もいます。しかし、彼ら・彼女らにとっても、たった五年が人生の三分の一です。逆に一〇〇歳の人にとっては二〇分の一になります。

何をいいたいかわかりますか？　子どもにとって「身体の時間」はゆっくりと流

尾崎行雄

れ、「五年」はとても重い。だから平成生まれの若い世代にとっては、九・一一対米同時多発テロも、湾岸戦争も、ベトナム戦争も朝鮮戦争も、小さなころや生まれる前の世界は、遠くぼんやりとした世界になってしまいます。

七〇年前に核兵器を二発も食らった国に生まれた人間として、いっしょに考えてみましょう。いま一七歳の学生が、女性の平均寿命の約八七歳まで、これから同じ七〇年間生きたとして、いままでのような、平穏な生活がずっと続くというのは、単なる幻想にすぎないかもしれないのです。平穏が続く可能性は、冷静に見つめると、本当はとても低いかもしれないということです。三・一一東日本大震災を経てからの学生は、このことの意味の重さを実感していることが、こちらにも伝わります。やはり、三・一一以後の現在は大きな転換期なのです。ここでもう一度、人間ひとりの生涯の長さと「身体の時間」を歴史のなかで再確認し、戦後史を考えましょう。

「憲政の神様」といわれた尾崎行雄という政治家を知っているでしょう。彼は一八五八年、桜田門外の変の二年前に生まれ、一八六八年に一〇歳で明治政府の成立を見て、一八九〇年、三二歳で第一回衆議院議員総選挙に当選、一九四五年、八七歳の年に衆議院議員として敗戦を迎えます。そして占領された日本や、独立を回復した日本を見つつ、一九五三年、九五歳で落選するまで衆議院議員を続け、一九五四年、ビキニ環礁での水爆実験の年に、水爆の放射能の突然変異で生まれた怪物が日本を襲う、映画『ゴジラ』が封切られた年に亡くなります。

少年の日に江戸幕府の崩壊を見た尾崎行雄は、大日本帝国の崩壊を衆議院議員として見ることとなり、『ゴジラ』公開の年に亡くなりました。彼はずいぶんといろんなものを見たことになります。「戦後七〇年」を生きる若い世代は一生のうちに、どのような世界の変遷を見るのでしょう。「身体の時間」を、「歴史の時間」に重ね合わせて、いま、ここで戦後史を学ぶことの意義を確認してみましょう。

戦後史の知識は諸学問の前提

第三は、歴史的教養と歴史的なものの見方、とくに戦後史の知識と理解が、大学で学ぶ諸学問の前提や基礎となるからです。しかし残念ながら、高校の授業で、戦後史が丁寧に教えられていないことは、やはり事実です。

高校では、同じ七〇年間でも、戦前の七〇年（一八七五～一九四五年）には何ヵ月も費やして授業するのに、戦後の七〇年（一九四五〜二〇一五年）は、三学期の最後の一週間で終えてしまう高校すら多くあるのが現状です。教科書で「戦後史」に割かれるページも少なく、これも非常に困ったことです。

二〇年前は、明治以降の近代史すら、高校でまともに教えてもらっていない学生が多く、事実、現在の戦後史と似たような情況がありました。大学入試には近現代史の問題が出るのに、高校では戦後史はもちろん近代史も教えてもらっていない、予備校で受験のためだけに勉強した、という学生も少なくありませんでした。

一方、最近の大学入試の動向を見ると、日本史のうち戦後史の出題の配点・分量を、ともに全体の四分の一、一橋大学や慶應義塾大学経済学部のように、年によっては三分の一まであてる大学も増加している傾向があります。

ここには、戦後史を高校でもしっかりと教えてくれ、そうしなければ入学させない、という大学からのメッセージが込められているのです。予備校では三〇年以上、同時に大学でも二〇年以上教えてきました。そこで切実に感じるのは、大学には、近代史と戦後史を勉強してから来てほしい、ということです。大学が近代以降の歴史を出題し続けたのには、そのような高校への期待とメッセージがあったのです。

近現代史、とくに戦後史＝現代史の知識と理解は、大学で学ぶ諸学問の前提となります。経済学も政治学も法律学も社会学も教育学も、戦後史がいちばんの基礎にあたります。大学は専門を学ぶところです。戦後史が基礎となるからといって、経済学者や法律学者に、戦後史を教えてくれとはいえません。大学で勉強したいなら、高校の授業で不十分であっても、自分で戦後史は勉強してきてほしい。これが、入試に込められた、大学からの受験生へのメッセージです。

戦後史がわからなければ、いま起きていることの本当の意味がわからない

僕たちの世代は、戦後史＝現代史はもちろん、明治から昭和戦前の近代史をほとんど学校で習ってきませんでした。また当時、都合の悪いことに目隠しするような文部省（現在の文部科学省）の検定のあり方も批判されていました。裁判にもなり、南京大虐殺や731部隊に関する検定は違法とされました。しかし、その検定教科書レベルであっても、もし、多くの人が学校で体系的に近現代史を学ぶことができていたならば、本屋さんに平積みになっている、自画自賛の歴史修正主義、目も当てられない自慰史観の「歴史物」があんなに売れるはずはありません。

明治以降の近現代史を学ばなければアジア諸国と日本との関係はわかりません。しかし、政治家・官僚や企業の社長・役員など、日本社会の中枢を担い、アジア諸国と

関わっている僕の知人・友人たちの多くも、近現代史の体系的な認識や基本的知識があるとは思えないことが、残念ながら話しているとすぐにわかります。縁あって（？）近現代史を学んだ僕の認識は、同世代では極めて「少数派」になってしまっていることを、いやというほど思い知らされます。

ところで僕の同世代には、信じがたいほど歴史常識の欠如している代表格が目の前にいます。「戦後レジームからの脱却」を掲げる安倍晋三氏です。なんと、世界から日本の歴史認識が厳しく問われる「戦後七〇年」の今年（二〇一五年）、国会での党首討論で、たった一三項しかない（高校生の史料集では一頁）ポツダム宣言を、「詳《つまび》らかに読んでいない」と吐露してしまった、あの日本の首相です。

かつて安倍氏は、「ポツダム宣言というのは、アメリカが原子爆弾を二発も落として日本に大変な惨状を与えたあと、『どうだ』とばかり叩きつけたものです」（『Voice』PHP研究所、二〇〇五年七月号）と、トンデモ発言をしてしまいました。一九四五年七月二六日に提示されたポツダム宣言を、日本が「黙殺するのみ」といったことから、八月六日に広島、九日に長崎に原爆が落とされたことは、子どもでもよく知っている常識です。

また、「未来の首相」と謳《うた》われていた頃の安倍氏は、二〇〇五年、『サンデープロジエクト』（テレビ朝日系列）に出演しました。そこで関東軍（旅順・大連＝関東州と南満州鉄道株式会社（満鉄）を警備する日本陸軍部隊）が侵略して捏造《ねつぞう》した「満州国」に関して語り始め、なんと、「満州は攻め入ってつくったわけではない！」「満州に対する権益は第一次世界大戦の結果、ドイツの権益を日本が譲り受けた面がありますよ！」と前代未聞の珍説を披露したのです。

これは「満州の権益は火星から譲られた！」レベルの妄論です。テレビを見ていて、僕は思わず椅子からずり落ちそうになりました。

当時、大学で教えていた中国の留学生たちは、呆《あき》れることを通り越して、「本当に、あれが日本の未来の首相なのですか？」と真剣に日本人の「不幸」を心配してくれました。ドイツが満州を支配した歴史などまったくありませんので、もしドイツ人が、この安倍発言を聞いていたら心の底から軽蔑したことでしょう。

しかし、この政治家としての資質を問われる発言は、ジャーナリズムで大きく取り上げられることもなく、そのまま見過ごされてしまいました。結果、安倍氏は本当に首相にまでなってしまったのです。この悲喜劇が、メディアも含めた、日本の歴史認識のお寒い現状を象徴しています。

安倍晋三氏の錯乱はともかく、歴史的事実はこうです。一九一四年、第一次世界大戦に際して対独参戦した日本は、ドイツの租借地である中国の山東省にある青島《チンタオ》を攻略し、翌一九一五年、中国の袁世凱《えんせいがい》政権に対し、侵略的要求である対華二十一箇条要求を突き付け、山東省のドイツ権益の継承を認めさせました。一九年のパリ講和会議で、対華二十一箇条要求撤廃の主張が拒否されると、五・四運動が起こり、中国は、山東省の旧ドイツ権益を日本が継承することを承認するベルサイユ条約の調印を拒否しました。しかし、二二年、ワシントン会議に際し、英米の意向もあり、日本は、山東省権益を中国に返還しました。

どのように、山東省と満州を勘違いしたかは、安倍氏の思考回路を辿るのも徒労になるのでやめますが、もし、首相が国際会議で前述のような発言をしたならば、安倍氏の大好きな「美しい日本」自体が世界の笑いものになってしまいます。

このような歴史「知識」レベルにも満たない歴史「常識」の欠如では、歴史「認識」を語るには一〇〇年早いと言わざるをえません。歴史に関する政治家の「無知」は、単なる「無恥」では済まされず、ときには、他者を傷つける暴力的な意味すら持ってしまいます。今上天皇も二〇一五年の新年、「満州事変に始まるこの戦争の歴史を十分に学」ぶことの大切さを語っています。

先ほども言いましたが、僕らや上の世代だけではなく、後の世代、つまり二〇年ほど前に高校で教育を受けた世代でさえ、戦後史＝現代史はもちろんのこと、明治から敗戦までの近代史の授業が充実して行われていたとは、とても言える状態ではありませんでした。

近現代史を学んだ者の認識は、僕の同世代では「少数派」になってしまい、その結果が、いま見てきたような恥ずかしい現実を再生産しています。

しかし、同様のことがいま起きているのです。現在の若い世代では、戦後史＝現代史の教育実態が、かつての明治から敗戦までの近代史と同じ状態にあるからです。「戦後七〇年」の歴史がわからなければ、いま、現実に起きていることの本当の意味がわかりません。ところが、受験勉強を通してでも戦後史を学んだ者は、若い世代でもまだまだ少ない。だから、その人たちの戦後史の知識を背景にした認識は、同世代の「少数派」になってしまうのです。

会社や学校や社会の各所で日々おこなわれる議論においても、戦後史の知識を持たない大多数の中にあって、知識を持った「少数派」が苦闘する未来は想定されます。とはいえ、やはり戦後史の知識を持った者こそ、それを基盤として現実の政治や社会への認識を深められるのです。だから的確な判断によって現場をリードしていくことが可能となるのです。

ニュースや新聞の内容を読み取るには、戦後史が必要

戦後史を学ぶことの大切さの第四の意味は、戦後史の知識と理解が、現在の情況や、日々起きてくる事件・事象を考察し、分析する能力の前提になる、ということです。

さらにいうなら、戦後史がわかっていないと、新聞も読めないからです。新聞も読めない、理解できないという大学生が多数派であるというのが、いま日本の置かれている、異様な現状です。そして困ったことに多数派であるため、そのことへの危機感も、異様であるという自覚も、きわめて希薄なのです。

すべてのことは、歴史をベースに構成されているといっても過言ではないでしょう。大学が求めているのは、高校までの歴史の知識、とくに戦後史の知識を、教科書のなかだけの「死んだ知識」とせず、現実に起こっている事件や事象を分析する手段として役立てることです。

それは、たとえばこういうことです。一九九九年にいわゆる周辺事態法（正式名称：周辺事態に際して我が国の平和及び安全を確保するための措置に関する法律）が制定されました。このとき、大手航空会社のキャビンアテンダントの女性たちも、制服を

着てデモ行進をしていました。周辺事態法成立とキャビンアテンダントのデモとの相関関係を考えてみましょう。この法律によれば、日本の「周辺」(「周辺」の範囲もあいまい)で有事、つまり戦闘が起きた場合、自衛隊は米軍の後方支援をするわけですが、よく読むとそれだけではないことがわかります。有事の際は、国家公務員を動員しますが、さらに、地方自治体や民間企業など、「国以外のもの」に協力要請がなされます。

憲法第九条があるかぎり、自衛隊は危険な戦闘地域に行くことはできません。危険な場所に行かされるのは、実は民間企業関係者のほうです。後方支援のための荷物・軍事物資の輸送は、宅配便の業者まで含め、すべて米軍支援のための計画に入っていますから、実際に民間機が、この輸送手段に使われる可能性は十分あります。

また、戦闘地域に軍事物資を運んだ民間機は、シカゴ条約(国際民間航空条約)の保護を受けられませんから、「合法的」に墜落させることも可能となります。JALやANAのキャビンアテンダントにしてみれば、たまったものではありません。業務命令に従うことが即、生死にかかわる危険地域に向かうことになるんですから。彼女たちがデモをおこなったのには、こういう背景があったわけです。

いま出てきた「周辺事態法」「憲法第九条」といった個々の単語には聞き覚えがあ

っても、それらの意味を理解できていなければ、ニュースを見ても新聞記事を読んでも、どうしてキャビンアテンダントの人たちがデモをしているのか、さっぱりわからないわけです。

「俺の会社はトイレをつくる会社だから、関係ない」と思っているサラリーマンにも、「米軍の最前線のキャンプのトイレは、うちのメーカーのものだ。修理に来いといわれたから、お前行ってこい」という業務命令が下るかもしれません。「嫌です」と答えたら業務命令違反ですから、最も「正当」な解雇理由になります。米軍の人殺しの手伝いをするために危険な場所へ行きたくない。死にたくない。でも、断ればクビだ。そういうことが冗談ではなく起こりうるのが、現代です。そして、この法律を成立させたのは、僕たち主権者が選んだ代表者の集まり、すなわち国会です。その代表者たちが、各々どんな法案に賛成する人物か、よく見極める必要があります。戦後史を知らないと、実は自分にすごくかかわりがある情報を有効活用することはできません。

東京大空襲から見えてくるもの

入試でよく、こんな設問があります。「一九四五年三月一〇日の東京大空襲における死者は、約何人か。ア、一〇〇〇人　イ、一万人　ウ、五万人　エ、一〇万人　オ、五〇万人」。正解は、エの「一〇万人」ですが、一〇万の死者がどのぐらいのものか、想像したことはありますか。アジア太平洋戦争の末期には、東京の各所で空襲がありましたが、最もひどかったのが、この三月一〇日です。

僕はよく受験生を前にした教室で、こんな話をします。「いま、この教室は満員だから一〇〇人いるよね。ここにいる人たちが殺されたとして、死体の山にしてみたら、どうなるだろう？」。とてつもなく陰惨なイメージがすぐに浮かびます。一〇〇人といっても、家族・親戚・恋人まで入れれば一〇〇〇人ぐらいの人間が、死者の人生にかかわっています。ひとりの死でも、多くの人々の愛情や生活を破壊します。「次に、その一〇〇人の死体の山が、一〇個並んでいる光景を想像してごらん」。目を覆いたくなります。「これで何人？　一〇〇〇人だよな。次に一〇〇個並んでいる光景を想像して。これで一万人。さらに、一〇〇人の死体の山が一〇〇〇個並ぶ惨状をイメージしてごらん、これで一〇万人です。そしてこれが、一九四五年三月一〇日、東京の下町で、一晩に殺された人の数です」

しかし、一晩で一〇万人の人々が殺されたのは、紛れもない事実で、それもたった七〇年前の話です。隅田川は死体で埋め尽くされ、それが海に流れていきました。大火災の空襲になると、ただ人を焼き殺すだけでなく、酸欠状態にさせます。熱くて川へ逃げ込んだ人も、どんどん酸欠で死んでいきます。だから川を流れる死体は、黒焦げのものとは限りません。火に追われた人たちが、橋の上ならば助かるのではないかと、有名な浅草の言問《こととい》橋の上に逃げ、橋の上はあたかも満員電車のように人がひしめき合っていました。あの界隈《かいわい》はすごい業火《ごうか》で、火炎は横に走ります。だから、言問橋の上を火が走り、満員電車状態の橋の上では人間が炎上し、皆死んでいきました。

隅田川を流れる死体は海に向かい、江戸時代に建設された砲台の跡があるお台場にも、引っかかってしまいます。ですからお台場で、大量の死体が引き上げられました。そのため、お台場では、地元の人々により、毎年供養が続けられてきました。でも、観光地にするために、お台場海浜公園が整備されるに当たり、二〇〇三年がお台場での最後の慰霊祭になりました。戦争の記憶は、観光地からは消したいということなのでしょうか。

隅田川沿いは、古くからのお花見の名所です。大量の死体は、そこにも埋められました。いまも小さな碑が残っていて、東京大空襲の惨状が書いてあります。それは、たった七〇年前のこの町での出来事です。お台場に遊びに行ったり、隅田川の川べりでお花見したり、花火を見たりするときに、そっと、一〇万人の死に思いを馳《は》せてください。恋人といっしょなら話をしてみてください。「デートの雰囲気が壊れる」といやな顔をされたら、そのような彼氏や彼女との付き合いは考え直したほうがいいかもしれませんね。先輩からのアドバイスです。

東京大空襲を巡って、忘れてほしくないことがあります。ひとつは、三月一〇日正午のラジオで流した大本営（戦争を指導する天皇直属の最高統帥部）発表です。「盲爆により都内各所に火災を生じたるも、宮内省主馬寮《しゅめ》は二時三五分、其《そ》の他は八時頃までに鎮火せり」。わかりますか？　大本営の関心は、天皇の馬小屋の消火にあり、約一〇万人の死者や約一〇〇万人の罹災は、単なる「其の他」の三文字でしかなかったということです。

もうひとつは、アメリカ軍の司令官カーチス＝ルメイ（一九〇六～九〇）の受勲です。ルメイは「紙と木でできた日本家屋」を焼くために開発した、焼夷弾《しょうい》による無差別絨毯《じゅうたん》爆撃により東京大空襲など日本全土の空襲を計画・実行した人物で、日本では「鬼畜ルメイ」などとよばれていました。

カーチス＝ルメイ

小さな地方都市まで焼き払い、日本の一般民衆を大量虐殺したルメイに対し、一九六四年、なんと日本は、勲一等旭日《きよくじつ》大綬章という勲章を与えています。授与の理由は航空自衛隊を指導した「功績」というものです。小泉純一郎元首相の父で、防衛庁長官であった小泉純也の推薦といわれています。勲章は日本政府が与え、天皇が直接手渡すものです。このときは、昭和天皇とルメイの面会はなかったようですが、この受勲は、戦後の日米関係を象徴する出来事でした。ルメイはまた、ベトナム戦争に際して「ベトナムを石器時代に戻してやる」といって、空軍参謀総長として北爆を推進した人物でもあります。

「ナショナル・ヒストリー」を超える視点

ポスト冷戦の世界は、情報も商品もサブカルチャーも、いや人間自身も国境を越えて生きていく時代になっています。国際政治でさえ、ＥＵのあり方や東アジア共同体の構想など、国境の壁を低くし、国民国家を社会の側に開く試みを想定せざるを得なくなってきています。

歴史を見ても、「倭国」や「日本」を巡る古代史は、東アジアの諸文化圏の交流の歴史としてしか語り得ません。近代以降の「国家」や「国境」を前提とした感覚で見てしまったら、何も見えません。いまは「領土」を巡る確執が噴き出し、それを利用し、排外主義も煽《あお》られていますが、実は中世の日本列島周辺の海域には、国家への帰属意識を持たないマージナルな人々がずっと活動していました。ふと考えてみましょう。近世になってさえ、落語に出てくる「長屋の熊さん・八っつあん」のようなごく普通の民衆は、「俺は江戸っ子でぇ！」とは思っていたとしても、「俺たちゃ日本人！」などと自己規定していなかったはずです。

たまたま日本列島の上で生を受けた人々が、いつから自分たちを「日本人」と思ったのでしょうか。生まれてきた赤ん坊が、いつ頃から自分を「日本人」と感じるようになったのでしょうか。子どもたちは、どの時点で「日本人」として作り上げられたのでしょうか。戦後史を考えるとき、根っ子にこの疑問を持って見ていきましょう。実はこの問題は、歴史学や現代思想で深く問われている課題なのです。

戦前、平泉澄《きよし》らが提唱した皇国史観は、『古事記』『日本書紀』の神話を意図的に歴史的事実と混同して、天皇の支配の正当性と永続性を主張する歴史観だ、と習ったと思います。そして、戦前、皇国史観がアジア侵略のイデオロギーになったことも勉強したと思います。

それゆえ、「天孫降臨などの『古事記』の神話は歴史的事実ではない」、とごく当たり前のことを言った古代史の権威・津田左右吉《そうきち》が、「皇室の尊厳を冒瀆《ぼうとく》」したとして弾圧されました。「神話は神話」といった学者は出版法で起訴され、早稲田大学を追放されたのです。昔々のどこかの「不思議の国」の怖いおとぎ話ではありません。一九四〇年のこの国の「実話」です。

戦後の歴史学はこれらの反省の上に再出発しました。しかし実証主義的な日本史学も、マルクス主義の歴史観を基にした日本史学も、「日本人」や「国民」や「民族」を作る作業に加担しては来なかったか。そういうことを点検する時期に来ています。

ポスト冷戦期は、国境の壁が低くなる動きが世界中で見られるようになってきました。しかしその一方、逆に九・一一対米同時多発「テロ」以降の混沌とした国際情勢、領土を巡る近隣諸国との確執、三・一一東日本大震災以降の「がんばろう！日本」や「絆！」を強調する風潮のなか、「国家」や「民族」が張り出してきました。「日本誉め」が蔓延《まんえん》するだけでなく、醜悪なヘイトスピーチまで街頭に出てくる現状を生み出しています。歴史学は、こうした情況にあって、歴史学のあり方そのものを顧みて内省する時期に来たように思えます。

そのようななか、日本や近隣諸国の歴史学や人々の歴史認識が、それぞれの国の「美しい物語」を紡ぐ作業や民族の歴史の「美化」に先祖返りしては、国際情勢の緊張に加担することになります。「反日」「嫌韓・反中」などと言い合っても何も生まれません。ナショナリズムは利用されることが多いし、利用する勢力も多いのです。

複雑な日本の戦後史をともに見ていくなかで、戦後の世界のあり方を考えていくなかで、「ナショナル・ヒストリー」を超えうる視点の萌芽が共有できることがあったならば、幸いだと思っています。

「虫の目」と「鳥の目」

歴史の真実に迫るには、常に「虫の目」と「鳥の目」を交互に使う必要があります。そこに生きる人を自分の等身大として、息づかいや肌合いまでをもとらえようとしなければ見えないものがあります。地を這《は》うような「虫の目」です。さきほど述べた、一〇万人の死者の姿や、それを巡る人々の悲しみや苦しみ、政府の対応の有りようなどは、「虫の目」をもって接近していかなければ、死者の数を示す「数字」以外、何も見えてきません。

一方、そこでの一〇万人の死者が、近代以降の日本の政治や外交のあり方に、どのように帰結したのか、また自国の死者を「其の他」として扱うようになった日本という国家が、どのような歴史の時間の経過のなかで生み出されていったのかを知るには、「鳥の目」が必要です。

歴史を見るときは、いま自分が、どのような森のなかの、どのような木の葉の下にうごめいているのかを、時々空に舞い上がり、「鳥の目」をもって俯瞰し、自分の現在の位置を確認していかなければ、狭い視野のなかで世界を見ることになります。「虫の目」と「鳥の目」を交互に使いながら、覚えるのではなく歴史の流れを自分でつくっていくことが大切です。この二つの目をもって、これから戦後史をともに見ていきましょう。

本書は、著者が三〇年以上にわたって駿台予備学校で講義してきた「戦後日本史」の授業をベースにしたものです。これまでの授業内容を、三・一一の大震災と原発事故後、転換を強いられる日本の政治や社会のあり方を踏まえ、再構成して、二〇一一年に上梓した『戦後史をよみなおす』に、以後の激動する情況を踏まえて一部訂正・加筆したものです。また本書の内容は、すべて著者の見解であり、責任は著者および講談社にあります。駿台予備学校の見解ではないこと、かつ責任がないことを明記しておきます。

戦後日本史　目次

第四章　朝鮮戦争と講和

第二部　占領終結後の日本

第一章　冷戦体制と主権回復後の日本

第三章　ベトナム戦争と七〇年安保闘争

第三部　現代の世界と日本

第二章　ポスト冷戦と五五年体制の崩壊

本文写真◉講談社資料センター・時事通信社

今起きていることの本当の意味がわかる
戦後日本史

第一部　占領された日本

第一章　占領と戦後改革

1　大日本帝国の崩壊

黙殺されたポツダム宣言

敗戦直前の話から始めましょう。

一九四五年七月、米英ソ首脳はドイツのベルリン郊外で会談をおこないます。このポツダム会談の参加者は、アメリカ代表は、ローズベルト大統領の急死（同年四月）により、トルーマン新大統領です。イギリスの代表である首相は、はじめは保守党で軍人出身のチャーチルでしたが、その後の選挙で負けて政権交代があり、途中で労働党のアトリーに替わります。ソ連代表はソ連共産党書記長スターリンです。

ポツダム会談は米英ソの首脳でおこなわれましたが、この時期のソ連は、まだ対日参戦をしていないので、内容を中国の蔣介石《しょうかいせき》に通告したうえで、七月二六日に、米英中三国の共同宣言として発表されました。これがポツダム宣言です。内容は、軍国主義の除去、領土の制限、民主化促進、戦争犯罪人処罰、日本国軍隊の無条件降伏などです。

無条件降伏を突きつけられたとき、海軍大将の鈴木貫太郎首相は、一方では終戦工作をおこなっているにもかかわらず、「ただ黙殺するのみ」と答えました。連合国側は、この答えを、ポツダム宣言の拒否として受け取ります。

なぜ「黙殺する」といったのか、それは、米英ソが突きつけた無条件降伏の内実が、天皇制を温存できるものかどうか、つまり国体護持ができるかどうかの確信が持てなかったからです。天皇制を守れなかったら、鈴木内閣はいつまでも戦争を続けるつもりですから、「黙殺するのみ」といいました。

しかし、日本の一般民衆の死者は、実はこのポツダム宣言が発せられた七月二六日から、連合国にポツダム宣言の受諾を通達した八月一四日までのあいだに集中しているのです。もし七月二六日の時点で戦争をやめていれば、広島・長崎に原爆は落とされなかったでしょう。それ以後、八月一四日深夜から一五日未明にかけての埼玉県の熊谷市、神奈川県の小田原市まで、小さな地方都市にすら毎日毎日、何ヵ所も空襲がありました。さらに一日延びるごとに、日本各地の無防備な地方都市が、次々と焼かれることになったでしょう。

一般民衆の死をもたらしたもの

日本の戦争指導者たちは、何に怯《おび》えてそのような対応策を取ったのでしょうか。怯えた理由は二つあります。ひとつ目は、いま述べた天皇制の維持＝国体護持が不可能となることですが、二つ目は戦争裁判です。戦争犯罪人として裁かれたくなかった。要するに、わが身の命が惜しかったので、戦争を引き延ばしたわけです。

つまり、日本の一般民衆の大量の死は、非戦闘員に対する無差別な絨毯《じゅうたん》爆撃をおこなった**ルメイ**ら米軍の非人道的な作戦と、天皇制の温存だけに腐心し、わが身の安穏を図った日本の戦争指導者たちによってもたらされたもの、といっていいでしょう。

アジア太平洋戦争は、日本による**侵略戦争**ですから、この時点までは、日本の一般民衆の死者は決して多くありません。

日本の一般民衆が数多く殺害されたのは、序でも述べた、三月一〇日の**東京大空襲**です。それ以外では三月二六日の慶良間《ケラマ》諸島、四月一日の沖縄本島への米軍上陸に始まり六月二三日まで続いた**沖縄戦**です。約一五万人の沖縄の人々が犠牲となります。

そして広島・長崎の原爆で、その年の年末までに推定二一万人から二二万人が亡くなります。その後も原爆症などでたくさんの方が亡くなっていきますから、正確な数はなかなか捉《とら》えきれません。そしてもうひとつが、この七月二六日から八月一五日までの、小さな地方都市まで含めた日本各地で絨毯爆撃によりおこなわれた空襲です。

アジアの人々の死はもちろんですが、日本の一般民衆の死にも、昭和天皇には大きな責任があるでしょう。一九四五年二月一四日の段階で、近衛《このえ》文麿《ふみまろ》元首相は昭和天皇に対して、「敗戦は遺憾ながら最早必至なりと存候」で始まる「近衛上奏文」で、一刻も早い戦争終結を上奏します。すると昭和天皇は、「もう一度戦果をあげてからでないと中々話は難しいと思う」と、これを拒否しました。この時点で戦争をやめていたら、人類は人類に対して核兵器を使う歴史を持つことはなかったかもしれませんし、たくさんの一般民衆の命は救われたでしょう。また、その三分の二から四分の三が餓死・戦病死といわれる南方戦線の大量の兵士の死も免れたのです。もちろん、大量のアジア民衆の死もです。

ごく当たり前の日常が、虐殺の場所に変わる空襲

焼夷弾《しょうい》と聞いてイメージできる人も少なくなっているでしょうが、長さ五〇センチ

くらいの金属筒状の爆弾で、「紙と木でできた日本家屋」を焼いて、人々を殺すためにわざわざ開発されたのです。親爆弾のなかに五〇センチくらいの子爆弾がギッシリ詰まっていて、上空約五〇〇メートルで、親爆弾が分解すると、子爆弾が散らばって雨のように降ってきます。

　屋根を貫通した数秒後に家のなかで爆発し、そこから炎が上がります。家屋全体が効果的に焼けます。ルメイの指令により、アメリカは、このような爆弾を使って日本を空襲しました。

　もし映画だったら空襲のあと、「一面の焼け野原の光景」で終わります。でも現実はそうはいきません。日清《にっしん》戦争のあたりから、日本は戦争ばかりして、アジアで殺戮《さつりく》を続けてきた国ですが、それが戦後、「とにかく戦争だけはイヤだ」と思うようになった背景には、この空襲の経験があるように思います。空襲はいわば、「女・子ども」の体験です。

　戦場に行った男性の経験は、戦闘における非日常性のなかにあり、勝ったら手柄話になります。文部省唱歌（文部省で歌うよう決めた歌）の「冬の夜」の歌詞にもなっていますね。「囲炉裏《いろり》のはたに縄なう父は　過ぎしいくさの手柄を語る。居並ぶ子どもはねむさ忘れて　耳を傾けこぶしを握る。囲炉裏火はとろとろ　外は吹雪。」、夜になると囲炉裏端で、衣を縫う母親が春の遊びを語り、縄をなう父親は、過ぎし戦の手柄を語るという光景。子どもたちがそれを、目を爛々《らんらん》とさせて聞いている。これが、戦前の日本がこうあってほしいと思った「美しい理想の家庭」なのでしょうね。

また、戦場の記憶は非日常の記憶であり、非常に危ない戦場に行ってきても、一杯酒を飲めば、アルコールの効果で武勇伝に変わってしまうかもしれません。

しかし、空襲は実際どういうものかというと、ごく当たり前に毎日住んでいた日常の空間が虐殺の場所に変わるということです。自分の家が焼け、家族も死に、命からがら、隣家の子どもの死体を踏んで逃げたかもしれません。

ですから映画であれば空襲の焼け跡の町で終わっても、生き残った人はそこで終わりではない。その町で死者を埋め、何もなくなった焼け跡にバラックを建て、そこで今日も明日もあさってても生きるのです。お腹は空くし、おしっこもしたくなる。こういう新たな当たり前の日常が、延々と続いていきます。小さな地方都市まで、日本は初めてこういう経験をしたんですね。「女・子ども」のこうした体験が「少なくとも戦争だけはもうイヤだ」という思いにつながったのだと思います。しかし、それももう、「賞味期限」が切れてきたのでしょうか。

原爆投下のアメリカの真意

　八月六日、米軍は広島に対して原子爆弾による攻撃をおこないます。その年の年末までの被爆による死者が、一四万人前後に達しました。八月八日には、ソ連が対日宣戦を通告し、翌九日より満州に侵攻してきます。**ソ連の対日参戦**は、一九四五年二月の米英ソによる**ヤルタ会談**の秘密協定で決まります。ローズベルト大統領が、ドイツ降伏後の対日参戦を、土下座はしないまでも、必死にソ連に頼みこんだことにより決まりました。

　アメリカは、これでソ連をうまく使い、日本を挟み撃ちにすれば、アメリカの兵士を死なせずに戦争に勝てると思い、大はしゃぎしました。そのせいではないでしょうが、そのあとローズベルトは、すぐに亡くなります。

　五月にはドイツが降伏し、七月、ベルリン郊外のポツダムで**ポツダム会談**がおこなわれます。このとき新米大統領トルーマンの耳に、秘密情報が本国から入ります。いわゆる**マンハッタン計画**成功の報です。マンハッタン計画という原子爆弾開発計画の暗号名を聞いたことのある人は多いでしょう。このときの情報は「原爆が完成した。使える」という内容です。

トルーマンは後悔しました。こんなにすぐに原爆が使えるなら、ヤルタ協定で、わざわざ、こちらからソ連に頼みこむ必要はなかったからです。

敗色濃厚で死にかけた日本に、追い打ちをかけるように原爆を落としたアメリカの意図は何か、ここで考えてみてください。

ドイツではベルリンに連合国軍が入っていって都市ベルリンが分割され、ドイツ自体も、そしてヨーロッパ全体も東西に分割されました。しかし、ここで日本に原爆を二つ叩き落とせば、力関係を変えられるはずだ。原爆投下により、アメリカだけで日本を降伏させることができれば、戦後世界で、ソ連に対するアメリカの優位が保てるはずだ。これがアメリカの目的でした。

また、日本を「野獣として扱う」とのトルーマンの発言に象徴されるように、原爆投下による、日本一般民衆の虐殺の根底には、人種差別主義が明確に存在しています。このことは、『敗北を抱きしめて』で、ピュリッツァー賞を受賞した、日本近代史を専攻するアメリカの歴史学者ジョン＝ダワーも指摘しています。

原爆投下により日本が分割占領を回避できたかわりに、まったく理不尽なことに、植民地支配から解放されることが米英中のカイロ宣言で規定されていた朝鮮が、米ソによって分割占領され、現在に至る分断の悲劇が始まるのです。

日本の無条件降伏

一九四五年八月一四日の御前会議において、日本はポツダム宣言の受諾を決定します。御前会議というのは、法制上の規定は何もありません。くだけたいい方をすれば、「天皇陛下とその仲良しグループ」の集まりのような、非制度的な会議で、アジア太平洋戦争の開始も決定しました。その御前会議の決定により、八月一四日にポツダム宣言受諾を連合国に通達し、**無条件降伏**をします。そして、この日に「終戦の詔勅（詔書）」が作成されます。「神さま＝天皇」の声を国民が直《じか》に聞くのは恐れ多いということで、いまのように生放送で天皇の声が国民に届くのではなく、レコード録音したものが放送されました。

翌**八月一五日**、昭和天皇による「終戦の詔勅」がラジオで放送されます（いわゆる「玉音放送」）。ガーガーピーピーと雑音が入り、聞き取りにくかったようですが「堪えがたきを堪え、忍びがたきを忍び」という言葉のところで、「ああ、日本は負けたのか」ということがようやく国民にもわかりました。当時の鈴木貫太郎内閣は、ここで総辞職します。

日本の敗戦の日は、いったい、いつなのでしょうか？　八月一四日にポツダム宣言を受諾します。そして九月二日、戦艦ミズーリ号で降伏文書に調印しました。八月一五日には「玉音放送」がありましたが、それは国内的なものです。「あの日は暑かったけど、抜けるような青空だったな」と何人もの人から、同じことを聞きました。あの日の空の色と空気は、共通の思いとして、日本の人々に記憶されているのですね。

しかしいま見てきたように、八月一五日は、国際的には何の意味もありません。戦争終結の日を八月一五日としているのは、日本と韓国と北朝鮮くらいで、国によってまちまちです。神の声によって戦争を終わらせるパフォーマンスは、「敗戦」や「降伏」ではなく、昭和天皇が苦しい戦争を「堪えがたきを堪え、忍びがたきを忍び」終わりにしてくださったのだという「神話」を、あの青い空の記憶とともに、日本人の心のなかにつくってしまったのかもしれません。

ミズーリ号での降伏文書調印式

呼び方も「敗戦の日」ではなく、「終戦記念日」が一般に根付いてしまいました。ここに、戦後日本の最初のボタンの掛け違いがあったような気がしてなりません。

日本の敗戦にともない、満州国皇帝・溥儀《ふぎ》が退位します。満州事変の翌年、一九三二年に関東軍によって「建国」された満州国が、ここで解消されるわけです。

2　連合国軍による占領

米軍による事実上の単独占領と間接統治

敗戦とともに、**連合国による日本占領**が始まります。本土は連合国による間接統治、それとまったく異なり、奄美《あまみ》諸島・沖縄・小笠原諸島は米軍の**直接軍政**となります。占領が終結し、日本の領土として返ってくるのは、奄美が一九五三年、小笠原が六八年、沖縄が七二年になります。

連合国の日本占領政策の最高決定機関は、**極東委員会**（ＦＥＣ）です。当初一一ヵ国（米・英・中・ソ・仏・カナダ・オランダ・オーストラリア・インド・フィリピン・ニュージーランド）で、のちにパキスタン、ビルマ（現ミャンマー）が入って一三ヵ国になります。

連合国（軍）による占領とはいえ、事実上は米軍の単独占領でした。極東委員会の本部はワシントンに置かれ、議長はアメリカであり、連合国で決めた基本方針を、いったんアメリカ政府におろします。するとアメリカ政府が、それを連合国軍最高司令官総司令部（GHQ）に指示します。GHQは、その基本方針を日本政府に指令・勧告して、それに基づき政策を実施するというのが間接統治の方式になります。

GHQは占領政策の実施機関ですが、連合国軍最高司令部（SCAP）の司令官は、ダグラス＝マッカーサーというアメリカ陸軍元帥です。元帥とは、大将のひとつ上の位です。日本では東郷平八郎元帥とか山本五十六《いそろく》元帥などが有名ですね。つまりGHQは、ほぼアメリカ陸軍を中心とした組織でした。

GHQ本部が置かれたのは、皇居の真向かいにある第一生命ビルです。アメリカ軍は初めから、占領後にここを使う予定だったので爆撃をしなかったという話もあるぐらいです。

GHQが指令・勧告するとはいえ、日本政府の形は残したままなので、日本政府が法案をつくったら、それを帝国議会に通し、審議のうえ法律にし、国民に適用していく方式を取ります。つまりGHQの方針も、議会で否決されたら結局通りません。それでは占領になりませんから、占領軍の日本政府に対する要求は、法律の制定を待た

8月30日、厚木基地に連合国軍最高司令官マッカーサーが着任した

ずに、いわゆるポツダム勅令を用いて実行します。これは、天皇大権のひとつである緊急勅令を用いて、米軍の意思を実現させるやり方です。

　天皇の緊急勅令は、大日本帝国憲法第八条で規定されていた、いわば、天皇独裁の非常立法のことです。一九四七年に大日本帝国憲法がなくなると勅令がなくなりますから、今度は内閣が議会を通さずに出す命令、すなわち、政令を用いるポツダム政令に変わります。たとえば公職追放令（一九四六年）はポツダム勅令、警察予備隊令（一九五〇年）はポツダム政令になります。

　占領の実態がアメリカ中心であることから、ＧＨＱの諮問機関である対日理事会が東京に置かれます。ＧＨＱの諮問に対して助言を与える機関ですね。アメリカ・イギリス・ソ連・中国により構成され、議長はアメリカです。当時からアメリカと対立するソ連も、連合国の一員として対日理事会を構成して、東京にいたことは重要です。

マッカーサーは、ソ連の参加する対日理事会を無視したくて仕方がなかったようです。しかし対日理事会、そのなかでもソ連とイギリスが、第一次農地改革を批判し、より徹底した改革をおこなうべきとGHQに助言します。それを受けてGHQは、日本政府に第二次農地改革の実行を迫りました。

それから、よく「アメリカに戦争で負けたんだから、しょうがない」といった言葉を耳にしますが、このとき、日本は連合国に負けたというのが正確な表現です。そして連合国といっても、事実上は、アメリカと中国に負けたのです。とくに敗戦時などは、三分の二ぐらいの陸軍は中国戦線にいました。中国では足かけ一五年間も戦争をしていた（一九三一年の満州事変から四五年のあいだを指して「十五年戦争」ともよばれる）わけですから、当然といえば当然です。この「中国に負けた」という、きわめて当たり前の事実が、日本人の意識としては薄いですね。しかし、これは歴然たる事実です。意識と事実のあいだには大きな落差があります。

3　皇族内閣と「一億総懺悔」

皇族の権威を利用した東久邇宮稔彦王内閣

連合国の占領目的は、初期は日本の「非軍事化・民主化」にあります。初期というのは、東アジアにおいて冷戦が激化するまで、すなわち、一九四〇年代末ごろまで、ということです。一九四五年九月二二日に公表されたアメリカの初期対日方針とは、徹底的なアメリカ主導のもと占領政策を推し進める、というものでした。そして、そのために天皇を利用しよう、と考えました。とくに対ソ戦略上においても重要なので、天皇の戦争責任を免責し活用しようというのが、アメリカの考えでした。

日本国憲法の草案づくりをアメリカが急いだ理由にも、こうした思惑が影響しています。というのも、一九四五年一二月にできた極東委員会のなかには、オーストラリアをはじめとして、天皇制廃止を主張する国がけっこうありました。ですから、極東委員会が開催される前に、天皇制を温存する憲法をつくって既成事実化する必要があり、そのために、制定まではいかなくても、アメリカはある程度の原案をつくってしまいたかったのです。

鈴木貫太郎内閣の総辞職後、一九四五年八月一七日から一〇月五日まで、歴代でただ一度の皇族内閣である、東久邇宮稔彦王《ひがしくにのみやなるひこおう》内閣――「宮」と「王」は敬称なので、あえてつけなくてもいいです――が発足します。

東久邇稔彦は、軍人でもありました。戦前・戦後ともスキャンダルの絶えない人でしたが、ともかく、天皇の親戚である皇族の軍人を総理大臣にすることで、天皇・皇族の権威を用いて敗戦時の混乱に対処しようとしたのでした。

東久邇内閣時代に、実際に政治手腕を振るっていたのは、近衛文麿です。副首相格の無任所国務大臣として入閣していました。近衛自身は「アメリカは新しい日本を、きっとこの自分に任すに違いない」と周囲に語っていました。戦犯に指名されるとは、まったく思っていなかったのですね。

「国体護持」と「一億総懺悔」

東久邇内閣が、成立の翌日の八月一八日、すなわち、「終戦の詔勅」のわずか三日後に、戦後の日本として、まず手をつけたことはなにか知っていますか？

米兵向けの売春です。米軍の進駐を前にして「良家の子女」の純潔を守ると称して、内務省は各地方長官に対して、占領軍向けの性的慰安所の設置を指令しています。つい数日前まで、「一億玉砕」してまで米軍と戦えといっていた日本がですよ。そして二六日には、東京の大森に特殊慰安施設協会（Recreation and Amusement Association、略称RAA）が設立され、占領軍に性的サービスを施す施設が開業されました。「良家の子女」（いったい誰でしょうね！）の純潔を守るために、「良家でない」日本の普通の女の子の体を、米兵に提供したということです。「新日本女性求む、宿舎、衣服、食料すべて支給」などと甘い言葉で誘います。そして、大日本国防婦人会の面々が、女の子たちに「使命」を説いて送り出し、二八日に占領軍の第一陣が上陸したときには、「準備」を完了しています。そして第一期募集だけでも一三六〇名の女性を、米兵に提供しています。東京では三〇ヵ所、全国で七万人の女性が、この「職務」に従事したといわれています。日本政府は彼女たちに何の補償もしていません。

また東久邇首相が、発足後すぐに口にした言葉が「国体護持」と「一億総懺悔《ざんげ》」です。「国体護持」とは「天皇制を守れ」ということですから、戦前と変わっていないですね。

国体を護持するためには、降伏決定に反対する軍人や右翼の行動阻止、つまり治安対策が必要です。しかし、軍人や右翼のこうした行動はほとんどありませんでした。

アメリカはテロを予測していたんです。日本は神風特攻隊が飛行機で突入するし、南の島ではバンザイ突撃で玉砕する国ですから、当然テロがあるはずだと予想しました。しかし、ほとんどありませんでした。「やれ」といわれたら、虐殺から自爆まで何でもやる。しかし「やめろ」といわれたら、さっとやめる。とことん「個人」がありませんね。戦友がたくさん死んだなかでひとり生き残り、日本に帰ってみたら、家族は全員空襲で殺されている。「国の戦争は終わっても、俺の戦争は終わってない！」と思って、多摩川の土手で文庫本でも読みながら過ごし、米軍のトラックが来たら、草むらから爆弾でも投げてそっと帰る。そんな、「個人」はいませんでしたね。イラクやアフガニスタンの少年は、いまも米軍に抵抗していますが。

また、「国体護持」のためには、革命運動の防止が不可欠です。政府は左翼・思想犯前歴者や、強制連行された朝鮮人・中国人を非常に警戒しました。実際、炭鉱などで労働運動が始まったとき、強制連行された朝鮮人たちがまず立ち上がり、それが日本全体の労働運動に火をつけたことも事実です。

日本国内には、植民地時代に移住した朝鮮人や台湾人、あるいは強制連行された人たちが住んでいます。日本の敗戦と同時に、朝鮮や台湾はもちろん植民地支配から解放されました。焼け跡のなかでは、配給などを待っていたら生きていけないので、焼け出された人々は闇市をつくります。また、解放された朝鮮人や台湾人のコミュニティも、各地域にそれぞれの闇市をつくっていきます。日本政府は、これが怖かったわけです。

ではどうやってこれを潰《つぶ》したのでしょうか。博徒やテキヤなど「ヤクザ」と呼ばれる人たちに頼ったのです。また、敗戦で弱体化した警察がヤクザの力で守ってもらう事態も、神戸や渋谷など各地で起こります。

東久邇内閣のもうひとつのスローガンである「一億総懺悔」とは、総理大臣が私たち国民に謝る、という意味ではありません。「一億」とは、全日本人を指しています。戦争指導者の責任を意図的にあいまいにし、特攻隊の遺族も沖縄戦の生存者も、東条英機らといっしょに、「一億」の全日本人は「総懺悔」すべきとしたのです。そしてこの表明は、すでに敗戦前に決められた日本の公式方針だったのです。「懺悔」とは、「内省」ではなく、他者に対しておこなうものです。戦前の対象となる「他者」とは「一人」だけです。つまり、全日本人は敗戦の責任を感じ、昭和天皇に対して「総懺悔せよ」という含みがあったと解釈できます。北海道大学の入試では、「一億総懺悔」とは、何を懺悔しろと呼びかけているのか説明しろ、という出題がありました。

一九四五年九月には、日本はアメリカの戦艦ミズーリ号の艦上で降伏文書に調印します。政府代表の重光葵《しげみつまもる》外相、軍代表の梅津美治郎《よしじろう》参謀総長が調印しました。日本はこれにより、連合国（軍）による占領を受けます。事実上はアメリカによる単独占領だったことは、すでに述べました。

三木清の獄死をきっかけに発せられた人権指令

ＧＨＱはまず、戦争犯罪人を逮捕していきます。そして、民主化政策により「自由な社会にする」と表明したものの、プレス＝コードやラジオ＝コードにより、出版や放送にはＧＨＱからのチェックが入り、占領軍を批判することは禁止されます。占領下の「自由」など、そんなものです。

そういうなか、戦後日本の民主化のひとつのきっかけになる、無念なエピソードがあります。それは三木清の獄死です。三木清という京都学派の高名な哲学者がいました。マルクス主義を哲学的に理解するという、日本思想史上、画期的な試みをなしま

三木清

す。また、近衛文麿のブレーン的政策集団「昭和研究会」で、ゾルゲ事件で処刑された尾崎秀実《ほつみ》らとともに東亜協同体論を展開するなど、総力戦体制下での戦時変革をも試みました。

その三木清は、投獄され仮釈放中に逃亡した高倉輝（タカクラ・テル）という友人の小説家をかくまったことを理由に、治安維持法違反で逮捕されていました。それが、敗戦から一ヵ月以上もたった九月二六日に、獄中で栄養失調状態となりほとんど餓死のような死に方をしたのです。疥癬《かいせん》病患者の毛布をあてがわれ、ひどい皮膚病となり、骨と皮だけになって亡くなったといいます。せめて点滴だけでもすれば助かった命だったでしょう。生きていれば、戦後の日本で最も大きな仕事をした可能性のある知識人を、死なせたわけです。

そこで、奪われた三木清の命と人権に対して最初に怒りを発したのは、日本人ではなく、アメリカ人ジャーナリストでした。彼がこの事実を報道し、問題となります。ＧＨＱによる占領が始まって一ヵ月が過ぎていたわけですから、マッカーサーは慌てました。そこで一九四五年一〇月四日、**人権指令**（「政治的民主的及び宗教的自由に対する制限撤廃に関する覚書」）を東久邇内閣に突きつけます。民主化指令、自由制限撤廃指令と呼ぶこともあります。内容は、①天皇制批判の自由、②政治犯釈放、③思想警察全廃、④内務大臣・特別高等警察官全員の罷免などです。

天皇批判が可能で、特高警察官全員をクビにしなければならない……。考え方が戦前と変わっていない東久邇首相は、さぞ、びっくりしたことでしょう。こんなことは実行できない、といって政権を投げ出しました。まるで、二〇〇七年の安倍晋三状態です。

4　五大改革指令と日本の「非軍事化・民主化」

戦犯色のない幣原喜重郎内閣

ＧＨＱは、日本政府に対し、ともかく戦争犯罪の疑いのない人物を東久邇の次の総理大臣にしろ、と指示してきます。そこで政治家を見渡しますが、多かれ少なかれ、みな戦争犯罪人としての顔を持っています。誰も見つけられないなかでようやく見つけたのが、幣原《しではら》喜重郎です。幣原は外相として、昭和初期の「憲政の常道」といわれる政党内閣の連続する時代に、幣原外交という「協調外交」をおこなったことで著名です。ただ「協調外交」とは、世界の国々と協調していくことではなく、欧米帝国主義と「協調」しつつ、中国への権益拡大を図る外交路線のことです。幣原は一九三一年の満州事変の収束に失敗して失脚し、激動の十五年戦争のあいだ、政界からは長く忘れ去られた〝超過去〟の人物でした。

一九四五年一〇月九日に発足したその幣原内閣に対し、マッカーサーは戦後の民主化路線の骨格となる、**五大改革指令**を示します。口頭で幣原に伝えられたといいますが、これに基づいて日本の「**非軍事化・民主化**」を目的とする政策が実行されていきました。ただし、日本を自国の基地のようにしたいと考えるアメリカにとっては、東アジアで冷戦が激化してくると日本の民主化はどうでもよくなりますので、この目的は東アジアでの冷戦が際立ってくるまでの短期間のものでした。ともあれこの指令が日本の戦後改革の出発点となり、戦後の民主的な社会構造の骨格がつくられたことは間違いありません。それぞれを列挙してみましょう。

①婦人の解放……婦人参政権など
②労働組合の奨励……労働三法など

③教育の自由主義化……教育基本法・学校教育法・教育委員会法など
④圧政的諸制度の撤廃……治安警察法・治安維持法などの廃止
⑤経済の民主化……財閥解体・農地改革など

国内市場の狭さが日本を戦争へと向かわせた

五大改革指令の目的は日本の「非軍事化・民主化」ですが、GHQはこれにより、具体的に日本のどこをどのように改革しようとしたのでしょうか。それを知るためには、日本の資本主義の特色を概観する必要があります。

日本の資本主義は、一九〇〇年ごろに確立しますが、その特色をあげると、一点目は、上からの近代化であると同時に、**上からの資本主義化**だということです。まず政府が官営工場をつくり、とくに一八八〇年代、それらの官営工場や官営事業は、三井や三菱のような政商に一気に払い下げられました。政商は、それをもとに財閥へと発展していきます。特色の二点目は、軍事的色彩が強いということです。明治初期は「富国強兵・殖産興業」がスローガンとして掲げられました。また、日清戦争後の「戦後経営」も、軍備拡張と産業振興策を基調としていました。

重要なのは、三点目です。それは、国内市場が狭いということです。狭いというのは国民が貧しく、購買力が小さいことを意味します。寄生地主制の農村は貧困を強いられ、そこから低賃金の労働力が供給されます。高率の小作料を払うためには、どんなにひどい条件でも娘を女工に出さなければなりませんでした。さらにそこで女工などの労働者は、徹底的に搾取されました。これに対し、労働運動やストライキをおこなえば、治安警察法によって弾圧されます。のちには治安維持法まで使って労働運動が弾圧されていきますから、低賃金労働者の情況は変わりません。

くだけたいい方をすれば、農民が貧しく労働者が貧しい、いわば国民が貧しいので、日本の工場でつくったものが日本で売れないということです。そのため、日本の資本主義は海外市場に依存せざるをえず、海外市場や植民地を求めてアジア侵略を開始しました。日本は資本主義が確立すると、すぐに帝国主義になっていきました。

帝国主義を最も簡単に規定すると、**海外市場を求めて、他国を侵略・植民地化する資本主義の最終的段階**（レーニン）ということになります。

四点目は、日本の資本主義は、戦争を通して発展してきたということです。一八九四年、朝鮮の領有を巡る日清戦争の結果、九五年には台湾を初の植民地とします。

一九〇四年の日露戦争は、韓国・満州を巡る帝国主義戦争だといえます。この後、一九四五年の敗戦まで、日本がかかわる戦争は、すべて帝国主義戦争です。日本は、ロシアに日本の韓国への指導権を認めさせる一方、韓国とは日韓議定書と三次にわたる日韓協約を結び、一九一〇年の韓国併合条約によって朝鮮を植民地化します。また、満州のロシア権益を継承して、旅順・大連を租借し、南満州鉄道を獲得します。南満州鉄道株式会社（満鉄）は植民地経営を担う国策会社で、撫順《ぶじゅん》炭鉱や鞍山《あんざん》製鉄所も経営するコンツェルンです。

また一九一四〜一八年の第一次世界大戦で、列強が後退した隙に中国に進出し、三一年には満州事変を引き起こして満州を侵略し、三二年には満州国を「建国」します。さらに、三七年に日中戦争を起こして全面戦争に発展させ、国内では、総力戦体制を構築していきます。四一年にはアジア太平洋戦争がはじまり、四五年に敗戦・無条件降伏。満州事変から敗戦までが十五年戦争です。

ＧＨＱはこういう日本社会のあり方を分析することで、日本の「非軍事化・民主化」を具体化する五大改革指令を出したわけです。ＧＨＱはまず、海外市場を求めてアジア侵略を推進した勢力の中心を財閥と見なし、財閥解体をおこないます。次に、国内市場を狭くして海外市場に依存させた要因である寄生地主制を「軍国主義の温床」と見なし、農地改革によってその解体を図ります。

また、圧政的諸制度を撤廃して弾圧体制を解体し、労働組合を奨励して、労働者の権利を擁護しようとしました。これは、農地改革とともに、国内市場の拡大にも寄与します。また、婦人の解放をおこない、女性の地位向上も図ります。

これらの政策は、実質的には、ＧＨＱ内のニューディーラー（ローズベルト大統領のニューディール政策を経験した社会民主主義的な人々）といわれたリベラル派が推進しましたが、財閥解体や農地改革や労働組合の奨励は、アメリカ国内の保守派を激怒させました。このことは、占領政策の転換の伏線となっていきます。

婦人代議士の誕生と治安警察法・治安維持法の廃止

五大改革指令のうち、②労働組合の奨励、③教育の自由主義化、⑤経済の民主化については節を改めて述べることとし、ここでは①婦人の解放と、④圧政的諸制度の撤廃について触れることにします。一九二五年の普通選挙法で、納税額による選挙人資格の制限が撤廃され、二五歳以上の男子が選挙権を持つ、男子普通選挙が実現しました。戦前は、婦人参政権は衆議院で法案が通ったものの、貴族院で否決され、実現できませんでした。

しかし、**婦人の解放**を掲げた占領政策によってようやく、新選挙法のもとで**二〇歳以上の男女**に、ともに**選挙権**が与えられます。これによって、一九四六年におこなわれた衆議院議員総選挙では、早くも婦人代議士三九名が選出されました。

労働運動など社会運動を弾圧する法体系として、一九〇〇年に、陸軍長州閥の第二次山県有朋《やまがたありとも》内閣が治安警察法を制定しました。

また一九二五年には、加藤高明護憲三派内閣が、革命防止策として、「革命の安全弁」といわれた「アメ」としての普通選挙法を制定します。この内閣は、同時に「国体（天皇制）ノ変革」「私有財産制度（資本主義）ノ否認」を目的とした結社の組織者と加入者に一〇年以下の懲役または禁錮を科す「ムチ」としての治安維持法を、いわば「アメ」と「ムチ」のセットで制定しました。治安維持法は、現在の日本国憲法で永久不可侵の基本的人権として規定される、「思想及び良心の自由」や「集会、結社及び言論、出版その他一切の表現の自由」などへの、広範な弾圧を可能とする内容でした。

そして一九二八年、陸軍長州閥である立憲政友会の田中義一内閣が、同法を改正して、「国体ノ変革」を目的とする結社の組織者・役員・指導者に最高刑として死刑を科すことができるようにしました。すなわち、四五年までの日本は、天皇制を変革しようとして結社をつくった人やその中心メンバーを、「合法的に殺せる国」だったのです。さらに四一年、第二次近衛文麿内閣のときに、同法は再改正され、予防拘禁制度まで導入されるようになり、刑期が終わっても「予防」と称して、終身拘禁することも可能にしてしまいました。しかし、GHQの圧政的諸制度の撤廃の政策にともなって、四五年、この治安警察法と治安維持法が廃止されます。

5　財閥解体

政党・軍部とともに発展してきた財閥

財閥とは、日本におけるコンツェルン型の独占組織のことを指します。日本の財閥というのは古い家制度と結びついていて、たとえば三井は三井家、三菱は岩崎家です。そして、持株会社が、ピラミッド型に子会社・孫会社を支配する形をとります。

株式を所有するとは、ある会社の株を五〇パーセント以上買い占めたら、その会社を乗っ取ったのと同じ、一〇パーセント持っていたら、経営に一〇パーセントの発言力があるということです。**持株会社**（親会社）とは、子会社・孫会社の株式を所有することにより、子会社・孫会社の事業活動を支配することを目的とした会社です。日本の財閥の場合は、戦前も戦後も純粋持株会社ですから、自らは事業活動をいっさいせず、子会社・孫会社を支配するだけの会社でした。戦前は持株会社が財閥本社となるので、持株会社の三井合名会社・三菱合資会社・安田保善社・住友合資会社が財閥本社です。

戦前の財閥は、政府の保護・育成を受けて成長してきました。官営事業が三井・三菱などの政商に払い下げられ、政商が財閥として発展していく契機となります。そして財閥は、国家権力、ブルジョワ政党、軍部と密接な関係を持ちながら発展していきました。たとえば、三井財閥と立憲政友会、三菱財閥と立憲民政党といった具合です。ブルジョワ政党とは、資本家と地主の利害を代表する政党です。

一方、大蔵大臣・高橋是清《これきよ》による一九三〇年代の軍事インフレ政策により、急速に成長したものが、新興財閥とよばれます。これらはいわば「新参者」なので、「殿様商売」はできません。ときには危ない橋も渡ります。つまり軍と結んで、治安の不安定な植民地に進出していきます。さらに財閥は、低賃金で労働者を搾取するので、国内市場をますます狭くさせました。

そして財閥は、海外市場を求め、対外侵略・アジア侵略を推進する中心的な勢力となりました。同時に、軍需産業の中核も、やはり財閥が担うことになります。

財閥特有の人的結合を排除したかったＧＨＱ

　ＧＨＱは、こうした財閥の力を軍国主義の推進力と認識します。そして財閥のもつ、この強烈な産業支配力を排除する必要があると判断しました。
　また親会社が子会社・孫会社を統制しているので、傘下の企業の自由な企業活動は阻害されます。また財閥の内部では、企業間で相互に株式を所有する**株式持合**がおこなわれ、さらに、役員を派遣し合って重役を兼任したりして人的結合を強めます。ＧＨＱとしては自由な企業活動を促進するため、まず持ち株を分散させて市場に流し、この人的結合も排除したいと考えました。
　そこでＧＨＱは、経済の民主化の一環として財閥解体に着手します。まず、一九四五年一一月、ＧＨＱは**持株会社解体指令**（財閥解体指令）を出し、三井・三菱・住友・安田など一五財閥の資産を凍結します。
　一五財閥とは、具体的には以下を指します。
三井・三菱・住友・安田……四大財閥
川崎・野村・渋沢……銀行中心
浅野・大倉・古河……産業資本

日産・日窒・理研・中島・日曹……新興財閥

ちなみに五大銀行とは、四大財閥の銀行と、渋沢財閥の第一銀行のことを指します。新興財閥をみると、昭和戦前、満州に満州重工業開発会社を設立したのは、鮎川《あいかわ》義介《よしすけ》の日産コンツェルンでした。日窒は、戦後、公害病の水俣《みなまた》病を出すことになるチッソの前身の日本窒素肥料会社を中心とした財閥です。朝鮮に進出して水豊ダム・水豊水力発電所を建設しました。中島は「隼《はやぶさ》」などの戦闘機を製作した中島飛行機ですが、現在はスバルをつくっている自動車会社の富士重工になります。

財閥は解体の方向に向かいますが、財閥系銀行は温存されました。ただ、財閥系銀行は、従来の商号は使えませんでした。たとえば三井銀行は帝国銀行となりました（一九四八年に起きた帝銀事件の「帝銀」は、旧三井銀行のことです）。三菱銀行は千代田銀行となり、安田銀行は富士銀行となりました。のちに旧名を使うことが許されるようになっても、富士銀行はこの名前をずっと使っていましたね。

翌一九四六年四月には、持株会社整理委員会が発足します。持株会社や財閥家族の所有する株式を、持株会社整理委員会に譲渡させ、それを市場で一般投資家に公売して、株式の民主化をおこないました。持株会社や財閥家族は天文学的数字の株式を持っていましたが、その株式が、ほとんどタダのような形で整理委員会に強制的に譲渡されます。

一九四七年四月の吉田茂内閣のときには、独占禁止法が制定され、持株会社や独占的行為をおこなうカルテル（企業連合）・トラスト（企業合同）が禁止されます。

私たちに身近なカルテルは、価格協定でしょうか。たとえば日本の全自動車産業が、五〇〇〇万円以下での自動車販売はやめようというカルテルを結んだら、どうなりますか。国産車が五〇〇〇万円以下では買えなくなるわけですから、市場は、そのカルテルに支配されてしまいます。そのような明らかに市場を独占するようなカルテルは禁止されます。トラストとは、同業種の企業連合ですが、市場を独占する大企業の連合は規制の対象となります。だから、近所の商店街に二軒ある豆腐屋のライバル同士が手を組んで合併しても規制されません。しかしわかりやすい例として、たとえば日本の全自動車産業が、自動車会社は一国一社でいいといって大合併して、「大日本帝国自動車」とか名づけた巨大独占企業をつくり、「うちでは最低五〇〇〇万円でしか車を売らない」などといったら、当然、これは禁止されます。

また、このような企業の行為を独占かどうかチェックするのが、公正取引委員会であり、「独禁法の番人」といわれたりします。

一九四七年一二月、片山哲内閣のときに過度経済力集中排除法が成立します。これにより、銀行以外の全産業を対象に巨大企業の分割が図られ、三二五社が指定されました。

それでも日本に強固な「ヨコの系列」は残る

しかし結局、冷戦による占領政策の転換により、財閥解体は不徹底に終わります。巨大企業の分割も、最終的には日本製鐵・三菱重工など一一社にとどまりました。三二五社が指定されていたのに、たったの一一社です。

一九四九年以降、独占禁止法はしばしば改正されますが、そのたびに制限が緩和されていきます。五三年の改正では、公正取引委員会が承認すれば、一部の「不況カルテル」や「合理化カルテル」は認められ、株式持合・役員兼任（重役を派遣し合うこと）も良しとされてしまいます。

一方、一九七七年には、政治が消費者保護政策をとっていたため、逆に制限が強化されました。この時期の日本は、国民総生産（ＧＮＰ）が世界二位ですからね。さらに重要なのは九七年です。不況の最中ということもあり、持株会社が復活します。

財閥は解体されましたが、独占禁止法が緩和され、分割を免れた財閥銀行を中心に、**企業集団**が生まれるようになりました。

独占禁止法の緩和により、①株式持合ができるようになると、お互いが系列会社の株主になって投資し、お互いに儲《もう》かれば配当金が出て、なおかつ乗っ取られる心配がありません。②重役・役員兼任ができるようになったことも相俟《あいま》って、強固な「ヨコの系列」ができるようになります。③系列内融資がおこなわれ、グループ内には優しいので、貸し渋り、貸しはがしの心配はありませんね。④系列内取引、すなわち、系列内でしか通じない部品をつくることができ、系列内でしか開けない販路が開けます。これが、アメリカが日本の「市場の閉鎖性」といった取引ですね。

不徹底だったとはいえ、財閥解体で親会社（持株会社）とその「タテの支配」は壊れました。しかし、このような「ヨコの系列」（もう英語で「keiretsu」も通じますね）が形成され、独占資本は新たな形で再編成されて存続します。こうして、現在にいたる三井グループや、三菱グループのような企業集団ができてきます。

企業集団として再編された財閥

最近の経済界は、規制緩和でアメリカに迫られる、「ハゲタカファンド」といわれる投資ファンドが入ってくる、金融ビッグバンが起こる……などさまざまな動きがありますが、そういうなかで江戸時代からのライバルである三井と住友が合併して三井住友銀行ができるような時代です。

とはいえ、戦後の経済を見ていくと、三井・三菱・住友・富士・三和・第一（のち第一勧業）の六大銀行が、系列企業への融資を通じて六大企業集団を形成していきます。三和系は江戸時代の本両替・大坂の鴻池《こうのいけ》（明治期は鴻池銀行）から興っています。芙蓉《ふよう》系と呼ばれる富士の系列は旧安田銀行です。本両替とは、為替業務や大名に対する大口の貸し付けなどをおこなう両替商で、江戸時代の事実上の銀行です。

三井系の百貨店に、三越があります。三井のスタートは、伊勢松坂の三井高利《たかとし》が江戸日本橋に開いた越後屋呉服店です。三井の越後屋が短縮されて「三越」です。この三井高利をモデルのひとりとした町人のサクセスストーリー、井原西鶴《さいかく》が著した浮世草子の町人物の代表作が『日本永代蔵』です。借金取りに追われる内容の『世間胸算用』と間違えないでください。三井の越後屋から、やがて本両替・三井ができ、三井銀行、三井財閥となります。

それにしても日本は、この「系列」が強烈ですね。三菱系の食料品分野にキリンビールがありますが、たとえば業者が取引先にビールを贈るにしても接待でふるまうにしても、先方が三菱関連の企業であれば、すべて一〇〇パーセント、キリンビールでないとまずいでしょうね。「スーパードライ」が好みだからといって、絶対に贈りません。

三菱系企業の部長さんを接待するため、わざわざ高級クラブなどへ行き、キレイなホステスさんを呼んで「さあ、部長さんにお注ぎして」といって、間違ってサッポロビールでも注ごうものなら、次回からの取引はまず無くなるでしょう。たとえ個人的に「ヱビス」が好きでも、ここは必ずキリンなんです。銀座の夜の世界の人たちも、きっちりそういうことをわかっています。そのぐらい、系列の結束はガッチリと固いものがあります。

こんなに強い系列の上に、一九九七年にはついに、持株会社を乗せたということです。ＮＴＴがいい例です。

6　農地改革

寄生地主制を解体して農村赤化を防止

すでに簡単に触れましたが、農地改革の目的は寄生地主制の解体と、農村の赤化（社会主義化・共産主義化）防止です。

寄生地主とは、「小作農に土地を貸し付けて地代（小作料）を取得するだけで、基本的に自らは農業経営にたずさわらない地主」のことです。広大な土地を貸し付け、自分は何もせずに小作料を搾り取るだけの地主ということですね。

寄生地主制は、一八八〇年代の松方デフレ（松方正義蔵相によるデフレ政策）によって急速に進展し、第一次世界大戦による大戦景気のころにピークを迎えます。ファシズム期の戦時統制経済や昭和恐慌で若干打撃を受けたものの、戦後にこの農地改革がおこなわれるまでは、日本の農村はどこへ行っても、寄生地主が支配しているような状態でした。

ＧＨＱが寄生地主制を解体しようとしたのは、それが「軍国主義の温床」だと考えたからであることは、前述しました。社会的には、封建的な地主と小作人との関係が残っていましたから、農村の民主化は阻害されていました。さらに小作料は近代的な契約とは違い、地主が搾取したいだけ搾取しますから、きわめて高率な小作料により小作農はいっそうやる気をなくし、結局、生産が停滞していました。

それからもうひとつ、アメリカの事情も関係します。ソ連をはじめとする社会主義諸国との対立を背景とするアメリカは、日本に赤化、すなわち社会主義化・共産主義化してもらっては困るわけです。日本の歴史には、これまでも農民運動がありましたが、上からの弾圧でその都度潰されてきました。しかしＧＨＱの民主化政策により弾圧体制がなくなり、なおかつ、こんなにひどい寄生地主による搾取の状態が続けば、農民運動がきっとまた起こるだろう。そして農民運動を通して社会主義・共産主義が台頭してくるはずだ、農村が社会主義運動の拠点になってはまずい。だから早めに大規模な土地改革をおこない、農民運動が起こらないようにしたかったのです。

不徹底だった第一次農地改革

一九四五年一二月九日、ＧＨＱから農地改革指令を受けた幣原喜重郎内閣は、三八年に成立した**農地調整法**を改正して、**第一次農地改革**に着手します。実施は翌年二月からです。

改革の具体的な内容は、

○不在地主の全小作地と、在村地主の五町歩を超える小作地が解放される
○小作農の希望で土地は売却される
○小作料は金納する（小作農の希望で物納も可能）

といったものです。

不在地主の存在の否定を掲げたことには、意義があります。農地改革以前には、

「俺は内務省の役人だけど、新潟に大きな土地を持っている。だから何もしなくてもバッチリ大金が入ってくる。給料なんて、小遣いみたいなものさ」といえる人がいました。

不在地主は確かに消滅させられましたが、在村地主は五町歩（一町歩は約一ヘクタールのこと、一ヘクタールは一辺が一〇〇メートルの正方形の面積）の小作地の所有を認められました。逆の見方をすれば、五町歩からは、戦前同様に高率の物納の小作料を搾り取っていい、ということです。五町歩といえば、かなりの広さですから、地主に有利であることは目に見えています。

米英中ソで構成されるGHQの諮問機関である対日理事会（とくにイギリスとソ連）は、こうした第一次農地改革の不徹底さを指摘し、再度の改革を助言します。これを受けてGHQは日本政府に徹底した改革を迫ります。つまり、日本人が自分で手をつけた第一次農地改革は、結局は地主本位だったのです。

寄生地主制を解体した第二次農地改革

一九四六年一〇月、幣原喜重郎内閣のあとの吉田茂内閣は、農地調整法の再改正と自作農創設特別措置法の公布により、第二次農地改革を断行しました。

これによって不在地主のすべての小作地と、在村地主の一町歩（北海道は農業経営が内地と異なるので四町歩）を超える小作地を、政府が地主から強制的に買収し、それを小作人に年賦で売却することで、自作農が創設されます。

また、土地を持っていない小作農五人、持っている地主三人、自作農二人（合計一〇人）という形の農地委員会が各市町村に設置され、農地の売買譲渡をおこなうようになります。

小作料は、物納が認められなくなり、すべて金納化されます。いままで、小作料への規制は総力戦体制下の一時期をのぞいて、事実上ありませんでした。そのため一九四六年の日本の平均小作料は、収穫の五〇～六〇パーセントの物納であり、〝百姓は生きぬよう、死なぬよう〟といわれる江戸時代の「五公五民」の年貢以上の高率という異様なものでした。農地改革により、最高小作料が、田は二五パーセント、畑は一五パーセントと制限されました。

戦前は、全耕地の内、自作地の割合は約五〇パーセント、小作地の割合は約五〇パーセントでした。それが第二次農地改革により、全小作地の約八〇パーセントが解放され自作農となることになりました。全耕地の約五〇パーセントであった小作地の約八〇パーセントですから、全耕地の約四〇パーセントが、新しく自作地になります。

もともと自作地が約五〇パーセントあったわけですから、足して、全耕地の約九〇パーセントが自作地になったことになります。約一〇パーセントだけ小作地が残りますが、いちばん重要なことは、これにより「軍国主義の温床」といわれた寄生地主がほぼ実質的に解体されたことです。

ただし、林地改革は不徹底だったので、山林地主にはその後も大地主が残っていきます。

生活向上とともに保守化する農民

第二次農地改革の結果、自作農が大量に創出されました。ただし、自作農といっても、地主から借りていた小さな小作地が自作地となるということです。そのため、五反（一町歩の半分）以下の零細自作農は、戦前より増加してしまいました。とはいえ、それまで搾取されていた五〇パーセントが自分のものになるとすれば、生活は向上します。

その生活向上は、購買力向上・国内市場拡大にも寄与します。しかし、零細経営ながらも土地を所有した農民は保守化してしまいます。農民運動をやって農民の法的地位などを上げていこうとするより、悲しいかな「関係ない、俺さえ良ければいい」と思うようになる者も増えますよね。「オラが先生」、すなわち地元の代議士が大臣になれば補助金が下りる、という世界です。「用水も引けて、橋もつくってもらえる。電車まで開通する」、つまり典型的な利益誘導です。実際「コメ議員」などと呼ばれる政治家がたくさんいました。

こうして日本の農村は保守政党の基盤となり、一九五五年以降は自由民主党の票田になっていきます。つまり、ＧＨＱの思惑どおり農村赤化は阻止されたわけです。

一九四七年には農業協同組合法が成立し、いわゆる農協ができます。いまはＪＡといっていますね。農協は、農業経営の指導をはじめ、農民生活に深くかかわってくるようになります。また選挙になると、集票マシーンの役割も果たしました。

一九五二年には、農地法が制定されます。この法律は、農地改革の成果を占領終結後も維持する目的でつくられました。

7　労働組合の奨励

資本主義と労働の原型

資本主義とは何か？　身近で、根本的なことから話しましょう。たとえば学生のA君が時給一〇〇〇円のアルバイトをする場合、A君が一時間で生み出す「富」は、一〇〇〇円ぴったりか、一〇〇〇円以下か、一〇〇〇円以上か。この三つのうち、どれでしょう。

正解は、もちろん「一〇〇〇円以上」ですね。それはそうです。一時間に五〇〇円の富しか生まないアルバイトに一〇〇〇円を支給していたら、五〇〇円をプレゼントしているのと同じですから。そんなに甘いわけがないですね。

時給が一〇〇〇円ということは、一時間に生み出す「富」は――一五〇〇円か二〇〇〇円か二五〇〇円かはわかりませんが――一〇〇〇円以上です。では計算しやすいように、仮にBさんが一時間に二〇〇〇円の「富」を生み出す労働力を持っているとします。Bさんが時給一〇〇〇円でアルバイトすれば、Bさんは二〇〇〇円を生み出す自らの労働力を一〇〇〇円で売っていることになります。すなわち「労働力を商品として売る」、これが労働者です。残りの一〇〇〇円が、資本家の利潤として搾取された分です。これが資本主義です。

今度はC氏が、一時間で二〇〇〇円の「富」を生み出す学生アルバイトを、時給一〇〇〇円で一〇人雇ったとします。一〇人のアルバイトを一時間働かせて、C氏は一時間寝転がっているだけで、いくらの利潤を得ることになりますか？　一万円ですね。これが資本主義です。

では、一時間に二〇〇〇円の「富」を生み出す労働力を一〇〇〇円で売るのか、一五〇〇円で売るのか、あるいは一〇〇円で売るのか。これは労働者と資本家の力関係によって決まります。

戦前の製糸工場で働かされた女工の例を考えてみてください。ひどい場合ですと、一日一八時間労働で、衛生状態も悪い合宿所に寝泊まりし、雀の涙程度の給金をもらうだけ。それをさらに実家に仕送りする。

もちろん、そこまでいかなくても、たとえば現代のごくごく普通のサラリーマンが、一億円の契約を取ってきたとします。「これで今年のボーナスアップが期待できるな」と思っていると、アップした金額は二万円ぐらいというのが、よくあるケースです。資本家は搾取できるだけ搾取するものであり、資本主義とはそういうものです。労働改革についての本題に入る前に、まずこういうことを先にイメージしておきましょう。

初めて労働基本権を認めた労働組合法

五大改革指令のひとつに、「**労働組合の奨励**」があります。労働組合を定義すると、「一人ひとりでは弱い立場の労働者が団結して、労働者が主体となって自主的に労働条件の改善など経済的地位向上を図ることを主な目的とする団体」ということになります。

一九四五年一二月、労働者と使用者が対等の立場に立てるよう、労働者の地位向上を目的として公布されたのが、**労働組合法**です。

この法律について、次のような話をもとにイメージを膨らませてみましょう。

従業員が一〇〇〇人ほどの会社に勤める新入社員三人組が、ある日、仕事帰りに居酒屋へ寄りました。あちこちからサラリーマンの大きな声が聞こえてきます。最近不況ですから、だんだん愚痴が聞こえてくる。三人組も話が盛り上がって、「こんな会社に来るんじゃなかった」とか、「残業手当がきっちり出ていない」とか、話し始めます。

とうとう「うちの会社、ちゃんとしてないじゃないか。よし、明日、部長のところに行って、約束どおり残業手当を出せとか、危険なんとか手当があったはずだから、労働条件も社長にちゃんと伝えるよう頼もう」と申し合わせます。酔っぱらいはすぐ大きな決意をするものです。三人は翌朝、二日酔いの頭でびくびくしながら、本当に部長のところへ行って昨夜の話を伝えました。しかし、結局「おまえら、生意気だ。新入社員のくせに何いってやがる」と怒鳴られ、しょげて帰る羽目になりました。

こういうとき、三人組に知恵と勇気があれば、労働組合をつくればいいわけです。労働組合はひとりでもできますが、三人いれば、いちおう委員長・副委員長・書記長がいることになります。ちょっとさびしいですけど。そして「私たちは労働組合をつくりました」と宣言をした瞬間に、労働組合法の保護を受けることになります。

労働組合をつくったり入ったりする権利のことを、**団結権**といいます。会社側がその邪魔をしたり不当な扱いをすると、違法です。また社長、あるいは会社の代表は、労働組合の労働条件についての話し合いの求めに対し、きちんと応じなければいけません。「新入社員のA君」の要求は怒鳴りつけることができても、「労働組合委員長のA君」となると、そうはいきません。これが**団体交渉権**です。会社側が静かにテーブルにつき、追及にも「はいはい」と答えながら、内心は面倒で労働者側の要求を聞きたくないので、話し合っている振りをしたとしたら、これも違法です。不誠実団交は、違法行為となります。

団体交渉をしたからといって、話し合いに決着がつくとは限りません。ですからそういうとき、弱い立場の労働者にも武器がなければいけません。そこで労働者には、会社の正常な業務を阻害する権利が与えられます。具体的には、工場の稼働を止めたり電車をストップさせるなどの、ストライキをおこなう権利です。工場が一〇日間も稼働しなければ、会社側にとっては非常に大きな損失です。しかしストライキは、のちに憲法でも保障される労働者の権利であり、基本的人権のひとつです。したがって、ストライキを起こしたという理由で、会社側が労働組合員に不当な扱いをしたら、違法行為です。労働争議で会社側が一億円の損をしたからといって、損害賠償を請求することは当然できません。

しかし、この段階になると、三人の労働組合では弱いですね。従業員一〇〇〇人のうち三人だけがストライキをしても、「おまえら、一生やってろ」といわれて終わりそうです。まったく影響力がない。でも社員の三分の一とか半分がストライキをすれば、会社としての機能がストップしてしまいますから、解決に向けて話し合いを進めようということになります。これが争議権です。これら、ストライキなどの争議行為をおこなう権利を団体行動権ともいいます。

労働組合法により、労働者の団結権・団体交渉権・争議権（団体行動権）が、日本で初めて（もちろん世界で初めてではありませんが）法的に保障されました。団結権、団体交渉権、争議権の三つを合わせて、労働基本権といいます。「初めて」の意義を強調した理由は、労働基本権というのは、国会で過半数の賛成があれば法律を改正してなくせるといった、貧弱な権利ではないからです。法律でも侵すことのできない永久の権利、すなわち基本的人権です。労働基本権は、のちに日本国憲法第二八条で基本的人権として保障されます。社会権のひとつです。

労働者の権利がどういうものか、しっかりとわかっていなければ、同僚が権利を奪われた時にも力になれないし、自分の権利が侵されても、追い詰められて気づいたときにはもう土俵際、といった事態が起こりかねません。ここ数年、リストラが多くの企業でおこなわれていますが、「法的におかしいですよ」と主張すれば、簡単にクビにはならないケースが多いように思います。法律を知らないために、いわれるまま泣き寝入りしたり、落ち込む人が多い印象があります。とくに不況時は、自分の権利を知っていないと、自分の身を守れなくなることがあります。

労働関係調整法と労働基準法

戦前においても、労働組合そのものは禁止されていませんでしたが、治安警察法などで労働運動はきびしく弾圧されました。また、全国民の戦争協力への動員をめざす新体制運動のなかで、工場・職場ごとに、労使一体で国策に協力する産業報国会が結成されていきます。そして一九四〇年、その全国組織である大日本産業報国会が結成されると、すべての労働組合は解散させられました。

一九四五年に労働組合が復活し、翌四六年には、労働組合の全国組織として、日本共産党系で左派の全日本産業別労働組合会議（産別会議）や、日本社会党系で右派の日本労働総同盟（総同盟）が結成されました。

そして一九四八年には、労働組合員数は六六七万人となります。戦前は最高で四二万人でしたから、その十数倍です。

一九四六年九月、労働関係の公的な調整、争議の予防・解決を目的とする労働関係調整法が公布されます。そして、中央と地方に労働委員会が設置されました。使用者の利害を代表する委員、労働者の利害を代表する委員、公益を代表する委員、この三者により構成される行政委員会です。この労働委員会が中央と地方にそれぞれ置かれ、**斡旋**（「こういう方法で話し合ってはいかがでしょう」＝話し合いの促進）、**調停**（「話し合いの落としどころはこの辺です」＝調停案）、**仲裁**（「あなたたちの不満を、これで解決しなさい」＝強制力のある仲裁裁定）などの争議調整方法が、定められました。地方の労働委員会で解決できなかった場合は、中央労働委員会に持っていくというやり方です。

一九四七年四月には、**労働基準法**が公布されます。週四八時間の労働時間や、労働契約、賃金、女子・年少者の保護など、**労働条件の最低基準**がこの法律により定められました。

当初、週四八時間だった労働時間の基準は、国際労働機関（ＩＬＯ）から「日本は労働者に働かせすぎだ」との勧告を受け、いまは週四〇時間になっています。

また、この労働基準法を施行するために各都道府県に置かれた行政官庁が、**労働基準局**です。ここでは、労働者を酷くこき使っていないかどうか、使用者を監督・指導します。

以上の労働組合法・労働関係調整法・労働基準法を、**労働三法**といいます。

また一九四七年九月には、**労働省**が設置されます。片山哲社会党首班内閣のときです。労働保護行政をおこなうことを目的とした省です。外局として中央労働委員会があり、その下位機関として、各地方に地方労働委員会が置かれました。二〇〇一年には厚生省と統合されて厚生労働省となったため、労働省らしい特色が希薄になってしまいました。

8　教育の自由主義化

墨塗り教科書と子どもたちの解放感

一九四五年一〇月に、GHQの占領政策として**教職追放**が始まり、教育関係の軍国主義者や超国家主義者が追放されます。そして、一二月には**「修身」「日本歴史」「地理」**の授業が停止されます。戦前の国定教科書で、最も軍国主義教育に「貢献」した教科が、国定教科書の第一と位置づけられた「修身」でした。いまでいう「道徳」という教科に当たります。「修身」で子どもたちに注入されたのは、主に封建的儒教道徳と天皇制イデオロギーです。これにより、忠君愛国精神を叩き込みました。具体的には、親孝行話や軍国美談——木口小平は死んでもラッパを放しませんでしたとか、肉弾三勇士――が多いですね。

「日本歴史」の授業が停止されたのはなぜでしょうか。それは、皇国史観に基づく、排外主義的な自国中心の歴史観により授業がおこなわれていたからです。皇国史観とは、日本を万世一系の天皇を中心とする国体の発展・展開と捉える歴史観です。『古事記』や『日本書紀』の神話を意図的に歴史的事実と混同させ、天皇の統治の「正当性」「永続性」を唱えます。科学的・実証的な学問がおこなわれていると思われる東大の国史学科も、戦前は皇国史観の牙城《がじょう》でした。平泉澄《きよし》を中心とした学派が形成され、皇国史観を展開します。

戦前の日本古代史の権威といえば、早稲田大学教授だった津田左右吉《そうきち》です。左翼でも右翼でもなく、実証主義的な方法をとった研究者です。彼が、ごく当たり前のことを論文で述べました。たとえば天孫降臨（『古事記』にあり、天照大神《あまてらすおおみかみ》という太陽の神の孫・ニニギノミコトが宮崎県の高千穂峰に降りてくる話。さらに、その子孫が大和《やまと》に移って即位し、日本の初代天皇・神武天皇となり、いまの天皇までずっと血脈が続くというもの）について「これは神話であり、歴史的事実ではない」とこの上なく当たり前のことを述べたのです。

すると、天皇の権威を冒瀆《ぼうとく》したという理由で、出版法で起訴されました。そして早稲田大学は、津田教授を追放しました（反省を込めてなのか、早稲田大学は入試で津田左右吉についての問題をよく出します）。これは、どこかの「不思議の国」のおとぎ話ではなく、一九四〇年の日本での話です。戦前は学者への弾圧事件が多くありましたが、マルクス主義者から自由主義者まで弾圧されました。また弾圧の対象も、活動家から学者・文学者などへと、しだいに「ソフトターゲット」に向かっていきました。

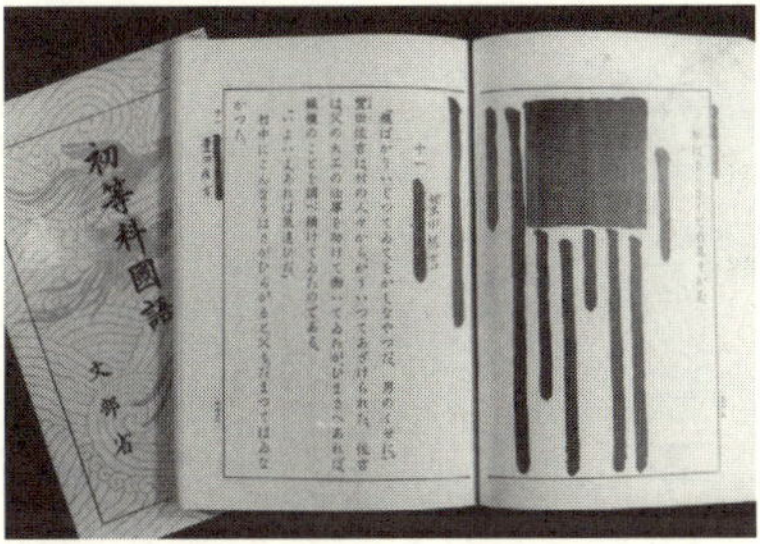

墨塗り教科書

「地理」については、戦前は台湾も朝鮮も日本領域とする地図を授業で用いていました。ですから当然これも、戦後には使えませんね。

また戦前に使われた教科書に対しては、教科書回収指令が出されます。また、生徒たちによる教科書の墨塗りもおこなわれました。

東京女子大学の入試に、けっこうしゃれた出題がありました。岩波新書に山中恒《ひさし》著『子どもたちの太平洋戦争』という本があります。著者が子どものころに体験した太平洋戦争を描いているのですが、そこに、この墨塗り教科書の話が出てきます。戦前の国定教科書は、つまり「天皇陛下」からいただいた教科書ですから、「日本よい国、清い国。世界で一つの神の国」などと歌ったり朗読したりし、子どもたちは大切にうやうやしく扱っていました。

それに突然「墨を塗れ」といわれます。教師のなかには、まるで体に墨を塗らせる思いで、泣きながら塗らせたという人もいます。しかし子どもたちは、「おもしろい」とか「勉強するところが減った」といって、けっこう解放感があった。しかし教師たちは、子どもたちのその解放感に、実は気づいていなかった、と著者はいいます。その周辺の文章を読ませ、「気づいていたか、いないか」を読み取らせるという、半分「現代文」の試験のような問題でした。

そして、著者はこういっています。教師は、子どもたちの解放感にも気づかないし、それをやらせた文部省やアメリカに対して文句をいったかといえば、いわない。昨日までは天皇陛下万歳といわせ、今日からは墨を塗らせる。なおかつ子どもたちの解放感に気づかない。実はこうしたことが戦後の民主教育の初めの躓《つまず》きなんだ、と。なかなかいい本です。

人格の完成を目的とする教育基本法

一九四六年一月の公職追放では、教職から追放が始まります。まずは職業軍人が学校から追放されます。なぜ職業軍人が学校にいたのでしょうか。それは、戦前の配属将校制度によります。加藤高明内閣のとき、陸軍大臣・宇垣一成《かずしげ》が陸軍軍縮の方針を打ち出し、将校たちをリストラしなければならなくなりました。これは軍のメンツにかかわる問題なので、将校が失業せずに済み、軍縮の時代に子どもの頭と体を徹底して軍事的に鍛えられる一石二鳥の案を、首脳陣は考え出しました。それが二五年に制定された配属将校制度です。全国の中等学校以上、つまり中学・高校・大学すべてにおいて軍事教練（軍事思想と軍事訓練）が正課、すなわち正式な教科として組み入れられ、陸軍将校が教官となりました。そのため戦前の学校には、軍事教練の教官として陸軍将校がいたのです。

その将校たちや軍国主義者の教員を、まず教職から追放します。それから一九四六年三月、**アメリカ教育使節団**がやってきて、教育民主化の勧告をおこないます。同年八月には、新教育推進を目的とした**教育刷新委員会**が設けられ、**教育基本法**について審議します。

その結果、一九四七年三月に制定された教育基本法は、きわめて重要な意味を持ちます。日本国憲法の精神にのっとった、民主主義教育の目的と基本方針を明示しているからです。したがって「教育の憲法」といわれ、教育諸法令の基礎となりました。人格の完成を目的とし、前文では個性を重んじ、真理と平和を希求する人間の育成が掲げられました。そして、教育の機会均等、人種・信条・男女で差別されないこと、九年の義務教育、男女共学、政治的教養の尊重、不当な支配の排除（教育行政は縁の下の力持ちであるべきであり、教育内容に介入すべきでない）などを内容とします。

しかし二〇〇六年、第一次安倍晋三内閣により、教育基本法は改正されました。男女共学がなくなり、新たにつけ加えられた「我が国と郷土を愛する」は「教育の目標」に掲げられるようになりました。なんだか時代に逆行していますね。

戦後民主主義を象徴する「社会科」

教育基本法と同時に成立した**学校教育法**は、教育基本法にのっとって、民主的教育制度を具体的に規定した法律です。たとえば六・三・三・四制の単線型学校系列（小学校六年・中学校三年・高校三年・大学四年）や、九年の義務教育の具体的な規定、体罰の禁止等が定められています。単線型学校系列とは、進路によって進む学校が分かれない形の制度です。これに対し、戦前の学校系列は複線型で、初等教育のみ共通、それ以降はエリートと非エリートを振り分ける制度でした。

また念のためにいっておくと、教育とは権利です。子どもは教育を受ける権利を持っており、日本国憲法では、親は子どもに教育を受けさせることが義務づけられています。ですから、もし親が遂行不可能の場合は、学校なり国なり地方公共団体なりが、九年間は、子どもが教育を受ける権利を守ります。これが九年の義務教育の理念です。

それから、戦前の科目「修身」「歴史」「地理」「公民」に代わり、「社会科」が置かれます。社会科というのは民主的な社会を担う公民の育成を目的とした、戦後民主主義を象徴する教科です。

ところが一九九三年、民主化に対してずっと忸怩《じくじ》たる思いを抱えていた保守勢力によって、高等学校における社会科が廃止され、「地理・歴史」と「公民」に分けられます。

影響が出たのは、たとえば教員免許です。それまでは、高校教員ですと、社会科の免許を持っていれば、「日本史」「世界史」「地理」「政治経済」「倫理社会」のどの教科も教えることが可能でした。しかし、地歴科と公民科に分けられたため、地歴科の教員は、「歴史」と「地理」はいっしょに教えられますが、「政治経済」や「倫理社会」を教えることができません。この本を読んでいただければわかると思いますが、歴史の授業ではあっても、実際は政治史や経済史も教えます。「地理・歴史」と「公民」の分断は、極論すると、社会や経済についてよく考えながら歴史を見ていくのではなく、「美しい日本の伝統と風土」なるものを学べばそれでいいのだ、という発想ともいえるでしょう。

話を戻しましょう。一九四七年に『あたらしい憲法のはなし』、四八年と四九年に上・下巻の『民主主義』という、中学校用の社会科の教科書が文部省から出されます。『あたらしい憲法のはなし』は、焼け跡のなか「天皇陛下万歳」の精神を教えられてきた子どもたちに対し、日本国憲法で定められた「戦争放棄」や「国民主権」「三権分立」について、本当にわかりやすく丁寧に説明した、初々しい教科書です。いまは一冊三一〇円ほどで、童話屋という出版社から刊行されているので手に入ります。ネット上でも読めるようなので、検索して読んでおくといいと思います。どんな参考書よりも、日本国憲法のことがよくわかります。『民主主義』のほうは、高校生も使えるもう少し厚い本です。のちの占領政策の転換にともない、両書とも配付されなくなったわけですが。

教育の地方分権化と民主化

一九四八年七月には、教育の民主化と地方分権化を目的に、教育委員会法が定められます。教育委員の仕事——学校設置や教員の人事、処分、教科書の採択等——は、地方の教育行政です。いちばん民主的なのは、都道府県の教育委員は都道府県の人々が、市町村の教育委員は市町村の人々が選ぶことですね。教育委員会法によって、教育委員の選出は公選制となりました。教育委員は、都道府県民、市町村民による直接選挙で選ばれるようになったのです。

しかし一九五六年、第三次鳩山一郎内閣のときに、地方教育行政法（新教育委員会法）が制定され、教育委員の選出方法が、地方自治体の首長による任命制に変わります。つまり、都道府県であれば知事、市町村であれば市町村長が任命するようになります。目的は、教育の中央集権化と国家統制です。戦後の民主主義が崩れる一例といえるでしょう。たとえば、石原慎太郎が都知事だった時期、東京都の教育委員会により、「日の丸」「君が代」への起立・斉唱の強制に従わなかったとして都立高校の教員が大量に処分され、裁判になりましたね。

一方、一九四八年、日本国憲法の精神にまったく合わない戦前の教育理念として、教育勅語（起草者は元田永孚《もとだながざね》と井上毅《いのうえこわし》）が軍人勅諭・戊申《ぼしん》詔書とともに、衆議院で排除、参議院で失効の決議がなされました。

9　国家神道と天皇の人間宣言

人工的システムである国家神道の廃止

一九四五年一二月一五日、国家と神道の分離指令（神道指令）が出されます。内容は、明治維新以降、日本の国家神道とされた神社神道に対する、政府の保護・援助を廃止する、というものです。

国家神道とは、近代天皇制のイデオロギー的基礎となった、祭祀《さいし》中心の神道のことです。下級武士出身の青年を中心とした権威のない明治政府のリーダーたちは、いろいろな場面で、天皇の権威を利用しました。

宗教面においてもそうです。明治政府は、天皇の祖先神である天照大神を祀《まつ》る伊勢神宮を頂点に、菅原道真を祀る太宰府天満宮や徳川家康を祀る日光東照宮までも含め、さまざまな祭神を持つ各地の神社を国家神道のなかに組み込み、人工的にピラミッド型の体系をつくってしまいます。そして神道を「国家の祭祀」とし、「宗教を超えるもの」とします。すなわち、国家神道は「宗教ではない」と称して、仏教やキリスト教、および天理教・金光教などの教派神道を国家神道に従属する公認の宗教としました。こうして明治政府は、神社神道を国家神道とすることで、天皇崇拝の教義を広めようとしたのです。

少しくだけたいい方をすると、神社神道を国家神道に組み込んだとはいっても、日本の人々の自然な宗教感情からそうしたのではなく、レトリックを使って、やや強引に実行した側面が強かったわけです。

レトリックとは、こういうことです。神仏分離令を出し、長い伝統のある神仏習合を否定しました。そして神道を国教としようとしましたが、仏教勢力の反発もあり、一神教的な神道国教化政策は挫折します。日本に幅広く根付いた仏教を潰すわけにいかないのは当然です。だから次に、仏教徒のままでかまわない、宗教への個々の信仰をやめなくていいことにしたのです。つまり国家の祭祀としての神道は、宗教ではない。だから、天皇を神とする神社を参拝することは、仏教徒やキリスト教徒であることと矛盾しない、という理屈です。

こういう、天皇を神とする人工的な国家神道のシステムが、ＧＨＱの神道指令によってなくなります。神社も仏教の寺院やキリスト教の教会と同じような宗教法人になりました。

天皇の人間宣言に付け加えられた五箇条の誓文

一九四六年一月一日、**天皇の人間宣言**（新日本建設に関する詔書）が発表されます。神道指令とも連動していますが、これによって天皇の神格化、すなわち「現御神《あきつみかみ》（現《あら》人神《ひとがみ》）」なるものは架空の観念であると、昭和天皇が自ら否定します。天皇と国民の紐帯《ちゅうたい》は、「神話ト伝説」によるものではなく、「信頼ト敬愛」によるものだとしました。

この宣言は、原文が英語で書かれました。幣原喜重郎が原案を書いたともいわれます。英文であることからわかるように、天皇制温存を図り、外国に向けてそれを示す目的で書かれ、そのあと日本語に訳されました。

この人間宣言に、昭和天皇自身が「これを付け加えろ」と命じて加えたものがあります。そこに本音が表れているのでしょう。それが**五箇条の誓文**です。五箇条の誓文は、いうまでもなく明治天皇が示した、「公議世論の尊重」や「開国和親」など、明治新政府の基本方針です。昭和天皇は、五箇条の誓文は民主的性格を持っているとし、民主主義は決してGHQから押し付けられたものではない、民主主義を採用したのは明治天皇である、と示したかったようです。一九七七年に自らそう述べています。しかし、逆に言えば、昭和天皇の考える「民主主義」とは、五箇条の誓文レベルのものであったともいえます。

つぎつぎに公職追放された軍国主義者

さらに**教職追放令・公職追放令**によって、いわゆる**戦争指導勢力**が一掃されていきます。まずは、教育関係の軍国主義者や超国家主義者が退任命令によって職を追われます。

次に、公職に携わる軍国主義者たち（政治家・財界人・官僚・ジャーナリストら）**二一万人**が追放されます。軍国主義者とは、戦争犯罪人、職業軍人、憲兵や諜報《ちょうほう》機関の士官、大政翼賛会や超国家主義団体の有力者などです。なかには戦前、『東洋経済新報』で活躍した自由主義的な経済ジャーナリストであった石橋湛山《たんざん》や、全国水平社で部落解放運動を指導した松本治一郎のように、軍国主義者でないにもかかわらず、GHQと対立したので、「軍国主義者」の名目で、政策的に追放された人もいました。

また、玄洋社や黒龍会など二七の超国家主義者、ファシスト団体などが解散させられることになります。

10　極東国際軍事裁判（東京裁判）

戦犯の逮捕と東条英機の自殺未遂

さて、GHQは占領がはじまってすぐに、戦争犯罪人を逮捕していきます。東条英機内閣を中心に政治家たちもA級戦犯として逮捕されました。賀屋《かや》興宣《おきのり》は東条内閣の大蔵大臣で、終身刑を受けますが、戦後の池田勇人内閣では法務大臣にまでなります。東条内閣で商工大臣だった岸信介は、戦後はなんと首相になります。近衛文麿は戦犯として指名され服毒自殺しました。東条は自殺未遂のすえ、逮捕されます。

一九四五年九月一一日、東条の私邸に、アメリカのミリタリーポリス（MP）がやってきます。そこで東条は「ちょっと待ってくれ、支度をしてくる」といって、自分の心臓に的を表す丸を墨で書くと、拳銃をそこに向け発砲しました。しかし急所は外れ、自殺できないまま捕まりました。

東条陸相（当時）の出した訓示である「戦陣訓」のなかの、「生きて虜囚の辱《はずかしめ》を受けず」の言葉により、捕虜を恥として自決したり、パラシュートを持たずに戦地に飛び立ったパイロットは多くいました。本当なら生きられたのに「戦陣訓」のせいで亡くなった、優秀な兵士もたくさんいたでしょう。しかし当の本人が、結局「生きて虜囚の辱を受け」たわけですね。

国民としては「何だ？　これ」というような話です。本当に自殺する気があったのなら、もっと確実に死ねる方法があったのに、といった世論も生まれました。自殺に失敗し苦悶の表情を浮かべている東条の写真が、新聞に大きく掲載され、「このやろう！　こんな奴に騙《だま》されたのかー！」という話になっていきます。

こんな風潮に対し、映画監督の伊丹万作（俳優で映画監督だった伊丹十三の父）は、一九四六年八月の『映画春秋』創刊号で「騙されるということ自体がすでに一つの悪である」、と言い切ります。「『騙されていた』といって平気でいられる国民なら、おそらく今後も何度でも騙されるだろう」といって、この雰囲気を批判したのです。つまり、「騙された」といってしまったら、何の反省もなくなるだろう。騙されたほうが悪いんだ。そう思えば、この次は騙されないようにするだろう。そう思わないと、また騙されるぞ。そういう意味の発言をし、被害感情を募らせる世論に、警鐘を鳴らしました。原発と放射能を巡る問題が解決していない現在にあって、この警告は、いまだ有効ですね。

昭和天皇が訴追されなかった東京裁判

一九四六年五月から四八年一一月まで、約二年半にわたって開かれたのが、極東国際軍事裁判（通称「東京裁判」）です。

この東京裁判には、決定的といえる問題点がありました。それは、最高の戦争責任者である昭和天皇が訴追されていないことです。裁判にも出廷していません。ここには、天皇を利用して占領政策を進めようとしたアメリカの非常に強い意向がうかがえます。

東京裁判は、いわゆるA級戦犯の二八名を裁くための裁判です。先に戦犯におけるA級からC級までの説明をしましょう。

A級戦犯は、平和に対する罪を犯した者です。つまり侵略戦争の計画・準備・開始・遂行、その共同謀議をおこなった者たち、簡単にいうと戦争の最高指導者たちですね。

B級戦犯は、通例の戦争犯罪、つまり俘虜《ふりよ》の殺害・虐待など戦時国際法に違反した者たちです。俘虜とは捕虜のことです。

C級戦犯は、人道に対する罪を犯した者で、人種的理由などによる一般人の大量虐殺や酷使した者が相当します。ここではナチスのユダヤ人虐殺が想定されています。

そして日本の戦争犯罪の場合は、A・B・Cという三つの分け方はせず、「A」と「B・C」という二つに分け、「A級戦犯」「B・C級戦犯」といっています。

裁判長はオーストラリアのウィリアム＝ウェッブで、A級戦犯の二五名全員（被告のうち二名は、裁判の途中で病死）に有罪の判決が出ます。絞首刑は東条英機ら七名で、広田弘毅《こうき》以外は陸軍の軍人です。終身刑は木戸幸一や平沼騏《き》一郎《いちろう》ら一六名、有期刑が東郷茂徳と重光葵の二名です。そして松岡洋右《ようすけ》、永野修身《おさみ》は裁判途中で死亡し、大川周明は発狂します。東条英機の頭を上から叩き、大声で叫びながら連行され、精神鑑定のうえ発狂とみなされました。本当のところは、まだ謎があるようですが。

東京裁判での東条英機

アメリカの意向を強く反映した判決とパール判事

東京裁判のジョセフ＝キーナン首席検事は、アメリカでマフィアを締め上げていた有名な検事で、天皇免責論を展開したことでよく知られています。「ギャング退治」の手法で東条英機らを攻めました。一九九四年、母校のハーバード大学法律大学院図書館で、キーナンの書簡が発見されました。そこで初めて、彼の個人的な見解が明らかになります。

来日直後、友人の上院議員にあてた書簡には、「天皇制は今もなお極めて危険で、除去すべきもの」とあり、天皇制を廃止すべきであるとはっきり主張しています。また、妻のシャーロットあての手紙では、昭和天皇を常時輔弼《ほひつ》（補佐）していた内大臣の木戸幸一を、戦争犯罪の「真の犯人」と断定しています。木戸は昭和天皇の側近中の側近です。一方、東条英機元首相については「真実を語った唯一の人物」として高く評価するなど、意外な本音が暴露されます。

しかし、彼は実際にはマッカーサーの方針に従い、天皇免責に尽力しています。裁判の過程で、このようなこともありました。「天皇の〝平和に対する希望〟に反した行動を、木戸内大臣がとったことがありますか？」というローガン弁護人の質問に対し、東条は「勿論ありません。日本国の臣民が陛下のご意思に反して、彼是《あれこれ》するという事は有り得ぬ事であります」と正直に本当のことを答えました。これは、天皇の訴追につながる答弁となってしまいます。

あわてたキーナンは、裏のルートを使い、極秘に前述の証言を否定するよう東条に説得工作をおこなっています。この工作は成功し、次の法廷でキーナンが、戦争は「裕仁《ひろひと》天皇の意思でありましたか?」と質問すると、東条は、天皇は自分の開戦の進言に「しぶしぶご同意になった」と証言します。これで天皇は訴追を逃れました。「茶番」ですね。

またインドのパール判事は非常に長い反対意見書を提出し、A級戦犯全員の無罪を**勧告**しています。そこで指摘しているのは、裁判の事後法的性格についてです。事後法とは犯罪がなされた後につくられた法律のことで、そういう法に基づいて裁くことは、近代法の原則である罪刑法定主義（いかなる行為が犯罪であるか、その犯罪にいかなる刑罰を加えるかは、あらかじめ法律によって定められていなければならないという主義）に反する、ということです。

パール判事

また、パールは、原爆投下は「残忍」で「非人間的」な行為であるときびしく批判しています。しかし、「人道に対する罪」が国際法上未成立だとする立場から、日本の行為と同様、この罪で原爆投下を裁くことはできないという立場を取ります。

この点をとりあげて、日本の行為を「無罪」だとみなす判事もいるのだと「解釈」する日本の保守派がいますが、パールは日本の道義的責任までを「無罪」としたわけではありません。パールは同時に、日本がおこなった残虐行為に対しても厳しく糾弾していて、戦後は、日本の憲法第九条を擁護する複数の発言をしています。

ただ彼はガンジー主義者ですから、インドを植民地化してきたイギリスに対していいたいことがあるのは確かでしょう。イギリスはインドで、アジアで何をやってきたのか、と。パールが意見書で指摘した問題は、そういうことの延長線上にあるのです。すなわち、日本のアジア侵略も西洋諸国の植民地支配も、道義的には不当な行為であったが、国際法上の犯罪と認定できなかったということです。

一方、自身もA級戦犯として裁かれた重光葵も、「パール判決書」のダイジェスト版（『戦史を破る――日本は無罪なり』日本書籍印刷東京支社）の「序文」で、「今この判決が過去の日本の行動を見さかいなく全部是認して居ると速断してはならない」と述べています。

やはり、東京裁判の性格として〝勝った盗人が負けた盗人を裁く〟ような側面があることは確かでしょう。ごく普通の日本の一般市民でも、この点が腑に落ちないといいう人は、多くいるはずです。あそこの被告席の「雛壇」に並んでいる人たちは、間違いなく侵略者ですが、東京裁判そのものは茶番ですね。

そのせいか、政治家でも、恥ずかしげもなく「なんで日本ばっかり悪くいわれるんだ。アメリカだってイギリスだって、みんなやってるじゃないか」という人がいます。しかし、それは「先生、なんで僕ばっかり叱るの？　A君だってB君だってやってるじゃないか！」と叫ぶ小学生と同じレベルです。他者の犯罪の存在によって、自らの犯罪を相殺してゼロにすることはできません。

そういう東京裁判がはらむ問題は、実はアメリカのリベラル派の歴史学者も指摘しています。もちろん、それは日本が正しかったという意味ではなく、戦争裁判が持つ問題をよりシビアに考え、アメリカ自身のあり方への批判的視点を内包するものです。確かなことは、アジア太平洋戦争の本当の被害者は誰かといったら、アジアの民衆だということでしょう。しかし東京裁判においても、旧植民地や占領地のアジア代表の意見は十分に反映されていません。

では東京裁判に意義はあったのでしょうか。侵略戦争の犯罪性が、国際社会で認められたという意義はあったかもしれません。しかし、この意義はもう賞味期限切れだろうと思います。というのは、ありもしない大量破壊兵器があると主張して主権国家を破壊したブッシュ米政権に対して、国際社会はなんら罪を問うことができなかった事実が、厳然とあるからです。

朝鮮人軍属B・C級戦犯の悲劇

さて、約五〇ヵ所ある連合国各国の軍事裁判法廷で、B・C級戦犯として起訴されたのが五四一六名、そのうち死刑判決を受けた人数は九三七名（ソ連を除く）です。ソ連を除くのは統計がないからというだけで、処刑していないという意味ではありません。なかには、朝鮮人や台湾人のB・C級戦犯もいました。うち朝鮮人一四八人、台湾人一七三人が有罪となり、二三人の朝鮮人が死刑となりました。彼らの遺書を読んだことがありますが、本当に悲惨なものです。

軍事徴用のため強制連行で日本に連れてこられる。日本では、捕虜は最も恥を受ける存在なので〝捕虜の世話〟は軍でいちばん嫌われる仕事です。結局そういう仕事を、朝鮮人軍属にやらせるんですね。そして戦争が終わったら終わったで、今度は「君たちを捕虜として監視していたのは誰だ?」との問いに、捕虜となっていた連合国側の兵士たちが、日本軍捕虜のなかにいる、末端の捕虜監視員である朝鮮人軍属の顔を覚えていて「こいつだ!」と指さすことになります。そうして朝鮮人軍属が、

「捕虜虐待」の名目でB・C級戦犯となっていきました。

自国を奪われて日本に連れてこられ、軍隊では差別され、毎日のように殴られ……。日本が負けてようやく独立が回復でき、解放されると思ったら、よりによって日本帝国主義の罪を背負わされて、どうして殺されなければいけないのか。そのような叫びが遺書に書かれています。

また各地の刑務所に収監されていた朝鮮人軍属B・C級戦犯の人たちのなかには、長期刑や死刑が減刑され、一九六〇年ぐらいまでに自国へ帰れた人もいます。しかし、B・C級戦犯は、すべて日本の戦争への協力者だと誤解されているため、韓国のコミュニティから勘違いされたまま、孤独に生きていかざるを得ない人たちが大勢います。そういう問題は解決されたわけではなく、現在まで続いています。また、日本政府は彼らに対して、何らの戦後補償もしていません。

11　日本国憲法の制定

日本のリベラル派の考えをもとにしたマッカーサー草案

　これまで、日本の「非軍事化・民主化」のためにGHQがおこなった改革について一つひとつ見てきましたが、さらに重要な課題として、大日本帝国憲法の全面的改正がありました。一九四五年一〇月、GHQは日本政府に自主憲法をつくるよう指示します。それを受けた幣原喜重郎内閣は、憲法問題調査委員会を設置しました。

　憲法担当の国務大臣・松本烝治《じょうじ》を中心に、翌年二月、改正案（「憲法改正要綱」）が作成されます。俗にいう「松本試案」です。

　一九四六年二月八日、幣原内閣は、「憲法改正要綱」をGHQに提出しました。これを見て、GHQは呆《あき》れました。天皇主権や国体護持を内容としており、大日本帝国憲法を少し「水でうすめた」程度のものでした。もちろん、ポツダム宣言の精神とも合致しません。GHQはすぐに拒否して、突き返します。

　そして、二月一三日、ニューディーラーといわれた若い理想主義的なスタッフが中心となって、ＧＨＱが極秘に完成させた、いわゆる「マッカーサー草案」を手渡します。ＧＨＱは、天皇を戦犯としようとする国際世論が高まっているので、この草案を受け入れなくては天皇は安泰でないと、日本政府に警告しました。憲法改正について権限を持つ極東委員会が二月二六日に開催されるので、前述したように、天皇制を温存したいマッカーサーは、それまでに憲法を既成事実化したかったのです。

実は、「マッカーサー草案」は、高野岩三郎、森戸辰男、鈴木安蔵らリベラルな日本知識人七名による民間の**憲法研究会**が作成した**「憲法草案要綱」**を秘《ひそ》かに参照していました。ニューディーラーたちは、本国アメリカでも達成していない、民主主義の理想を日本で実現したいという希望を持っていました。知っていますか？　アメリカは白人にとっての民主主義はあったかもしれませんが、南部の黒人（アフリカ系アメリカ人）は、一九六四年の公民権法成立まで、事実上、選挙権も奪われていました。白人の入るレストランにも入れなかったのです。六四年は、東京オリンピックの年ですよ。

憲法研究会のメンバーを見ると、高野岩三郎は元東大教授、兄は労働組合期成会をつくった高野房太郎です。高野個人はラディカルな人で、日本を君主のいない共和国にしよう、天皇制を廃止して大統領制にしようという主張をした人です。**「日本共和**

国憲法私案要綱」をつくっています。森戸辰男は、一九二〇年に原敬《たかし》内閣の弾圧で東大を追われました（森戸事件）。弾圧のきっかけとなった論文は「クロポトキンの社会思想の研究」で、ロシアのアナキストを研究したことを理由に東大を追われたわけです。後に片山・芦田中道連立政権で文部大臣になっています。

　彼らがつくった「憲法草案要綱」の骨格は、国民主権による立憲君主制です。ＧＨＱは、日本政府と日本のリベラルな知識人とは違うということを認識しています。それに日本の民主主義は、急にアメリカによってもたらされたわけではありません。明治時代には自由民権運動があり、大正デモクラシーも経験しています。ただ軍国主義やファシズムによって、そうした運動が潰され、頭を抑えられただけで、伝統も経験もあるわけですから、蘇《よみがえ》ってくるわけです。そういうところは重要ですね。ほかにドイツのワイマール憲法、ソ連の憲法、スカンジナビア諸国の憲法など、ヨーロッパの諸憲法をもとに「マッカーサー草案」はつくられました。

　一九四六年二月、幣原内閣は「マッカーサー草案」にごくわずかの修正を加えたものを政府原案とし、公表します。それがまた帝国議会で修正されます。この修正が、わずかとはいえ、重い意味がありました。

　憲法第九条には、第一項「日本国民は、正義と秩序を基調とする国際平和を誠実に希求し、国権の発動たる戦争と、武力による威嚇又は武力の行使は、国際紛争を解決する手段としては、永久にこれを放棄する」。そして第二項「前項の目的を達するため、陸海空軍その他の戦力は、これを保持しない。国の交戦権は、これを認めない」とあります。しかし「マッカーサー草案」では、第二項の「前項の目的を達するため、」の部分がなかったのです。

このとき芦田均《あしだひとし》が強く主張し、この「前項の目的を達するため、」を入れます。どういう意味かわかりますか？　条文をもう一度、丁寧に読んでみてください。この文言が入ることで、「いやいや、すべての戦力を持たないという意味ではありません」とあいまいに拡大解釈することが可能になるのです。つまり「前項の目的」を、「国際紛争を解決する手段」と限定して解釈すれば、国際紛争を解決するための戦力と交戦権はダメだけれど、自衛のための戦力と交戦権は憲法違反ではない、と解釈できる含みを残すことになります。後で実際、自民党政権がこうした「解釈」をおこないます。社会党はそうではないと主張し、憲法学者は二派に割れます。

そして一九四六年六月から一〇月の第九〇帝国議会で、この憲法改正草案が審議され、吉田茂内閣のときに、修正可決されます。

国民が制定して権力者に遵守させる憲法

こうして日本国憲法は、一九四六年一一月三日に公布され、翌四七年五月三日に施行されます。ここで日本国憲法の内容について見ていきますが、特徴を鮮明にするため、明治政府がつくった大日本帝国憲法と比較しながら検討しましょう。

まず、日本国憲法は**民定憲法**であるのに対し、大日本帝国憲法は**欽定《きんてい》憲法**です。民定憲法と欽定憲法の違いは近代法制史を学ぶときの基礎といえます。欽定憲法は、君主の単独意思で制定する憲法ですから、悪くいえば上からつくって「従え」という、学校の校則のようなものです。戦前の日本の君主は天皇なので、日本の**欽定憲法**は、**天皇が制定し、臣民に服従させる憲法**ということになります。いわば教師が「髪の長さは何センチ、スカートの丈は何センチだ。従いなさい」と一方的に決める形のようなものです。欽定憲法は「国家から国民への命令」だといえます。

ここで、民定憲法である日本国憲法の第九九条を見てみましょう。憲法尊重擁護の義務が述べられた条文ですが、憲法の尊重、擁護を義務づけられているのは誰でしょうか。以前、ある憲法学者が嘆いていましたが、彼の教える超名門大学に入学した新入生にこの質問をしたら、八五パーセントが同じ答えで、それも間違っていたそうでます。そのときの新入生の多くは、「国民」と答えました。違いますよ。国民には、「俺、尊重したくないよ」という自由もあります。思想・信条の自由が保障されていますから。

正解は「天皇又は摂政及び国務大臣、国会議員、裁判官その他の公務員」です。国家権力を担い、運営する人たちが、国民が制定した憲法を守る義務を課せられているわけです。つまり**民定憲法**とは、最もシンプルにいうと、**国民が制定し、権力者に遵守させる憲法**だといえます。欽定憲法とはまったく逆で、「国民から国家への命令」です。法律とは市民を規制するものであるが、(近代)立憲主義の理念では、**憲法は国家権力を制約する**ものだということです。

現在の日本は、立憲主義のもとにあります。**立憲主義**とは、**憲法によって国家権力を制約することにより、個人の人権を守る**ことです。国家権力の肥大化を抑えるのが、近代民主主義です。しかし「戦後七〇年」、日本は立憲主義の危機に瀕していますす。また、念のためにいうと、立憲主義と立憲政体は違います。立憲政体や立憲体制は、明治期の歴史によく出てくる用語ですが、これは憲法や議会を持った政治体制のことです。

近年、憲法改正議論がたびたび盛り上がり、二〇〇〇年より衆議院と参議院でも憲法調査会がつくられますが、議事録を見ると、その委員でさえも、ごく当たり前の立憲主義がわかっていない議員が山ほどいるのに驚かされます。「新しい憲法では、親孝行の精神を掲げろ」とか、「国民が権利ばっかり主張するのはよくない。新しい憲法ではたくさんの義務を課すべきだ」などの発言を聞くと頭を抱えてしまいます。

日本国憲法の基本精神

民定憲法である日本国憲法の三大原則は、いうまでもなく国民主権・平和主義・基本的人権の尊重です。

国民主権は、**主権在民**ともいいますね。主権とは、国の最高で最終的な決定をおこなう権力のことです。大日本帝国憲法では、この主権が天皇ひとりにありましたが、日本国憲法では国民にあります。いちばん重要なことについては、行政機関である政府（内閣）が決めるわけではなく、主権者である国民の代表による立法機関である国会が決めるということです。基本的に代表民主制をとりますが、最も重要な憲法改正は、国民投票で決める直接民主主義です。

平和主義とは、**戦争放棄**のことです。戦力の不保持・交戦権の否認が**憲法第九条**で明示されています。大日本帝国憲法第一一条では天皇の統帥権が規定され、戦前の日本では、天皇の統帥権は独立していました。両者はまったく違いますね。「統帥権の独立」とは、軍隊の指揮・統率権（作戦・用兵権）である統帥権は議会のみならず内閣、すなわち日本政府も一切関与できないということです。このことが軍部の暴走を招きました。

基本的人権について見ると、大日本帝国憲法では、「臣民の権利」はいちおう列挙されているものの、「法律の範囲内」とあり、法律できびしく制限することができます。いわば「オリのなかの自由」です。一方、日本国憲法では、基本的人権は、侵すことのできない永久の権利となります。大日本帝国憲法にも、たとえば「結社の自由」が書かれていますが、一九二八年の改正治安維持法を思い出してください。「国体（天皇制）ノ変革」を目的とする結社の組織者・役員・指導者は、それだけで最高刑が死刑となります。「法律の範囲内」とは、そういうものです。日本国憲法では、そういうことは一切ありません。いま、「天皇制を変える会」をつくったり、入会しても罪になどなりません。「結社の自由」は基本的人権です。

基本的人権には、**自由権**（思想・良心の自由、信教の自由、言論・表現の自由、集会・結社の自由など）、**平等権**（法の下の平等、両性の平等、参政権の平等など）、**社会権**（生存権、教育を受ける権利、労働者の団結権・団体交渉権・団体行動権など）などが規定されています。

実は、日本国憲法にある女性の権利は、アメリカ憲法には明記されていません（成立が日本国憲法よりずっと早いという理由はあるでしょうが）。これは、GHQ憲法草案制定会議のメンバーだった、当時二二歳で日本育ちのアメリカの女性ベアテ＝シロタ＝ゴードンの尽力によります。

また、天皇は「シンボル」の訳語、「象徴」と規定されます。この象徴天皇制において、天皇は国事行為のみをおこないます。国事行為とは、政治的な意志のない儀式的な行為のことです。大日本帝国憲法では、天皇は統治権を総攬《そうらん》する元首であり、神格化（神権天皇制）されていました。一方、日本国憲法では、天皇は「象徴」でしかなく、元首としての規定はありません。

そして、衆議院と参議院に分けられる国会は、両院とも主権者である国民の代表により構成され、国権の最高機関で、唯一の立法機関です。

大日本帝国憲法では国会とはいわず、帝国議会といいました。貴族院と衆議院からなり、貴族院は、皇族・華族・勅任議員（勅選議員・多額納税者議員）で構成する、いわば「上から選んだ」上院です。衆議院は、公選された国民の代表による下院です。上院・下院による二院制では、上院が下院を制約することにより、国民の立法権を制限することができます。すなわち、国民の代表の衆議院で法案を通しても、皇族・華族らによる貴族院に回して否決すれば、成立することはありません。実は戦前、衆議院は婦人参政権を可決したのに、貴族院で否決して不成立にしてしまいました。

さらに日本国憲法では、国会は国権の最高機関、唯一の立法機関と位置づけられていますが、大日本帝国憲法では、帝国議会は単に天皇の協賛機関にすぎません。文字どおり、天皇の政治に協力し、賛成する機関ということですね。

憲法改正は、大日本帝国憲法では天皇の発議によりますが、日本国憲法では両院の**三分の二以上**の賛成で発議され、国民投票で過半数の賛成が得られると改正されます。この手続きの細則を取り決めた国民投票法は、二〇〇七年の第一次安倍晋三内閣のときに成立して、二〇一〇年に施行されました。憲法改正をしやすいように最低投票率の規定をなくしたこと、憲法改正以外には使えない、単なる「手続き法」にしてしまったことで、ずいぶん批判を受けました。

このとき、重要法案を国民投票で決める直接民主主義の法整備をしていたら、三・一一東日本大震災、福島第一原発事故後である現在、日本国民は「脱原発」でいくのか、「原発依存」でいくのかについて、未来を自分自身の手で選択する道がありました。日本国憲法制定以来、日本国民は直接民主主義の権利を事実上、放棄してきたのです。憲法改正の国民投票は、最低ここだけは直接民主主義でなくてはならないよ、という意味であり、あとはやってはいけないということではまったくありません。国民投票法を改正すれば、「原発」も「消費税」も、国民自身で選択することができるので、まだ遅くはないのです。

最高裁判所は、違憲立法審査権を持っています。法律は国会審議で過半数を得れば制定できる仕組みになっていますが、だからといって憲法に違反するとんでもない法律が通るのは困ります。日本国憲法下で、たとえば無理やり法改正をして徴兵制が決定し、いきなり「兵隊になれ」といわれても、「冗談じゃない」と思う人は多いでしょう。すると裁判になったとき、最高裁判所は、たとえ法律であってもそれが違憲かどうかをチェックします。そういうことで、最高裁判所の裁判官は「憲法の番人」と呼ばれます。

本当に「番人」として適しているか、やはり主権者がチェックしなければいけません。実際、衆議院議員総選挙の際の国民審査によって、最高裁判事をクビにすることができます。でも、やり方が、少し「微妙」ですね。やり方とはこうです。国民審査の投票用紙に、審査される裁判官の氏名が書いてあります。罷免したい裁判官に×印をつけます。投票者の**過半数**に×印をつけられたら、その裁判官はクビです。×印以外の記号を投票用紙に書いた場合は無効となります。「よし」なら○、「だめ」なら×、○が過半数で信任、ではないのです。だから、この方法で罷免された裁判官はいません。

戦前は制度化されていなかった政党内閣

行政権の最高機関が**内閣**、すなわち日本政府です。戦前の内閣はどういう位置づけだったのでしょうか。単なる天皇の輔弼機関です。輔弼とは補佐のことです。そして、国務大臣は個別に天皇にのみ、責任を負います。国務大臣とは、いわゆる大臣・閣僚のことです。外務省の長官である国務大臣が外務大臣、財務省の長官である国務大臣が財務大臣です。

日本国憲法では、**内閣総理大臣**は、国会で国会議員のなかから指名されますから、必ず多数党の党首が選ばれます。また国務大臣の過半数は国会議員で、首相は自分の党の仲間を集めて組閣しますから、大臣の大半も必ず多数党に属し、**政党内閣**は制度的に保障されることになります。

政党内閣は近代政治史のキーワードです。ポイントの一点目は、衆議院の多数党が基礎となること。二点目は、多数党の党首が首相となること。三点目は、大臣の大半が多数党の党員であること。政党内閣が制度的に保障されているシステムを議院内閣制といいます。

戦前の日本も同様のシステムであると誤解すると、戦前の政治が全部わからなくなります。大日本帝国憲法下では、首相は慣例として元老（のち重臣）が推挙して、天皇が任命するので政党内閣は制度化されていません。また、首相が、帝国議会の議員である必要もありません。いまとはまったくシステムが違います。

ただ、政党内閣は禁止されているわけではありませんので、たまに成立すると、政治史の上で重要事項となります。初の政党内閣（憲政党）である隈板《わいはん》内閣（一八九八年）は、四ヵ月で潰れました。その後二〇年間は政党内閣が生まれず、米騒動を契機に立憲政友会の原敬内閣（一九一八〜二一年）ができ、原が暗殺されたあと、同じ立憲政友会の高橋是清内閣（一九二一〜二二年）が続きましたが短命に終わります。そこから、またしばらくは非政党内閣が続きました。一九二四年に第二次護憲運動の結果、加藤高明護憲三派内閣が成立してから、三二年の五・一五事件で、首相が暗殺されて立憲政友会の犬養毅《いぬかいつよし》内閣が倒れるまで、八年間、「憲政の常道」といわれる政党内閣が連続する時代が続きます。しかし、これは制度が変わったのではなく、ただ「最後の元老」といわれた西園寺《さいおんじ》公望《きんもち》が、政党の党首を天皇に首相として推挙したからでした。しかし、五・一五事件のテロにより、政党党首の推挙を躊躇《ちゅうちょ》したので、それ以後、戦前の日本に二度と政党内閣はできませんでした。

与党・野党の関係については（議会のなかで政府・内閣を支持する政党を与党、反対する政党を野党といいますが）、日本国憲法下では衆議院の多数党を基礎に内閣ができますから、衆議院の多数党が必ず与党になります。しかし大日本帝国憲法下では、議院内閣制ではないので、与党が多数党とは限りません。そのため、たとえば、軍人が首相を務める内閣に対し、議員数が過半数を占める多数党の野党が議会で反対した、という事態が起こってしまうのです。

一〇日で内閣を倒せるという理念

日本国憲法の下では、内閣は、国会に対し連帯して責任を負います。このことの持つ意味を考えてみましょう。民主主義の基礎となる思想のひとつに社会契約論があります。明治初期に自由民権運動が高まったとき、ルソーの『社会契約論』は中江兆民が『民約訳解』と題して訳し、影響力を持ちましたね。兆民は、いまルソーを必要としているのはアジアの民衆だとして、日本人・中国人・朝鮮人が読めるように、あえて、「漢文」に訳しました。簡単にいうと社会契約論とは、無政府状態では暴力的支配者が登場したり、殺人が蔓延したり、奴隷が生まれる可能性もある。そういう事態に至らせないために、国民一人ひとりの人権を守らせるために、社会的に契約して政府をつくり、その政府に大きな権力を委《ゆだ》ねる、こういう考えです。しかしありがちなことは、いったん大きな権力を持つと、政府が人権を守るためではなく、逆に人権を抑圧するために権力を使ってしまうことです。こうなれば、契約違反です。こういう契約違反を犯した政府は、正当な行為として潰してかまわない。こうした考え方が、民主主義の基本にあります。

このような抵抗権・革命権は、ロックにより自然権のひとつとして提唱されました。フランス革命の理論的根拠となり、アメリカの独立宣言にも掲げられています。

でも、たとえば「抵抗権があるから、契約違反のA内閣を潰していいですよ」といって、竹槍《たけやり》を持って国会まで出かけても、周辺で警備するおまわりさんに返り討ちにあってしまっては仕方がないですね。

しかし、実は、日本国憲法がある限り、**内閣は一〇日で潰せます**。そういう力を、憲法に持たせているからです。その力が、**内閣不信任決議**です。衆議院が内閣不信任案を可決すれば、一〇日以内に解散しない限り総辞職しなければなりません。日本政府とは内閣のことですから（国会ではありませんよ）、いわば主権者である国民の代表は、一〇日で国民の意に沿わない日本政府を潰せるということです。こういう制度で民主主義を守っている、ということです。

地方自治体であれば、リコール制度によって首長も地方議会の議員もクビにできますが、そのためにはその地域の有権者の三分の一の署名を集めなければなりません。同じことを国の政治でもおこなっていたら、署名を集めるだけで何年かかるかわかりません。ですから、この内閣はダメだと思った（国民が愛想を尽かした）とき、国民の代表は、一〇日で内閣を潰せるような制度になっています。これが、内閣は国会に対して連帯して責任を負うということです。

12　日本国憲法に基づく民主的諸制度

戸籍制度を残した民法改正と天皇制

大日本帝国憲法公布の翌年の一八九〇年に、日本で法整備にあたっていたフランス人法学者・ボアソナードが近代的な民法を起草しましたが、憲法学者の穂積八束《やつか》が「民法出デ、忠孝亡ブ」と攻撃するなどして、民法典論争になり、施行延期となりました。

その後、一八九八年に施行されたいわゆる明治民法は、強力な戸主権を認め、封建的家族制度を存続させる内容でした。戸主の地位と財産を継承する家督相続権は、長男ひとりにあるという長子単独相続で、また妻は法的に無能力という、男尊女卑的なものでした。

一九四七年、日本国憲法の「個人の尊重」と「両性の本質的平等」に従い、民法が戦前の形から全面改正されます。これにより戸主制度は廃止され、戸主権（婚姻同意権、財産権など）がなくなります。しかし、戸籍制度は残りました。

戸籍とは、戸と呼ばれる「家族」という集団単位によって国民を登録する目的で作成される公文書です。人民支配の根幹であり、これに基づいて徴税と徴兵が可能となります。中国・日本・朝鮮など、中国文化圏特有の制度です。戸籍があるのは当たり前だと思いがちですが、実は現在、「家族」を単位とする戸籍制度を維持しているのは、世界でも日本と台湾と香港だけです。

日本では大化の改新のあと、七世紀後半に戸籍の作成が始まりますが、早くも平安初期の一〇世紀に律令国家が衰退し、戸籍の作成はできなくなります。その後、戸籍は作成されず、江戸時代にはキリシタン弾圧のためにつくった宗門改帳《あらためちょう》が戸籍の

「役割」を果たしただけです。戸籍を再び作成したのは明治政府で、一八七二年の壬《じん》申《しん》戸籍が、それです。中世（鎌倉時代・室町時代）の日本は、戸籍もないので「国家」としての人民掌握は不可能でした。また、統一貨幣も鋳造できず（中国銭などを使用）、いわゆる「国家」という意味では、その体をなしていません。東大教授の新田一郎も『中世に国家はあったか』（山川出版社、二〇〇四年）を書いています。

　そのため、近代日本の統治者には、神代から天皇が統治していたという虚構の「ドラマ」が必要だったのです。しかし、実際に「天皇」の称号が使用されるのは、七世紀後半の天武天皇のころから（一部に推古説もある）です。

　また、一般にはあまり知られていない重要な事実があります。実は平安初期、九世紀前半の嵯峨天皇の後から、江戸後期の一八世紀末に儀式・神事の多くを復活させ、朝廷権威の強化を図った光格天皇まで、一〇〇〇年近くのあいだ、「天皇」の呼称すら使われていないのです。「主上」「みかど」「内裏《だいり》」「院」などと、さまざまな呼び方がされていました。

「天皇制」というと「近代天皇制」が連想されがちですが、実は、明治天皇から敗戦時の昭和天皇までの「近代的天皇制」は、「天皇制」の歴史からいうと異様な時代です。それは、政治権力をもった「天皇制」だからです。平安初期、九世紀前半の桓武天皇・嵯峨天皇の律令国家再建期以降は、江戸幕府消滅に至るまで、天皇は、ほとんど政治権力と無縁でした。「延喜《えんぎ》・天暦《てんりやく》の治」や「建武の新政」では、天皇が政治権力を握っていたではないかと反論があるかもしれません。しかし、実態を見てみましょう。一〇世紀前半の醍醐天皇・村上天皇の「延喜・天暦の治」は、かつては「聖代」などと理想化されていましたが、実際は、摂政・関白が天皇の政務を代行しなかった程度です。また、後醍醐天皇の「建武の新政」も、鎌倉幕府を打倒して権力を握りますが、すぐに崩壊し、後醍醐天皇の南朝は永遠に消えてしまいました。

刑法改正は一部のみ

戦後、刑法は、一部のみ改正されます。たとえば、大逆罪がなくなりました。大逆罪とは、皇族・天皇に危害を加えるための実行・未遂・計画・決意を取り締まり、罰則は死刑のみで、犯行を「決意」するだけでも死刑を科することができました。もしいま、大逆罪があったら、どうなるか？　どこかの酔っ払いが、居酒屋でテレビを見ながら「皇太子は生意気だ。蹴りでも入れたろか」などとつぶやいて、よくいる「通報オバサン」がそれを警察に知らせたら、酔っ払いは逮捕されます。この一言が「決意」と受け取られれば死刑です。とんでもない話ですね。

「決意」というのは、何によって証明できるのかと思われるかもしれませんが、大日本帝国憲法の下での刑事訴訟法は、自白だけで罪が立証できました。ですから自白によって、「決意」があったといわせればいいのです。しかも自白はある意味で簡単にとれました。拷問にかければ、やっていないことも「やった」といわせることができたからです。これは「軽い」ようで「重い」たとえです。

もし、僕が教壇で、「実は天皇も人間なんだよ」といったら、戦前は**不敬罪**で逮捕です。後で話しますが、戦後になっても刑法改正前は不敬罪での逮捕がありました。

姦通罪《かんつう》もなくなります。姦通とは不倫のことですが、妻の不倫が戦前は犯罪とされました。封建的家制度だったので、「良妻賢母」を望まれた妻が不倫することは、「家」を壊すとして罪に問われました。しかし、夫が未婚の女性と不倫しても許されました。入試でもけっこう問われます。「姦通」という言葉は、最近死語になっているようですが、もともと法律用語です。「不倫」はどちらかというと文学的な表現で、あまり使われない言葉でしたが、バブルのころ『金曜日の妻たちへ』という、不倫をテーマにした人気テレビドラマシリーズが放送されてから、急に一般的になりました。以前、予備校の講習で姦通罪がなくなった話をした後、学生たちが怪訝《けげん》な顔をしているので、少し不安になって「姦通」の意味を尋ねたところ、一列目の学生に次々「知らない」と返答されてしまいました。最後のひとりが自信を持って「はい、強姦のことです」と答えたので、「強姦罪が無くなるわけないだろ」と思わず大声になってしまいました。

しかし、改正された刑法でも、なんと尊属殺人罪は残ってしまいました。尊属殺人とは、「親殺し」のことですが、これは道徳的に絶対に許せないという理由で残ったのです。罰則も、死刑あるいは無期といった厳罰でした。

近代社会では「道徳」と「法」とは峻別されます。国家権力の人間の内面への介入は抑制されているのです。それによく調べてみると、「親殺し」はそれ以外の殺人よりも悲惨な例が多いのです。とくに娘が父親を殺すときは悲惨です。典型的なパターンは、妻に逃げられた夫が、年頃になった自分の娘に手を出してしまうことで、なかにはどこかに監禁し、延々とレイプを繰り返したケースもあります。相手が親ではなくどこかの男性であれば、加害者の女性には情状が酌量され、執行猶予がついて刑務所に行かずに済むことが多いでしょう。しかし親だと、精神的にはより悲惨なのに、「道徳」的理由で重罪となり厳罰が科せられるわけです。つまり、「親孝行が大事」だということです。

一九六八年には、栃木県でこんなひどい事件がありました。父親が一四歳の娘に関係を強要し、その後、娘に五人も子どもを産ませました（二人は死亡）。それだけでなく娘は五回も堕胎させられ、その後は不妊手術を受けさせられました。生きる屍《しかばね》みたいになった娘に、父親は「出て行ったら、三人の子どもを始末してやる」といい、ついに娘は父親を殺しました。

一九七三年、違憲立法審査権を持つ最高裁判所は、この事件の判決に際し、尊属殺人罪は憲法違反として、娘に、執行猶予付きの判決を出しました。国会で尊属殺人罪が廃止されたのは、ようやく九五年の刑法改正のときです。あの、刑法が文語体から口語体に平易化を図ったときです。判決後、二二年もかかりました。逆にいうと、それまで尊属殺人罪が生きていたということが、日本社会の「本音」を象徴するのかもしれません。

滝川幸辰

この姦通罪や尊属殺人罪などを、戦前から批判していた自由主義的刑法学者に滝川幸辰《たきがわゆきとき》という人がいます。一九三三年、滝川教授を京大から追放した（滝川事件）人物が、当時の文部大臣だった鳩山一郎です。

黙秘権は権力の横暴から身を守る権利

新刑事訴訟法では、日本国憲法の人権尊重の精神に基づき、警察官の捜査・勾留《こうりゅう》などに対し、厳しい制限がつけられます。民主主義は、権力の横暴をいかにチェックするかという側面がありますから、戦前の拷問などによる自白強要への反省から、自分に不利益な供述を強要されない黙秘権が認められるようになりました。黙秘権は、刑事訴訟法どころか、憲法にも規定されています（第三八条第一項）。「どうして民主的な国には、黙秘権があるのですか」という、大学入試の小論文の問題になったりもします。

日本も戦前は、罪を犯していない人間を拷問にかけて自白させ、実際に刑務所や死刑台に送り込んできました。治安維持法下では、「国体（天皇制）ノ変革」や「私有財産制度（資本主義）ノ否認」を目的とする結社の構成員であるだけで厳罰を科せられました。そのため、自分や友人がそのような組織のメンバーかどうかを自白しないでいると、拷問によって殺害されることもありました。戦後も自白の強制、「ウソの自白」は存在します。再審が開かれるようになった財田川《さいたがわ》事件も免田事件も島田事件などの被告たちも、みんな死刑囚から無罪になり戻ってきた人たちです。三〇年間も死刑囚として無実を訴え続けて、ようやく再審請求が通りましたが、彼らは皆取り調べ段階で「私、やりました」と「ウソの自白」をしてしまったわけですね。人間なんて弱いものです。だから取り調べは全面的に可視化されることが大事なんです。最近の足利事件は知っていますね。

黙秘権というのは、「黙っていると、それを認めたことになる」ということではありません。警察・検察で口にしたことは証拠になりますから、自己に不利益になると思われる内容をわざわざ話さなくていい、という憲法で保障された権利です。

こういうことを「昔のことだ」「他人事《ひとごと》にすぎない」とは思わないほうがいいでしょう。以下のような事態に至ることは、いまも十分にありえますから。二浪の予備校生A君が、第一志望校受験の前日、帰宅のために乗った満員電車に、「痴漢のベテラン(?)」が居合わせました。女子高校生に痴漢行為をし、女の子はすぐに「痴漢!」と叫びましたが、海千山千の痴漢はすかさず自分の手とA君の手を置き替えました。気づかない彼女は、確信を持って「この人です」とA君を指し、A君は彼女を助けようとした男性たちから、警察官へと引き渡されました。

警察官は、だいたい二人組で尋問します。A君が「やってません」といっても、ひとりからは「なんだ、この痴漢野郎。予備校で痴漢でも習ってるのか」などと責められます。もうひとりからは「まあまあまあ。受験生はストレスたまってるんでしょう。出来心だよな」となだめられる。さらにもう一度「明日は第一志望の入試だって？　あんた二浪だろ？　後がないぞ」と最初のひとりから畳みかけられ、「初犯だし、入試前日だから、ここで認めたら始末書ぐらいで帰してやる。謝って反省してくれれば、学校にも親にもいわないよ。でも突っ張ったら、当面は泊まってもらうよ。第一志望を受けられなくなるぜ」といわれます。さて痴漢の汚名を着て第一志望を受けるか、未来を捨てて無実を訴えるか、「究極の選択」です。痴漢の汚名を着てもいいから、第一志望を受けようと思ったA君は、いわれたとおり「はい、受験前でイライラしてました」などと書いて、署名します。そこで「帰ります」というと、今度は「どこに行くんだ？」といわれます。「署名しただろう。被害届が出ていて、捕まえた兄ちゃんたちの証言もある。この書類は検察庁に送る。これをひっくり返して、裁判で無罪に持ち込むのは難しいよ」……大変な話になってきます。

A君はどうしたらいいでしょうか。こういう場合は、弁護士をすぐに選任することです。「でも痴漢を認めた上に勝手に弁護士を頼んだら、親父はどんなに怒るか。弁護士料は高いし」。A君はそう思うかもしれませんが、心配はいりません。金持ちの政治家なら優秀な弁護士に守ってもらえるのに、無実の予備校生が、「痴漢の汚名」

のままではかわいそうです。貧しくても弁護を受ける権利は、憲法でも保障されています。誰かまでは選べませんが、国選弁護人を選任する権利が、A君にはあります。

強化される地方自治と警察の地方分権化

一九四七年の地方自治法の制定により、地方自治が強化されます。「地方自治」は憲法第八章に規定されています。地方自治体の首長は直接選挙で選ばれることとなり、そしてリコール制によって、有権者の三分の一の署名を集め、その後の投票で過半数の賛成があれば議員や首長は解職されます。二〇一〇年には、名古屋市議会がリコールされましたね。地方自治は「民主主義の学校」ともいわれます。

一方、大日本帝国憲法下の地方行政のしくみは、山県有朋とお雇い外国人モッセを中心につくられましたが、ドイツ風の中央政府による統制の強いものでした。内務省が地方行政を統轄し、府県知事は任命制で政府の役人でした。いわゆる「知事閣下」です。

また、大日本帝国憲法下における公務員は、天皇のために働く人、「天皇の官吏」でした。それに対して日本国憲法における公務員は、国家のためでなく、国民全体への奉仕者であり、一部への奉仕者ではないと定められます。つまり公僕（パブリック・サーバント）ですね。そのため、公務員の政治活動は制限されます。最近は、僕《しもべ》（召し使い）であることを忘れて、主人（国民）に対して命令したり、説教したりしているような「公務員」も増えて困ります。

片山哲中道連立（日本社会党）内閣のときには、**警察の民主化**が図られました。警察の力は分散させたほうが、民主的になります。具体的には一九四七年、**警察法**の公布により、警察の地方分権化・民主化方針が図られ、**自治体警察**が置かれるようになりました。自治体警察は、各市町村の公安委員会が運営・管理します。あまり小さすぎて自治体警察を置けないような地域には、**国家地方警察**で補う形を取りました。国家地方警察は、首相直属の国家公安委員会が管理します。しかしこの形も、民主化が崩れていく過程で変質します。五四年の新警察法（第五次吉田茂内閣）で自治体警察がなくなり、警察庁の下に都道府県警察を置く形に一本化されます。それにより結局、警察は一元化・中央集権化されていきます。

13　政党の再建

政党の解散と再建

1956年4月の自由民主党臨時党大会で、初代総裁に鳩山一郎が選ばれた

一九四〇年から四五年のあいだ、日本には政党はゼロでした。大政翼賛会の成立に際し、全政党が解散・合流したためです。そして戦後すぐ、旧立憲政友会系が集まって**日本自由党**が結成され、**鳩山一郎**（鳩山由紀夫の祖父）が総裁となります。立憲政友会のバックには三井財閥がありました。旧立憲民政党系は**日本進歩党**をつくり、総裁は町田忠治でした。こちらは大隈重信の流れをくみ、立憲民政党のバックには三菱財閥がありました。立憲政友会と立憲民政党は、戦前の二大ブルジョワ政党です。ブルジョワ政党とは、資本家と地主の利害を代表する政党で

すね。

それに対して、旧無産政党各派を結合した日本社会党ができ、片山哲が書記長に就きます。無産政党とは、労働者と農民の利害を代表する政党のことです。また、戦前は非合法の革命政党だった日本共産党が合法的な議会政党になり、徳田球一が書記長になります。徳田は沖縄出身の弁護士ですが、政治犯として「非転向・獄中一八年」、戦後の政治犯釈放により解放されたひとりです。

日本協同党は中間的保守政党で、労使協調を政策の中心に掲げました。委員長は山本実彦です。

その後、日本自由党・日本進歩党・日本協同党の三つが、離合集散を繰り返しながら、一九五五年にひとつにまとまったのが、自由民主党です。こうして、政党が再建されていきます。

新選挙法と吉田茂内閣

一九四五年一二月、衆議院議員選挙法が改正されます。この、いわゆる新選挙法により、二〇歳以上の男女（人口比五〇・四パーセント）が選挙権を獲得することになり、ここで初めて婦人参政権が認められました。四六年、その新選挙法のもとでの、初の衆議院議員総選挙がおこなわれ、三九名の婦人代議士が誕生したことはすでに述べました。

その選挙の結果、日本自由党が第一党となり、日本進歩党との連立政権をスタートさせます。しかし、さあこれからというとき、日本自由党総裁の鳩山一郎が、軍国主義者として公職追放されます（自由思想の弾圧をおこなった、一九三三年の滝川事件が理由のひとつ）。それで鳩山の意を受けた**吉田茂**（麻生太郎の祖父）内閣が発足する運びとなります。このとき鳩山は吉田に「私が戻ってくるまで、君に権力を預ける。でも戻ってきたら返してくれ」と口約束したといいますが、鳩山が公職追放を解かれ五二年に政界に返り咲いたとき、吉田は権力を返しませんでした。そしてのちに両者がもめ、自由党が分裂するきっかけがつくられます。

14　敗戦と文化

焼け跡に示された民主的映画製作方針

敗戦時、空襲により五一三館の映画館が焼かれましたが、それでも、八四五館も残りました。また、戦争中も映画はつくられ続けていたのです。一九四五年九月、GHQは、映画会社の代表を集めて、軍国主義の否定、民主化促進の映画製作という方針を示しました。

戦後に企画された最初の作品が、松竹の『そよかぜ』（佐々木康監督）です。主演の並木路子の歌う「リンゴの唄」（サトウハチロー作詞、万城目正作曲）が闇市に流れ、戦後初のヒット曲になりました。並木は、ラジオ放送で「もっと明るく歌うように」と指示されたものの、父と兄は戦死、東京大空襲では母を失い、そんな気分ではなかったときに、「君一人が不幸じゃないんだよ」と諭されたそうです。

黒澤明

占領軍の指導で、民主主義的な映画が次々につくられたのもこの時期です。一九四六年、今井正が軍需産業の資本家を告発する『民衆の敵』を撮り、黒澤明が、滝川事件と尾崎・ゾルゲ事件を組み合わせたようなフィクション『わが青春に悔なし』を撮ります。主演は藤田進と原節子でした。

しかし、こんなこともありました。亀井文夫監督のドキュメンタリー『日本の悲劇』が上映禁止になり、占領軍によってフィルムを没収されたのです。当時のニュース映画を編集して、日中戦争からアジア太平洋戦争に至る過程を描いたものです。クライマックスは、軍服姿の昭和天皇が、背広姿の昭和天皇にオーバーラップするシーンでした。そこには、天皇の戦争責任追及の思いが込められていました。

最近の研究で、吉田茂がGHQの将校二人を首相官邸に招き、映画を観せて上映禁止を要請したことがわかっています。

無頼派作家たちの死にざま

坂口安吾、太宰治、織田作之助ら、無頼派と呼ばれた作家たちの作品が、焼け跡に戻ってきた青年たちの感性を捉えました。「若者達は花と散ったが、同じ彼等が生き残って闇屋となる」。安吾のいう、そんな青年たちです。無頼派というとき、高見順、田中英光、檀一雄らを含めることもあります。

敗戦後の混乱で、それまでの価値観は破綻《はたん》しています。そんななか、伝統的価値を白眼視し、流入してくるアメリカ文化を唾棄する。そんな生き方、放蕩無頼な生活、俗を嫌う精神。当時の青年たちはそういうものに惹《ひ》かれたのでしょう。僕は、いまだに好きですが。

坂口安吾は、『堕落論』を著し、「戦争に負けたから堕ちるのではないのだ。人間だから堕ちるのであり、生きているから堕ちるだけだ」といい、さらに「堕ちる道を堕ちきることによって、自分自身を発見し、救わなければならない。政治による救いなどは上皮だけの愚にもつかない物である」といいます。安吾本人も織田作之助と同じようにヒロポンを濫用しており、一九五五年に、それもあって死にます。

太宰治は、東大の学生時代、左翼運動に深く関与します。父は各府県から一名互選される多額納税者議員である貴族院議員で、彼はその津軽の名門の大地主の家に生まれました。その家が、太宰の負い目となっていきます。自分や自分の家が踏みつけてきた側に、自分は尽くすべきだという倫理観が彼を捉えます。そんな思いが、太宰の運動への関与の背景にはあったでしょう。しかし、太宰は運動から脱落します。この脱落と裏切りへの負い目が、彼の文学の根底に存在します。大学時代から自殺未遂と心中未遂を繰り返し、一九四八年、とうとう玉川上水で山崎富栄と情死しました。

田中英光は、太宰の墓の前で自殺しました。早大時代、ボートの選手としてロサンゼルスオリンピックに出た巨漢で、喧嘩の強い男でした。学生時代の共産党体験とその転向。小説『酔いどれ船』では、大東亜文学者大会で心ならずも朝鮮人作家を組織しなければならない自分を描いています。酔っ払って、度胸試しでソウルの町の広場の噴水で大便をして見せる場面があります。その時、国定教科書に「立派な日本人」として出てくる「新羅王　わが尻を食らえ」といって処刑された兵士をもじり、「日本人王　わが尻を食らえ」と大声で叫びます。転向の挫折と日本と朝鮮の関係が錯綜してにじんでくるような、悲しい糞尿譚《ふんにようたん》です。

彼ら無頼派のたまり場だったバーが、銀座五丁目にある「ルパン」で、いまも営業しています。バーの様子は当時のままです。林忠彦が撮った「ルパン」のカウンターでの太宰の写真は見たことがあるんじゃないですか。太宰のお気に入りの写真でした。「ルパン」の隣が、安吾の妻の坂口三千代がやっていた、バー「クラクラ」でした。彼女の死により店は閉めましたが、彼女の自伝的随筆『クラクラ日記』を読むことはできます。

太宰治、「ルパン」にて

政治学の丸山眞男と経済史の大塚久雄

日本の「非軍事化・民主化」を目的とするＧＨＱによる戦後改革は、日本人の価値観を激変させたといえるでしょう。思想・言論・信仰の抑圧が排除されたので、個人の解放や民主化が普及し、諸文化に影響を与えました。もはや、超国家主義や日本主義は権威を失います。それに天皇批判が自由になり、天皇に関するタブーが解かれたことで、日本史では、タブーの強かった古代史や近代史の解明が進みます。またマルクス主義も復活し、影響力が再び強まります。そういうなかで一九四六年、『中世的世界の形成』を著した**石母《いしも》田正《だしょう》**らが、戦前の講座派マルクス主義を継承した戦後歴史学を形成します。

政治学では**丸山眞男**が、一九四六年の『世界』五月号に「超国家主義の論理と心理」を発表しました。丸山は、ヨーロッパでは国家は真理や道徳から中立であるとみなします。それに対し日本では、国家が人間の内面にまで介入し、逆に私的利害が国家権力をたやすく動かすと捉えます。そして、このような日本の国家のありようを批判しました。また、上位の者に追随する「権威への依存性」が上から下まで貫徹する、日本社会の様子も明らかにします。

三年後に発表した「軍国支配者の精神形態」では、東京裁判でのA級戦犯の言動を分析し、日本ファシズムに見られる膨大な「無責任の体系」を素描しました。また、そこで政治的に踊った人間を、神輿（権威）・役人（権力）・浪人（暴力）と類型化してみせました。このように丸山は、日本人の政治意識、とくに天皇制下の精神構造を批判的に分析し、多くの若い知識人に影響を与えました。

後に丸山は、戦後民主主義を守る立場から六〇年安保闘争に積極的に参加していきますが、東大闘争では、東大全共闘の批判を受けました。

一九四四年に『近代欧洲経済史序説』を著した**大塚久雄**は、カール゠マルクスの経済学とマックス゠ウェーバーの社会学を基礎に、「近代」を担うべき人間について考察を深めました。そして「大塚史学」とよばれる経済史の体系を築き、丸山眞男と並び称される、戦後民主主義を代表する学者と評されます。

戦前の、講座派と労農派の日本資本主義論争における講座派理論の影響下に生み出された「大塚史学」は、日本史研究全般に対しても大きな影響を与えました。

文部省唱歌に「おうま」という歌があります。「おうまのおやこは　なかよしこよし……」という歌詞です。その替え歌に、こんなものがありました。「大塚おやじはホチキスおやじ　マルクスたばねて　マックス　マックスとじる」（『戯歌番外地――

替歌にみる学生運動』三一書房、一九七〇年）。そういえば、あのころはホチキスのメーカーといえば「マックス」でしたね。

「ションベン横丁」と「永続敗戦」

焼け跡と無頼派の話はすでにしました。しかし、焼け跡や闇市の記憶は、よく見れば、東京でも、新宿西口の「ションベン横丁」、歌舞伎町のそばの「新宿ゴールデン街」、上野の「アメヤ横丁」、吉祥寺の「ハーモニカ横丁」など、各地に残っています。NHKの『ブラタモリ』ではありませんが、よく見ればいろんなものが見えてきて、よく耳をすませばいろんな声が聞こえてくるかもしれません。焼け跡や闇市の記憶から「戦後七〇年」を考えてみましょう。

「戦後七〇年」、日本人の多くが、「敗戦」を「終戦」と言い換える欺瞞を受け入れてきたことは否めないでしょう。いや、より強くいえば、この巧妙な洗脳を、意識的にか無意識のなかでか、という違いはあったとしても、多くの者が享受してきた事実は隠しようもありません。

そのようななかで、「敗戦」を「終戦」とし、「敗戦を否認するがゆえに敗北が無期限に続く」との認識を示した若い研究者が現れました。『永続敗戦論』（太田出版、二〇一三年）を著した白井聡です。

ある日の夜、白井は新宿西口の「ションベン横丁」の赤提灯で飲んでいます。「ションベン横丁」は、「新宿ゴールデン街」とともに、空襲で焼け野原にされた新宿にできた闇市をルーツにしています。「ラッキーストリート」と呼ばれた闇市は、やがて、小さな居酒屋が軒を連ねる飲み屋街となり、「ションベン横丁」と呼ばれますが、ずっと後から「思い出横丁」の看板が掛かります。珍しいのか、最近は外国人観光客もよく訪れ、海外メディアの取材もあります。

白井は、「空襲で焼き尽くされた後の東京の街に族生した闇市によって形成された街並み」が、開発・再開発の波を乗り越えて生き残ったこと、「平和と繁栄」の夢をいったんかなえた新宿の、それも超一等地に、今も「ションベン横丁」として存在している事実について、「われわれが『歴史に対するエチカ』とでも呼ぶべき何かを手放さないために、必要な」ことだ、ととても大切に考えています。これが、きっと白井自身の「エチカ（倫理学）」なのでしょう。彼には酩酊《めいてい》のなかで、焼き殺された死者たちの声とともに、その声と「平和と繁栄」とのアンビバレンツがきしむ音が聞こえてくるのかもしれません。

そんなとき、白人青年の二人組が入ってきます。奥で飲んでいた「むっつり親父」

は、かれらがアメリカからの観光客と知ると、立ち上がって「アメリカが大好きなんだよ！」「アメリカのものは何でも好きなんだ！」といって彼らの手を握ります。「この場所は、この場所に限っては、アメリカ人に対してそれをするのにふさわしい場所ではない」、白井はむずむずする不快感が腹の底から湧き上がって来るのを感じます。「この街がそこに生きる人々もろともかつて焼かれたという歴史、その焼かれた証拠のど真ん中で、焼いた張本人たちの末裔に愛想を振りまく」、例の「むっつり親父」の姿に、白井は「標準的な日本人」の、標準的な戦後の対米意識を見せつけられます。そして、「日本人が一般的に下劣なのだ」と心の中で叫びます。これが「憂国」の情というものなのでしょう。ネトウヨの浅薄な目には「反日」と映るでしょうが。

白井は、この日本人の愛想の良さは、敗北を完全に忘れているから、認めていないから起こることだと考えます。そして、「この街を見舞った焼夷弾の雨が、巨大な台風か何かの天災のごときものに脳内で変換されているから」だと気づきます。「敗戦」を天災のように記憶替えして認めない、その凡庸さとしたたかさは、戦後日本から反省の契機も抵抗の契機も奪います。

白井の「ションベン横丁」のある夜の感情は、「ナショナリズムに基づく義憤」ではありません。「命ぜられた通りに『鬼畜米英！』と叫んだ同じ口が、命ぜられた通りに『民主主義万歳！』と唱え、『アメリカは素晴らしい！』と唱和するというこの光景の相変わらずの無惨な有り様」、すなわち、戦後の日本を体現する痴態を「ションベン横丁」で見せつけられたとき、白井は「同じ空間を共有する人間として」我慢ならなかったのです。彼の感性の在りようはよくわかります。実は、白井君は僕の教え子です。

「敗戦」そのものを認識において巧みに隠蔽する。その一方で、「敗戦」の帰結としての政治・経済・軍事的な意味での直接的な対米従属、すなわち「敗戦」の永続化が構造化される。つまり、「敗戦を否認するがゆえに敗北が無期限に続く」という、「戦後七〇年」の構造を、白井聡は「永続敗戦」という概念で提示したのです。

安倍晋三のような、「戦前的価値観への共感を隠さない政治勢力」は、主観的には大日本帝国は「敗戦」に終わったと認めたくありません。しかし、その「信念」を貫いて、ポツダム宣言受諾やサンフランシスコ平和条約を否定してアメリカとぶつかる「蛮勇」は怖くて持てません。それ故、国内やアジア諸国に対しては、「敗戦」を否認して見せてみずからの「信念」を満足させ、「米国に対しては卑屈な臣従を続ける」という、戦後日本の構造を、白井聡は見事に提示して見せました。

第二章　敗戦後の日本経済と社会

1　敗戦後の国民生活

復員・引き揚げと闇市でのたくましさ

戦後の日本経済の様子を眺めていきましょう。戦後はまず、激しいインフレから始まります。

敗戦直後の日本政府は、戦時補償（軍需品の未払い代金や撃沈された民間の船舶に対する補償、工場の疎開経費など）と占領軍のための費用が増大したため、すぐに紙幣乱発をおこないました。

また、敗戦により軍需産業は崩壊し、市民は戦災にあい、貿易は停止されます。つまり、生産体制が壊滅しますから、甚だしい物資不足に陥りました。これではもう、当然、激しいインフレにならざるを得ません。

加えて、復員兵（武装解除された日本軍人）三一〇万人と、引き揚げ者（在外日本人居住民）三二〇万人が同時に帰国してきます。別の見方をすると、日本は人口の一割が侵略者・植民地支配者として海外にいた国だったわけです。兵隊が大量に死にましたが、戻ってくる兵士も多かったのです。ですからものすごい食糧難にもなりました。食糧難は戦中より戦後のほうが激しかったのです。

敗戦後の闇市

一九四五年秋には、失業者が推定六〇〇万人になります。物資は欠乏しているので、配給も遅配・欠配します。配給を待っているだけでは生きていけませんから、みんな法律を破ってたくましく生きました。都会の人は農村に行けば何かあると思い、着物など物々交換の品を持ち、イモや野菜や米などを買ったり、着物と取り換えたりして戻ってくるわけです。着物を一枚ずつ皮をむくように売っていく、いわゆる「タケノコ生活」でした。

映画やテレビでよく、田舎で買い出しをした人が大きな袋にイモや米などを入れて担いで列車に乗っていると、急に停車して「臨検だあ、荷物を見せろ」などといって警官が入ってきて、みんなが一斉に逃げると子どもが転び、イモがゴロゴロッと転がっていって警官に差し押さえられる、というようなシーンがあります。あそこで逃げるのは、国家が配給したものしか食べてはいけない、勝手な買い出しは闇行為だとして取り締まりの対象となっていたからですね。そしてイモや米を山ほど手に入れた人は、今度は闇市に行ってそれを売ったり、味噌や酒と取り換えたりしました。配給機構や公定価格を無視した自由市場である闇市は「違法」だったのです。

一九四七年、山口良忠という裁判官が、「私は絶対に闇のものは食べない、国家の配給のものしか食べない。悪法も法なり」といって頑張ったものの、三四歳の若さで栄養失調で死亡しました。法律などに従っていたら生きていけなかったのです。ともかく物価が騰貴するなか、人々は焼け跡の闇市で、国家に頼らず、自分の力でたくましく暮らしました。

中国残留孤児を生んだ満蒙開拓団

一方、ここで忘れずに述べておかなければならないのは、敗戦時に本土以外の土地にいた日本人がすべて帰国できたわけではない、ということです。シベリア抑留者

（ソ連軍に降伏した日本人）は、シベリアの収容所で強制労働をさせられ、長いあいだ帰ることができませんでした。厳しい労働に耐えられず、シベリアで死んだ人もたくさんいました。

もうひとつ、中国残留孤児の問題も起きました。入試でも「中国残留孤児の問題はなぜ起きたのか、またなぜ長く解決しなかったのか」という主旨の出題がありました（慶應義塾大学）。なぜ起きたのかというと、一点目は日本が傀儡《かいらい》国家・満州国をつくったことにあります。二点目は、その満州国に満蒙開拓団を送り込んだからです。満蒙開拓団というのは、最初は「被害者」であり、次に「加害者」となり、最後にまた「被害者」になった人たちです。

満蒙開拓団の話をするには、一九三〇～三一年の昭和恐慌まで遡《さかのぼ》らなくてはなりません。当時、「産業合理化」などと称して大量解雇がおこなわれました。都市で職を失った人たちは、故郷の農村に戻るしかなく、農村人口が増加し、米価が暴落している恐慌下の農村の窮乏を促進します。売春を国家が公認して管理する公娼制度が、日本では一九五八年まで残存していました。そのため、赤線（公娼街地区）に娼婦として売られる「娘の身売り」とよばれる国家公認の人身売買が急増して社会問題となります。そういう事態に対して、政府は一石二鳥を狙って小作農たちの前できれいごとを並べます。「満州は希望の天地である」と。満州に行けば、地主はいないからぺこぺこする必要がないし、小作料もないからおおらかに農業ができる、などといってかなり無理をして満蒙開拓団の参加者を集めます。それで送り込んだ土地は、ソ満国境地帯（ソ連と満州の国境）などで、冬には零下四〇度ぐらいになるところでした。

いざソ連が攻めてきたときには盾になるのではないか、そういうことまで考えて、武装移民を送り込んだわけです。これは、国の政策による「被害者」ですね。

しかし次に「加害者」になるのはなぜかというと、満蒙開拓団は、実は原野の開拓などはおこなわずに現地で農業をしていたからです。どういうことかというと、中国人たちの農地を奪って、そこで農業をしたわけです。さらに、開拓団の人たちのなかには、そこで中国人を日雇いや、小作農として使役し、ひどいあつかいをした者も多かったのです。そのため、開拓団は中国人から恨まれることになります。

一九四五年八月九日、前日の八月八日に宣戦布告したソ連が満州に進攻すると、関東軍はすごい勢いで列車に乗って逃げました。侵略するときは「日本人の生命・財産の保護」を口実にしていたのに、いざというときは日本国民を置き去りにして逃げたわけです。それも逃げるとき、最後に鉄橋を崩落させたり、あるいはトラックでの逃走では、最後に橋を落としていく。つまり、満蒙開拓団は見捨てられたのです。

また、ソ満国境を越えてソ連の戦車が入ってくると、武装移民として小火器で抵抗した開拓団もありましたが、反撃を受けて全滅です。あとはもう敗戦の混乱のなか、みんなで逃げてくるしかありませんでした。なかには、集団自決をした村もありました。

僕も学術調査で、黒竜江省のハルビンからさらに車で何時間も走るような奥地に行ったことがありますが、そこにも戦前は開拓団が送り込まれていました。当時を知っている現地の中国人に聞き取り調査をしたことがあります。そこで聞いた話では、夜になると、日本人たちが集会場のようなところに大勢集まってきて、演芸会のようなことをやっていた。一晩中歌を歌い、踊りを踊っていたそうです。やがて爆弾が爆発して、全員そろって死んでしまったと語っていました。満蒙開拓団の人たちは、過酷な逃避行を強いられました。そのため、小さな子どもは連れていけないので置いてこざるをえなかった、または中国人に預けて帰国せざるをえなかったという人々が多く出ました。ここでまた、「被害者」となります。

中国残留孤児の問題がなぜ起きたのか、に対する答えの三つ目は、敗戦の混乱のなかでは、子どもを置いていく、あるいは中国人に託すしかなかったから、ということです。

次に、どうして長いあいだ解決しなかったかですが、これは高校の教科書にはどこにも書いてありません。しかし戦後の日中関係で最も重要なことは何かと考えれば、答えは出るはずです。日本と中国は、いつまで戦争をしていましたか。形の上では一九七二年（日中共同声明）ですね。戦争している相手の国の国民など、探してくれるわけがありません。そして、七八年にようやく日中平和友好条約が結ばれます。ここで両国が安定した関係になったことで初めて、中国のなかで、日本人の子どもを預かり育てた人がいるかどうかの調査ができたわけです。

こうして残留孤児の人たちが、家族を探すために日本にやってきます。残留孤児といってもすでに初老の年齢です。数十年を経て、日本で親兄弟との対面がかない、号泣する姿がテレビ画像で、何年も毎年のように放映されていました。

すでに大人なのに、なぜ「孤児」という言葉を使ったかというと、日本側の担当省庁である厚生省（当時）が、生き別れた子どもの年齢を一二歳で区切ったからです。敗戦時一二歳以下の子どもは、日本に帰りたかったのに置いていかれたかわいそうな子どもだから、きちんと親や家族を探して、日本国籍に戻そうという方針でした。

しかし一三歳以上に対しては、極端にいうと「あなたは日本を捨てたのではないですか？」という見方をして見捨てたということです。中国人と結婚したから満州に残ったんじゃないのか？　だから面倒は見ない、という立場です。ですから、あとで残留婦人問題が出てきました。男性はおらず、たまたま女の人ばかりでした。彼女たちは、日本政府に「私たちは当時一三歳以上だったけれど、残留孤児と同じように扱って、生き別れた家族をちゃんと探してほしい」と訴え、人権問題になりました。

2　経済の再建とインフレ対策

インフレとデフレの関係

経済の話をするとき、インフレーションとデフレーションの概念は、絶対に押さえておく必要があります。インフレとデフレは、簡単にいうと、モノと金のバランスによって生じます。堅苦しく表現すると、市場に出回る貨幣量と物資量のバランスですね。

まずインフレーションは、貨幣量が多い、貨幣がたくさん街に出回っている状態です。つまり、経済が活発だということです。経済が活発だということは好況、好景気だということです。

貨幣の量が多くなりすぎると、貨幣価値は下がります。つまり、物価が上がります。

生活感覚でわかると思いますが、たとえばお小遣いの一万円で買えたセーターが、物価が上がり五万円になる。一万円で買えるのはTシャツだけだとなったら、一万円の価値は、セーターからTシャツにまで落ちます。ですから貨幣価値が落ちるということは、物価が上がっているということです。物価が上がって、すなわちインフレで苦しむのは、いうまでもありませんが消費者です。セーターが五万円、Tシャツが一万円になったら、困りますから。

一方、デフレーションは、貨幣量が少ない状態です。貨幣量が少ないということは、経済が不活発だということです。ということは不況、不景気だということです。市中に出回る貨幣量が少なくなり、貨幣価値は上がって、物価が下がります。

物価が下がって、今度は一万円のお小遣いでスーツが一着買えるようになったら、一万円の貨幣の価値はTシャツの価値からスーツの価値に上がるということで、消費者は助かります。しかし、たとえば牛丼屋が値下げ競争を強いられたときのことを考えると、デフレは、生産者にとって困ったものであることがわかるでしょう。

今度は物資面から見てみましょう。物資不足で、ほしがる人がたくさんいるのにモノが足りなければ、物価は上がってインフレになります。逆に物資過剰（いまはそうですね）だと、売れると思ってつくったのに売れないので、モノが余り、値下げ競争がおこなわれます。物資過剰で物価が下がり、デフレになります。

インフレを促進させる政策、すなわちインフレ政策のことを積極財政といいます。逆に、デフレを促進させる政策、デフレ政策のことを緊縮財政といいます。積極財政では政府が公共事業などを増やすので、市中に出回る貨幣量が増え、貨幣価値が下がり、物価が上がります。逆に緊縮財政では、物価が下がりますね。

次に、高金利政策と低金利政策についても確認しましょう。銀行の仕事は、いわば「利ざや商売」です。たとえば友だちから一〇万円を一パーセントの利子で借り、それを別の友だちに一〇パーセントの利子にして貸したらどうなるでしょうか？　ばれたら、友だちをなくします。しかし、九パーセントの利ざやを稼ぐことができます。銀行の商売は、単純化すればそういうものです。ただし、金利がゼロに近いようなときは、ピンとこない人が多いでしょう。一〇〇万円を預けても、一年間で得られる利子が一五〇円とか二〇〇円だったら、ピンとこなくて当然です。しかしバブルのときにはやはり違いました。一〇〇万円の定期預金で、利子が八・八パーセントついたものがありました。一〇〇万円を貸したら、一年間で八万八〇〇〇円の利子が得られたということです。格安航空券だったら海外旅行にも行けます。

銀行にお金を預けるということは、銀行に利子付きでお金を貸すということです。利子の低いとき、私たちは銀行にお金を貸すでしょうか。それとも、チャンスだと思ってローンを組んで銀行からお金を借りますか。当然、お金を借りるほうが得ですね。いま、三〇年ローンを組んだらラッキーだということです。

銀行から借りる人が増えると、お金が銀行から街のなかへ出ていきます。これが低金利政策です。つまり街に出回る貨幣量が増えますから、インフレを促進します。ですから、低金利政策＝インフレ政策となります。お金が借りやすくなることから、**金融緩和**ともいいます。

逆に利子の高いときにローンを組めば、後で首が回らなくなります。それならばいっそ、銀行にお金を貸してしまえということで、預金する人が増えるので、街に出回る貨幣量が減って銀行にお金が集まります。つまり、高金利政策＝デフレ政策です。この高金利政策のことを、お金が借りにくくなるため、**金融引き締め**ともいいます。

円高・円安と輸出入における有利・不利

円高・円安は輸出に「有利か不利」かについて見ていきましょう。

一九四九年のドッジ＝ラインから、一九七一年のドル＝ショックまで、一ドル＝三六〇円でした。一方、計算しやすいように仮に、二〇一一年X月は、一ドル＝九〇円だとします。

どちらが円高で、どちらが円安かわかりますか。**一ドル＝三六〇円と一ドル＝九〇円**を比較すると、**ドル**で見れば、一ドル＝三六〇円のほうが、一ドルの価値が九〇円より大きいので、**ドル高＝円安**になります。また、一ドル＝九〇円のほうが、ドルの価値が三六〇円より小さいので、**ドル安＝円高**になります。

ではまず**輸入**について、一九四九〜七一年の間と二〇一一年X月を比較してみましょう。**一ドルのカップ**をアメリカから輸入するとします。一ドル＝三六〇円の円安の状態では、一ドルのカップを輸入するのに三六〇円必要です。一方、一ドル＝九〇円の円高の状態ならば、四分の一の九〇円で済みます。**輸入は円安が不利**で、**円高が有利**ですね。

次に、**輸出**について比較してみましょう。**三六〇円の花瓶**をアメリカに輸出するとします。一ドル＝三六〇円の**円安**の状態では、三六〇円の花瓶はアメリカ市場で、一ドルで売れます。一方、一ドル＝九〇円の**円高**の状態ならば、三六〇円の花瓶は四倍の四ドルになってしまいます。これでは売れませんね。**輸出は円安が有利**で、**円高が**

不利になるということです。

また、輸出・輸入の不利・有利は、「円高・円安」と、国内の「物価高・物価安」の組み合わせに左右されます。輸出についてみると、最良の条件は円安の状態で、日本の物価が安いときです。たとえば、同じようなペンで、日本では原料や賃金が安くて一〇〇円なのに、アメリカでは二〇〇円だとすれば、日本の物価安は輸出に有利ですね。

輸出についてみると、いわば、「円安・物価安」が最良の「〇〇」条件、「円高・物価高」が最悪の「××」条件、「円安・物価高」が「〇×」条件、「円高・物価安」が「×〇」条件となります。

インフレ抑制策であるはずの傾斜生産方式が生んだ復金インフレ

戦後の激しいインフレへの対応策として、貨幣（カネ）の面からは金融緊急措置令が、物資（モノ）の面からは傾斜生産方式がとられました。一九四六年の金融緊急措置令とは、幣原喜重郎内閣による施策です。まず、旧円の使用を禁止し、旧円は銀行に預金させ、預金封鎖をおこないました。旧円、すなわち一八七一年の新貨条例以来の円・銭・厘の貨幣制度は終焉《しゅうえん》をむかえます。こうして通貨を収縮させ、物価の下落を図りました。通貨を収縮するとは、貨幣量を減らすという意味です。貨幣量が減れば貨幣価値は上がり、物価は下がります。

この金融緊急措置令により貨幣量が減ったので、確かにその一瞬だけ物価は下がりました。しかし、そもそも「モノ」自体がないわけですから、まさに焼け石に水で、効果は一時的で終わってしまいます。

次に**傾斜生産方式**ですが、簡単にいうと、生産体制を回復して「モノ」をつくり、人々に「モノ」を行き渡らせることで物価を下落させ、インフレを克服しようという政策です。発案は東大教授の**有沢広巳**《ひろみ》で、吉田茂内閣の大蔵大臣・**石橋湛山**《たんざん》が決定しました。有沢は戦前、人民戦線事件で逮捕されたこともあるマルクス主義経済学者です。この政策は、片山・芦田中道連立政権が継承・実施します。

敗戦国の政府には資金がないので、全産業への援助などできません。だから傾斜、「傾けて」融資するわけです。すなわち、基礎産業の石炭・鉄鋼業界に資本・資材・労働力の面で集中的に援助を与え、ほかの分野には泣いてもらいます。一九四六年にできた**経済安定本部**（五五年に経済企画庁と改称）がこの傾斜生産方式を実施していきます。経済安定本部の中枢には、戦前、「経済の参謀本部」といわれた企画院で戦時統制経済の立案を担っていた人たちがいました。彼らのなかには、「アカ」と見なされ企画院事件で弾圧された人もいました。

それと連動し、一九四七年に、基幹産業への融資のために政府金融機関である復興金融金庫（復金＝五二年に日本開発銀行に債権・債務を譲渡し解散）が設立されます。ここから石炭・鉄鋼業界などに融資をおこないます。

有沢広巳

しかしその結果、復金インフレが起きてしまいます。慶應義塾大学で「傾斜生産方式は、究極的にはインフレを克服しようとした政策だった。しかしその過程で、逆にインフレを促進させてしまう問題を抱え込んだ。その事情を説明しなさい」という主旨の論述問題が出たことがあります。

インフレを改善しようと思ったら、いまよりひどいインフレを我慢しなければならない。この事情について、説明できるでしょうか。ヒントは、インフレを「モノ」と「カネ」の両側面から考えることです。

傾斜生産方式により生産が上昇すれば、「モノ」の量が増え、物価を引き下げる効果があります。そして、生産上昇が続いていけば、やがてインフレは克服される、基本的にはこういう政策です。

しかし実際は、そんなに甘くない。大量に生産を上昇させるためには、石炭・鉄鋼業界に、人を雇ったり機械を買ったりするための「カネ」を、大量に復興金融金庫から融資しなければならない。すると「カネ」の量は増え、貨幣価値が下がり、物価を引き上げる効果が出てしまうわけです。

物価を下げようと思ったら、その過程で物価を「上げる効果」が出る。初めのうちは、「下げる効果」と「上げる効果」のバランスでは、「上げる効果」のほうが大きい。この効果によって、復金インフレというインフレになっていきます。

しかし工場を建てたり、基幹産業を立て直すときには確かに大金がかかりますが、いったん建ってしまえば、建物が一週間で壊れることはありません。一〇年、二〇年は持ちますから、あとはランニングコストがかかるだけです。そこでどんどん生産していけば、物価を「下げる効果」のほうが大きくなってやがてインフレはなくなっていく、そういう政策でした。

もう一度まとめると、生産が上昇すれば「物価引き下げの効果」がありますが、石炭・鉄鋼業界に復金から巨額の融資がおこなわれると、通貨量が増えて「物価引き上げの効果」が出て、インフレが促進される。やがて「物価引き下げの効果」のほうが大きくなっていくので、人をクビにするような血を流す政策はとらずに、インフレを我慢することで徐々に克服しようという政策でした。

　しかし結局、傾斜生産方式は、占領政策を転換したアメリカから「そんな悠長なことをやっていられるか」といわれ、頓挫《とんざ》します。日本をアメリカの基地、「反共の防波堤」にするには、日本のインフレを克服して経済をすぐにでも立て直さなければならない。そのためには、公務員の大量解雇をおこなってでも強烈なデフレ政策を実施しろと要求してきます。あとでくわしく説明しますが、このデフレ政策が、一九四八年一二月の**経済安定九原則**に基づく政策です。

　話を戻しますと、傾斜生産方式の実施にともなって、物価上昇を抑えるために、**価格差補給金**が支払われることになります。すなわち、生産者価格が消費者価格を上回った場合、その価格差を政府が負担して生産者を守るための「カネ」が価格差補給金です。

　後に、ＧＨＱ顧問でアメリカのデトロイト銀行頭取ジョセフ＝ドッジは、日本経済を「合理的でも現実的でもなく、両足を地につけていない竹馬経済だ」といって批判しました（「ドッジ声明」）。竹馬の二本足のうち、一本は日本政府の補助金を指します。その補助金には二つあり、ひとつが復興金融金庫からの融資で、もうひとつがこの価格差補給金です。

竹馬の二本目の足は米国からの援助のことで、ガリオア資金（占領地救済政府資金）とエロア資金（占領地経済復興援助資金）を指します。ガリオア資金は食糧・医薬品を供与するための資金で、エロア資金は鉄鉱石・石油などの原材料を供与するための資金です。

3　社会運動の高揚と二・一ゼネスト

食糧メーデーに起きた不敬事件

一九四五年の労働組合法で、労働組合が再び結成されていきます。四六年に成立した総同盟が社会党系、産別会議が共産党系であることは、すでに述べました。

一九四六年五月、皇居前広場に、民主人民政府樹立・食糧獲得の決議を目的に、二五万人が集まりました（食糧メーデー）。そのなかで、日本共産党員の松島松太郎が、強烈な皮肉をこめてプラカードにこう書いていました。「国体はゴジされたぞ　朕はタラフク　食ってるぞ　ナンジ人民　飢えて死ね　ギョメイギョジ」と。「ギョメイギョジ」は、「御名御璽」で、天皇の署名のことです。

これを見た新聞記者たちは写真を撮りました。「戦前だったら殺されるぜ」などといって、おもしろがっていたのかもしれません。プラカードには「日本共産党田中精機細胞」とも書いてありましたから、それが目に付き、なんと戦後にもかかわらず、松島は不敬罪で逮捕されたのです。不敬罪は一九四七年まで、失効されていませんでした。

さらに、松島は起訴までされました。結局、裁判で不敬罪は「無罪」ではなく、「免訴」という形で処理されました。

ＧＨＱによる二・一ゼネスト中止命令

官公庁の労働組合を中心に、総同盟・産別会議、つまり社会党系も共産党系も全部含めた、六〇〇万人の労働者による全国労働組合共同闘争委員会（議長・伊井弥四郎）が、一九四七年二月一日に、ゼネラル＝ストライキ（ゼネスト）を計画します。

ゼネラル＝ストライキとは、多産業にわたる全国規模の同時ストライキのことです。これは労働運動の最も急進的な戦術ですから、六〇〇万人の労働者を組織してストライキを起こし、その力で一気に社会を変えていこうとしたわけです。

初めは最低賃金制の確立など経済的な要求が主でしたが、だんだんエスカレートし、吉田茂内閣の即時辞職といった政治的要求を突き付けるようになります。

ところがスト前日の一月三一日、GHQは、この六〇〇万人がまさにストに入ろうとするとき、一気に潰しにかかりました。

念のために説明しますが、スト前日というのは「明日、ストライキで会社が休みだから、寝ておこう」といったイメージではありません。たとえば電車を止めてストを決行しようとしたとき、誰かがスト破りをして電車を運転させたらストが崩れてしまいますから、そうならないよう、ストを防衛しなくてはいけないわけです。工場側が、スト破りのためにヤクザ者を使い、どこかから雇ってきた人が機械を動かしたため、ストが維持できなくなったこともありました。ですからそうならないように、ピケット（見張り）を立てて防衛しなければなりません。六〇〇万人がそういう臨戦態勢でいるスト前日に、いきなり中止の大鉈《おおなた》をふるったわけですから、それは強烈な衝撃でした。GHQは「何でもあり」ということです。

伊井弥四郎議長のゼネスト中止放送に聞き入る市民

ゼネスト中止を報告する放送を要求された議長の伊井弥四郎が、ＮＨＫのラジオで語った「一歩後退、二歩前進」という言葉は有名です。その後、伊井は占領政策に違反したとして逮捕され、懲役二年を宣告されました。ここで、アメリカ占領軍が労働運動の保護者だ、バックアップしてくれる存在だ、などという甘い幻想は吹き飛ばされた、ということです。

盛り上がりに欠ける農民運動と部落解放同盟の設立

農民運動の動きとしては、一九二二年、賀川豊彦、杉山元治郎らによって結成された日本農民組合がありましたが、四一年に解散しています。四六年、日本農民組合が再び結成されますが、翌四七年、全国農民組合（右派）が分裂してしまいます。その後、対立・分裂を繰り返し、農民運動は衰退していってしまいます。やはり、農地改革でわずかとはいえ土地を手に入れた農民が、保守化したことが大きな理由です。

一九四六年に、部落解放全国委員会が結成されました。前身は全国水平社です。二二年、全国水平社は、被差別部落の民衆が自らを誇りとし、自らの力で解放を闘い取ろうとして結成されました。日本ファシズムにも抵抗しましたが、四二年に自然解消していました。五五年、部落解放全国委員会は**部落解放同盟**となります。委員長は**松**

本治一郎です。松本は戦前、福岡連隊差別糾弾闘争をおこないました。軍隊のなかでの差別は死にも結びつきます。水平社は日本陸軍を相手に闘ったわけです。松本は戦後、日本社会党に入党し、参議院の副議長にまでなりました。

4　中道連立政権

片山哲による初の社会党首班内閣

さて、GHQが二・一ゼネストを力で押し潰し、吉田茂内閣を擁護したことへの民衆の反発は強く、一九四七年四月の第一回参議院選挙と続く衆議院選挙で、片山哲を委員長とする日本社会党が第一党になりました。

しかし、社会党は衆議院で過半数までは取れなかったので、単独内閣はできず、連立政権の形をとることとなりました。その際、諸党間の政策協定で社会党の手足をしばったところで、吉田茂の率いる日本自由党はパッと身を引き、野党に回りました。

がんじがらめになった社会党首班内閣をつくっておき、そこに無理難題を吹っかけるという手を考えたのです。とはいえ、片山哲を首相とする初の日本社会党首班内閣

（一九四七年五月～四八年二月）が成立することになりました。しかし、左翼政党である社会党が、保守政党である、芦田均を総裁とする民主党、三木武夫を書記長とする国民協同党と連立しなければならず、性格としては、いわゆる中道連立内閣となったわけです。

だから、社会党らしい政策はなかなか実現できません。そういうなかで、臨時石炭鉱業管理法により、炭鉱国家管理問題に着手したりしました。しかし、これも結局、民主党の幣原派が「社会主義的政策だ」という理由で離党したりして、骨抜きになります。

とはいえ社会党らしい政策としては、労働省を設置したことと、内務省を解体したことがあります。でも、内務省解体はＧＨＱの指示ですから、片山の力だけによる実現ではありません。

当時、物価は戦前の六五倍に上がっていました。賃金も六五倍に上がれば戦前と同水準となりますが、賃金は二八倍にしか上がっていません。これでは、実質賃金が非常に下がっていることになります。このため労働運動団体や、それを基盤とする社会党の左派は「せっかくわれわれ労働者の利害を代表する社会党首班内閣なのに、労働者の賃金を引き下げ、苦しめる政策を飲まされてきたのか」といって、激しく突き上げました。

しかし社会党右派のほうは占領下・連立という情況を考え、「とにかく政権維持が第一だ、われわれのリーダーを守ろう」という態度をとります。もともと社会党は、戦前の無産政党の寄り合い所帯ですから、左派と右派ではだいぶ考えが違うんですね。何かがあるたびに、ぶつかります。ですから片山内閣が短命に終わったのは、連立した政党間の争いが理由ではなく、社会党内の左右対立によってでした。

短命に終わる芦田均中道連立内閣

次には、芦田均中道連立内閣（一九四八年三月〜一〇月）が誕生します。ケーディスら、ニューディーラーを中心とするGHQの民政局（GS）が支持していました。連立の組み合わせは同じですが、今度は民主党の総理大臣ですから、より保守的になります。

一九四八年、GHQが意図的に情報を漏らしたのだろうといわれる、復興金融金庫からの融資に関する汚職事件（昭和電工疑獄事件）が起きました。政府高官や閣僚が逮捕され、結局、内閣は総辞職します。その後、芦田元首相も逮捕されますが、無罪となりました。

昭和電工疑獄事件の裏には、GHQ内部の対立があったといわれます。日本の「非軍事化・民主化」をすすめてきた民政局と、日本を「反共の防波堤」にしようとするウィロビーを中心とする参謀第二部（G2）との確執です。この事件で昭和電工社長と親しかったケーディスは失脚しました。

芦田内閣が倒れたあと、再び、吉田茂（二次から五次まで連続）の時代になっていきます。

5　焼け跡の町と風俗

パンパンのラブレターを代筆した恋文横丁

米兵相手の私娼・街娼は「パンパン」と呼ばれました。語源はさまざまあり、はっきりしません。敗戦の混乱のなか、体を売って生きていかなければならない女性はたくさんいました。特定の米兵の愛人となった女性は「オンリー」と呼ばれました。もちろん「only」から来ています。

彼女たちを描いた小説として、一九四七年の田村泰次郎《たいじろう》『肉体の門』があります。

すぐにマキノ正博監督により映画化され、六四年には鈴木清順監督で映画化されています。

渋谷の「109」の場所は、昔、「恋文横丁」といいました。米兵にラブレターを書きたい「パンパン」や「オンリー」のために、英語でラブレターを書くことを生業とする代書屋があったからです。いまも〝恋文横丁 此処にありき〟という碑が過去を偲《しの》ばせます。渋谷に行ったら見てみるといいですよ。戦場から生き残って帰ってきた学徒兵たちも、米兵に体を売る女の子たちの代書をして稼いでいました。複雑な思いがあったと想像できます。一九五三年に、丹羽文雄が小説『恋文』で米兵相手に英文のラブレターを書く主人公を描いたことから、一般にも知られるようになります。「109」ができるまでは、町並みに面影が残っていました。

余談になりますが、「恋文横丁」の奥を上がって百軒店《ひやっけんだな》に行くと、いまは風俗店に押されていますが、かつては「ロック喫茶」や「ジャズ喫茶」がたくさんあった一角でした。ほとんど潰れてしまいましたが、小さなお稲荷さんに向かう路地に、一九六九年に開店した「B.Y.G」という店がまだ残っています。地下はライブハウスで、一～三階は轟音のロックのなか、酒が飲めます。かつては「はっぴいえんど」や「頭脳警察」がライブをしていました。六〇年代末から七〇年代前半のカウンターカルチャーのころの話です。あそこに行くと、その雰囲気がいまでも少し体験できます。僕も七二年、高校一年のときから行っています。

話を焼け跡の渋谷に戻します。特攻隊の生き残りも、焼け跡の闇市に帰ってきました。死ぬことを決められた戦場から、彼らは精神的に「復員」できません。価値観がまったく違った戦後の町で、荒れる気持ちはよくわかります。「特攻くずれ」と呼ばれた、そんな彼らのうちのひとりに、安藤昇がいました。彼は海軍飛行予科練習生(予科練)でしたが、伏龍特攻隊となります。飛行機乗りのはずが海の浅瀬に潜り、潜水具を着用して海底を歩き、爆弾と連動した棒で下から上陸用舟艇を突き自爆するという、思いつきのような特攻です。訓練で次々に死んだそうです。

安藤は、渋谷で通称「安藤組」とよばれた、大学生中心のグループをつくります。当時は愚連隊といわれました。東京六大学の学生は、ほぼそろっていたといいます。安藤も法政大学出身でした。安藤は愚連隊から足を洗ったあと、映画俳優になりました。すごみのある二枚目です。後に、「ヤクザ」から小説家になった、『塀の中の懲りない面々』などの作品で知られる安部譲二も「安藤組」でした。麻布中学から慶應義塾高校に行き、そこで退学になりました。

第三章　占領政策の転換

1　冷戦

深まる西側陣営と東側陣営の対立

第二次世界大戦の終結とともに、アメリカと西欧を中心とする資本主義陣営（西側諸国）とソ連と東欧を中心とする社会主義陣営（東側諸国）の二大陣営が、対立を深めていくことになります。象徴的なのは、イギリスのチャーチル首相による挑発的な「鉄のカーテン」演説です。ヨーロッパでは、バルト海のシュチェチンとアドリア海のトリエステを結ぶ線に鉄のカーテンができている。その線をソ連がつくり、鉄のカーテンによって分かれている、と述べました。

一九四七年の**トルーマン＝ドクトリン**は、共産主義封じ込め政策で、いわば冷戦の宣戦布告のようなものです。このときから八九年のマルタ会談まで、冷戦が続くことになります。西側諸国におけるトルーマン＝ドクトリンの具体化が、経済的にはマーシャルプラン（欧州復興援助計画）であり、軍事的には北大西洋条約機構（NATO）です。NATOは、アメリカと西ヨーロッパの集団安全保障機構、簡単にいうと軍事同盟です。

それに対して東側は、一九四七年からコミンフォルム（共産党・労働党の情報局）でヨーロッパ九ヵ国間の共産主義政党が連絡を取り合いますが、NATOに対してワルシャワ条約機構（ソ連と東ヨーロッパの軍事同盟）ができたのは五五年であり、西側陣営よりもだいぶ遅れました。

一九四五年以降、ドイツは米英仏ソに分割統治されていましたが、一九四九年に西側はドイツ連邦共和国（西ドイツ）、東側はドイツ民主共和国（東ドイツ）に二分割されます。

冷戦にともなう中国の分裂と朝鮮の分断

中国では、一九四六年から四九年にかけて、国共内戦の状態になります。中国国民党と中国共産党の歴史を簡単に整理すると、戦前の二四年、孫文が第一次国共合作をおこないますが、彼の死後、後継者で国民党右派の蔣介石《しょうかいせき》が、北伐（北方の軍閥を打倒して国民党による全国統一を図る戦い）の最中、二七年に上海でクーデターを起こし、国共を分裂させました。いまの事実上の中国の分裂は、このときから始まります。やがて国共内戦となり、日本はこの内戦を利用して中国侵略を進めていきます。

一九三七年に日中戦争が始まると、第二次国共合作が実現し、抗日民族統一戦線が結成されました。そして四五年の日本敗戦により、共通の敵がいなくなります。すると翌四六年から、また国共内戦が始まります。

蔣介石率いる中国国民政府（国民党政権）には、アメリカが大きな支援をおこないます。しかし、民衆の支持が得られません。中国では大半の民衆は農民ですから、彼らや労働者の支持を得ている毛沢東の中国共産党が勝利し、一九四九年に中華人民共和国が成立します。蔣介石は台湾に逃れ、中華民国（国民政府）を名乗ります。いやないい方をすると、「二つの中国」の誕生です。中華人民共和国は東側、中華民国は西側に組み込まれます。

蔣介石

朝鮮半島でも、「二つの朝鮮」が生まれました。一九四五年、解放されるべき朝鮮は、米ソによって分割占領されてしまいます。その境界が、北緯三八度線です。本来ならば、ドイツのように分割されるのは敗戦国である日本のはずでした。四八年、ソ連軍の占領する北部に朝鮮民主主義人民共和国（金日成政権）が、米軍の占領する南部に大韓民国（李承晩政権）が成立します。本当は統一して独立を回復するはずの国が分立を強いられ、そのことにより緊迫が生じることになりました。

毛沢東

2　占領政策の転換と経済の自立

「反共の防波堤」のための経済安定九原則

冷戦の激化、とくに中国革命の進展という東アジア情勢の変化によって、アメリカの占領政策は大きく転換していきました。このことは、一九四八年のロイヤル米陸軍

長官の演説（「日本を全体主義の防壁へ」）に端的に示されています。全体主義とは、東側陣営（共産主義諸国）の体制を揶揄《やゆ》していったものです。つまり、いままでの日本の「非軍事化・民主化」を推進する方針から、日本を「反共の防波堤」とする政策への転換でした。

そのようななかで、一九四八年一二月、アメリカ政府はGHQを介して、第二次吉田茂内閣に対し、インフレを収束して日本経済を自立・復興させることを目的とした**「経済安定九原則」**の指令を発します。具体的には①予算の均衡、②徴税強化、③資金貸出制限、④賃金安定、⑤物価統制、⑥貿易改善、⑦物資割当改善、⑧増産、⑨食糧集荷改善です。

ドッジ＝ラインやシャウプ**税制勧告**は、いわば「経済安定九原則」具体化のための政策です。

ドッジ＝ラインによっても収まらぬ混乱

ドッジ＝ラインの内容ですが、前に述べたように、日本を「竹馬経済」と批判したドッジが、まず**超均衡予算**を命じます。超均衡予算とは、歳入と歳出を「均衡」させて赤字を出さない予算をつくれという意味です。これにより、復興金融金庫の融資や価格差補給金が停止となり、いわゆるドッジ＝デフレが始まっていきます。ちなみに日本三大デフレのひとつが、この経済安定九原則によるデフレです（残り二つは、明治の松方財政と昭和戦前の井上財政によるデフレ）。

超均衡予算とは、要するにきれいごとです。それはどこの国も赤字を出したくないに決まっています。ましてや敗戦国が黒字であるはずがありません。現在だって、日本人はひとり八〇〇万円以上借金をしていることになっていて、大きな赤字です。

それを、敗戦国に対して「黒字にしろ」というのは、病人から布団をはぎ取るような政策を実施しろというのと同じです。もちろんアメリカのために、です。

ドッジは次に、従来は品目別に異なっていた複数為替レートから、一ドル＝三六〇円という**単一為替レート**（固定相場制）への変換を命じます（一九四九年のドッジ＝ラインから七一年のドル＝ショックまでは一ドル＝三六〇円。七一年のドル＝ショックにより一ドル＝三〇八円となり、七三年から現在までは変動為替相場制）。

複数為替レートとは「モノ」によって、つまり石油は一ドルいくら、生糸は一ドルいくら、という形でレートが決まっているということです。では、複数為替レートから単一為替レートへの変換にはどういう意味があるのでしょうか。入試でも、これについて論述せよという出題がありました（慶應義塾大学）。

複数為替レートというのは、「モノ」によってレートが違うことですが、実はここには、事実上、補助金と同じ意味がありました。そのとき日本の輸出品目は、輸出に有利なように円安に設定されていますが、これは、日本の輸出産業に補助金を与えている、ゲタを履かせているのと同じ効果をもちます。逆に、日本が外国から買う輸入品目は、輸入に有利なように円高に設定されています。これは事実上、輸入産業に補助金を与えているのと同じ効果があります。この両方への補助金をなくしてしまおうというのが、複数為替レートから単一為替レートへの変換です。

さて、ドッジは徹底的な緊縮を迫り、超均衡予算を実現させるため、最も手っ取り早く、かつ暴力的な方法をとりました。それは公務員・公共企業体職員の**大量解雇**です。

こうした一連の強烈なデフレ政策をおこなった結果として、インフレは抑制されますが、日本経済は一転して**安定恐慌**とよばれる不況に陥ります。安定した恐慌なんて、皮肉な表現ですね。つまり経済安定九原則を実行したら、逆に混乱を招いたわけです。確かにインフレは収束しました。しかし、景気は沈滞していきます。さらに企業の人員整理や中小企業の倒産により、失業者が増大していきます。当然、社会不安は高まっていくわけです。

個人より企業を守るシャウプ税制勧告

一九四九年五月、アメリカから日本税制調査団が来日し、税制大改革をおこないます。団長は、コロンビア大学教授のシャウプです。彼がおこなった、戦後日本の税制についての勧告がシャウプ税制勧告です。戦前の税制は、酒税など間接税が基礎でしたが、直接税を基本とした租税制度に変わりました。徹底的な増税をおこなったことになりますが、その際、企業の利潤から徴収する法人税は減税し、一方、労働者・サラリーマンの給与から徴収する所得税を増税する所得税中心主義をとります。この国では、「カネ」はいつでも国と企業に回り、個人のところにはあまり来ないようになっています。

所得税は、累進課税です。給料が上がるのに比例して税金が上がるのではなく、累進課税の場合は税率そのものが変わります。だから初めは低いと思っていても、そのうち税額が徐々に上がるのではなく、急に上がっていきます。

アメリカのサラリーマンの高給取りだと、年収一億円という人たちがたくさんいます。日本では所得が年収二〇〇〇万円以上になる人だってそれほど多くはありません。所得が二〇〇〇万円を超えていくと、時期による違いはありますが、多いときは約五〇パーセントを税金で徴収されます。一〇日働くとしたら、半分の五日間は国家のためにただ働きをしているようなものです。それだけではなく、所得に応じて住民税が決まってきます。さらに固定資産税、酒税、たばこ税、ガソリン税、消費税……などもありますから、もし「税金家計簿」をつける人がいたら、税金の多さでノイローゼになりますね。

こうした現在につながる税制の基本が、このシャウプ税制勧告で決まりました。現在のサラリーマンが感じる重税感も、もとをただせばここに行きつきます。

3　労働運動の抑圧

国鉄の「一〇万人クビ切り」と三大謀略事件

安定恐慌のなかで、企業の「人員整理」「合理化」と称した労働者の解雇が進み、労働運動が激化しました。そこで一九四八年七月、芦田均内閣のときにポツダム政令である**政令二〇一号**が出され、**国家公務員のスト**が**禁止**されます。アメリカが与えた公務員のスト権をアメリカが奪った、ということです。そして、これは公務員クビ切りのための準備だったのです。

さらに一九四八年一二月の第二次吉田内閣のときには、国家公務員法が改正され、国の官公庁のスト禁止が明記されます。これは、憲法で保障された労働基本権の事実上の否定ですから、憲法違反の疑いが強いといえます。しかし政府は、またこれにあいまいな理屈をつけます。「客観的」な立場であると称する人事院という機関を置き、この人事院が公務員の労働条件や給与を国に勧告するから、スト権がなくても別にいいでしょう、という理屈です。最近の人事院は、平気で国に「給料は値上げしないでいい」とか勧告しますが。

そして、行政機関職員定員法を定めることで、公務員、公共企業体職員の大量解雇をおこないます。その結果、約三〇〇万人中四二万人（全体の約一四パーセント）が解雇されました。

国鉄では「一〇万人のクビ切り」をおこないましたから、当然、国鉄労働組合を中心にした労働運動が盛り上がりました。

しかし、ちょうどこのころ、いまだに真相が隠されたままの謀略事件が立て続けに起こり、結果的に国鉄の労働運動は衰退していきます。謀略事件のひとつ目は、一九四九年七月に起きた下山事件です。国鉄総裁・下山定則が、常磐線の綾瀬と北千住の間の鉄道に置かれ、轢《ひ》かれて死体となって発見されます。二つ目は同年同月、今度は中央線三鷹駅で無人列車が暴走し、それにより死者六名、負傷者二〇名が出た三鷹事件です。三つ目は、松川事件です。同年八月に起きた、東北線松川駅付近での列車転覆事故です。

これらの事件に対し、政府は「国鉄の労働運動は共産主義のテロだ、謀略だ」といって世論を操作し、三鷹事件では国鉄の労働者たちを、松川事件では国鉄と東芝・松川工場の労働者たちを逮捕しました。そして、この弾圧を通して国鉄の労働運動を衰退させ、大量解雇を「実現」しました。また、逮捕された多くの労働者に対しては、死刑を含む重い判決が出されました。これら三つの事件の長い裁判闘争の末、最後となった松川事件の容疑者が最高裁で無罪になったのは、一九六三年、東京オリンピックの前年です。

松川事件の事故現場

総評成立とGHQ内部の対立

　この時期にGHQが潰したかったのは、共産党系の労働組合、産別会議です。ちょうどそのころ、産別会議に内部対立が起き、共産党の指導に反発するグループが産別民主化同盟をつくります。そこで一九五〇年、GHQはここぞとばかりにテコ入れし、この産別民主化同盟と社会党系の総同盟やその他中立系のいくつかの組合で、大きな全国組織である日本労働組合総評議会（総評）をつくらせました。いわば、労働界の右派的な再編です。

　これにより事実上、産別会議は衰退しました。しかし、やったと思った瞬間、アメリカはしてやられました。この大組織となった総評に社会党左派がどんどん加入して、リーダーシップを取ってしまったからです。そして全面講和運動のなか、一気に左傾化させてしまった。GHQは「ニワトリがアヒルになった」といって怒ったといわれています。しかし、通訳による「レームダック（役に立たなくなった人）」の誤訳が原因でこのように話が伝わったなど、諸説ありますが。

　そして冷戦を契機に、GHQ内部の対立が激しくなっていきます。つまりGSとG2の対立です。GSというのは民政局ですが、ここにはニューディーラーと呼ばれた、社会民主主義的傾向を持つリベラル派の知識人や法律家・学者が、軍人身分でいっぱい送り込まれていました。前述したように、彼らが日本国憲法も財閥解体も農地改革も実質的におこない、天皇・財閥の責任を追及し、非軍事化・民主化を徹底しようとしました。その中心は、日本国憲法の作成を指揮した法学博士のホイットニー准将や、憲法作成の中心となったケーディス大佐たちです。彼らは二人とも、弁護士です。

G2というのは参謀第二部のことで、米軍の諜報機関です。ここは初めから、日本の民主化などという甘ったるいことは考えず、ファシストでも財閥でも、GHQに尻尾《しっぽ》を振ってくるものは全部使い、対ソ戦略に利用しようと考えていた一派です。

初めはGSのほうが優位でした。しかし冷戦が激化するにつれて、どんどんG2が優位になりました。リベラル派の知識人や法律家や学者と、アメリカ軍のスパイの元締めとが喧嘩をしたら、どっちが勝つか誰でもわかります。スパイは何でもできますから、ケーディス大佐と旧子爵夫人との不倫のような女性スキャンダルまで含めて、あらゆる手段でGS側を叩き落としていきます。こうしてリベラル派が追い出されたことにより、GHQの内部も大きく変わり、占領政策の転換が進んでいきます。

4　一九四〇年代末の社会と文化

「来なかったのは軍艦だけ！」の東宝争議

大手映画製作会社の東宝では「二つのアカ（赤字と共産党）」を排すと称して、大量解雇をおこないました。これに対して一九四八年、日本映画演劇産業労働組合が主導する従業員組合は、世田谷区砧《きぬた》の撮影所に立てこもって抵抗しました。五所平之助（日本初の本格トーキー『マダムと女房』など）・今井正（『青い山脈』『ひめゆりの塔』など）・亀井文夫（『日本の悲劇』など）らの監督をはじめ、カメラマンの宮島義勇《よしお》（『人間の条件』『怒りをうたえ』など）、華族出身の女優・久我美子ら多数の俳優が立てこもりました。

これに対し、占領軍である米軍が直接介入します。約二〇〇〇人の武装警官とともに米軍兵士五〇名、なんと四台の戦車、さらには航空機まで動員してストライキの圧殺を図りました。「来なかったのは軍艦だけ！」といわれました。このような情況下で、組合員は整然と隊列を組んで退去したそうです。こうして、撮影所は明け渡されました。

黒澤明と小津安二郎

黒澤明（一九一〇〜九八）と小津安二郎（一九〇三〜六三）は戦後の日本を代表する映画監督です。

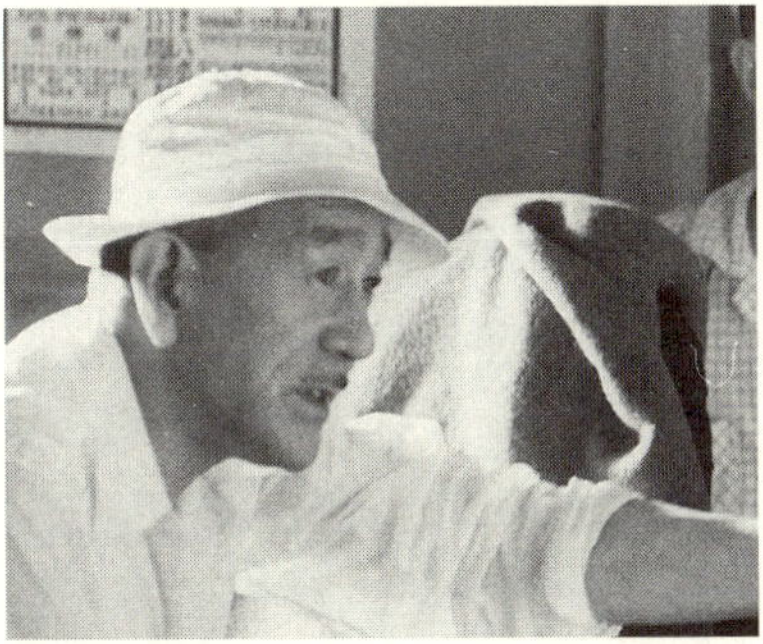

小津安二郎

一九五〇年の『羅生門』は、黒澤明が芥川龍之介の『藪《やぶ》の中』『羅生門』を原作として撮った作品ですが、五一年、ベネチア国際映画祭金獅子賞、第二四回アカデミー賞特別賞（最優秀外国語映画賞）を受賞しました。また、五二年の『生きる』が、ベルリン国際映画祭ドイツ上院陪審賞を、五四年の『七人の侍』がベネチア国際映画祭銀獅子賞を受賞しました。

黒澤明はスピルバーグやルーカスやコッポラに影響を与えています。一九五〇年、アメリカの上院で、共和党議員のマッカーシーが「共産主義者が国務省職員として勤務している」と演説したのを契機に、「マッカーシー旋風」とよばれる「赤狩り」に発展しました。この「アメリカンデモクラシーの恥」といわれたマッカーシズムの「摘発」は、ニューディーラーまでをも対象としました。ハリウッド映画界でも、イギリス人のチャップリンまで含め、数百人の映画人が告発され、ハリウッドは一気に沈滞しました。学ぶべき多くの先達を失ったそういう時期に、スピルバーグやルーカスやコッポラの世代は、黒澤明の影響を受けたのです。

小津安二郎は、一九五一年に『麦秋』で芸術祭文部大臣賞を、五三年に『東京物語』で同賞および英国サザランド賞を受賞しています。なお、二〇一二年、一九五三年に制作された『東京物語』が、英国映画協会（ＢＦＩ）発行の映画雑誌『Sight & Sound』が発表した「映画監督が選ぶベスト映画」で、いままで世界で作られた映画の中の第一位に選ばれたのです。さらに、同時に発表された「批評家が選ぶベスト映画」でも、第三位に選出されています。ＢＦＩは、一九三三年に設立された世界最古の映画協会で、一九五二年から一〇年に一度、世界中の映画監督と批評家を集めて「映画監督が選ぶベスト映画」と「批評家が選ぶベスト映画」とを発表しています。とても権威のあるものです。

『東京物語』は、尾道から上京して子どもたちを訪ねる老夫婦の話です。生活に追われる子どもたちとの静かなすれ違い、戦死した息子の妻との暖かい交流、そして死。誰にでもある日常とそこに流れる時間を描く映像の行間に心を寄せれば、日々の喧騒に埋もれがちな感性がにじんできます。

小津の作品は、一種の様式美を具現化しています。技法的には、正面から「ローアングル」といわれる低い位置にカメラを固定して撮りました。パンもしません。フェードイン、フェードアウトなどを排し、カットとカットを直接つなぎました。画面に人物ひとりだけのカットも多用します。固定した画像のなかで、役者の小さな動きまですべてを決めていきます。ヴィム＝ヴェンダースの『東京画』や、侯孝賢《ホウシャオシエン》の『珈琲時光』は小津に捧げる作品でした。

内容としては、日本の家族を静かに描きました。下町の温かい人間関係や、戦後に崩壊していく、家族の寂しさや冷たさを描いた作品が多くあります。

第四章　朝鮮戦争と講和

1　朝鮮戦争

三八度線を境に繰り広げられる朝鮮戦争

一九四八年に、済州島四・三事件が起きます。済州島で起きたこの民衆蜂起に際し、南朝鮮労働党が関与しているとして、韓国軍や右翼青年団による島民虐殺がおこなわれました。六万人が虐殺されたといいます。島民五人にひとりに当たります。

一九五〇年六月二五日、**北緯三八度線**で、朝鮮戦争の戦端が開かれました。まず、朝鮮民主主義人民共和国（北朝鮮）軍が三八度線を越え大韓民国（韓国）領内に侵攻します。二八日にはソウルが陥落します。

一方、六月二七日、国連の安全保障理事会で、北朝鮮の行動が「侵略」と規定され、武力制裁が決定されます。このとき常任理事国のソ連は、台湾が中国代表として国連に出席していることに抗議し、欠席していました。そのため、北朝鮮を支持するソ連は拒否権が発せられませんでした。

ここで米軍を主力とする通称「国連軍」（厳密には国連多国籍軍）が介入します。なお「国連軍」とは国連の指揮に服する軍隊、厳密には安全保障理事会の下部組織、軍事参謀委員会の指揮下にある軍隊のことです。とはいえ、冷戦により軍事参謀委員会指揮下の兵力提供協定は合意されませんでした。すなわち、正式な「国連軍」は一度も組織されたことはありません。

当初、「国連軍」は連戦連敗で釜山近くにまで追い込まれました。一九五〇年一一月二六日、韓国の仁川に上陸した国連軍はソウルを奪回し、一気に中国国境まで進みます。このときのアメリカには、朝鮮半島全体を西側に組み込もうという思惑があったからです。すると建国したばかりの中国は、参戦はしないものの**中国人民義勇軍**を投入し、援助します。武器は貧弱だったようですが、さすがに十五年戦争を日本と戦い、その後、国共内戦も戦いぬいた歴戦の部隊です。「国連軍」は中国人民義勇軍に撃退され、三八度線の南まで追い戻されました。

朝鮮戦争でのアメリカ軍

米ソによる核兵器の報復合戦の危機

朝鮮戦争においても、トルーマンは原爆の投下を示唆しました。アメリカは、西ヨーロッパ諸国はいつも自分のいうことを聞くと思っているのでしょうか、ブッシュ(息子)によるイラク戦争のときもそうでしたね。結局フランスもドイツも協力しませんでしたが。このときも、原爆使用に対して西ヨーロッパの世論は反発しました。しかしマッカーサーは、さらに、中国本土を攻撃すると主張します。

一九四九年に核を持ったソ連はそのとき、アメリカにこう警告します。中国本土への攻撃はソ連への攻撃とみなす、と。マッカーサーは中国に数個の原爆を落とそうとしましたが、もしアメリカがそのような行動をとったら、ソ連も、原爆で報復すると宣言したに等しいわけです。五一年四月、トルーマンは、中国への原爆投下を主張し続けるマッカーサーを解任しました。そのときの有名な捨てゼリフが「老兵は死なず、ただ消え去るのみ」です。

また、休戦後に北朝鮮が韓国に侵攻した場合、アメリカは北朝鮮の軍事施設に加え、中国の五都市（吉林・青島・瀋陽・天津・西安）に核攻撃することを検討していました。この事実は、二〇一〇年に公開されたＣＩＡ文書で明らかになりました。中国の密集した五都市に原爆を落としたことを想像してみましょう。死者は一〇〇万人単位どころではありません。ソ連が核による報復をどこにおこなうか考えてみると、当時はまだ大陸間弾道ミサイルの技術はありませんから、ニューヨークやワシントンは無理です。それならば、米軍が結集しているアジアの都市に落とすしかありません。まず想定されるのは、米軍のいるソウルでしょう。次は釜山。その次が、朝鮮半島への攻撃拠点となる米軍基地のある沖縄や日本の諸都市だったかもしれません。

朝鮮戦争はいまも終わっていない

一九五一年から五三年にかけ、板門店で朝鮮休戦会談がおこなわれます。その結果、五三年に朝鮮休戦協定が結ばれます。そして北緯三八度線付近の軍事境界線で、朝鮮は南北が分立することとなります。朝鮮戦争は現在も、「休戦中」です。これは、とても大切なことですが、朝鮮戦争は、いまも終わっていないのです。

朝鮮戦争を機に、一九五〇年八月、マッカーサーの要請により第三次吉田茂内閣が警察予備隊令を出します。ポツダム政令です。ここで、定員七万五〇〇〇名をもって**警察予備隊**が設置されました。体力不足の補欠選手のような名称で、名前だけ見ると「警察機動隊」に負けそうですが、れっきとした軍事力であり、日本はここで再軍備をしたといえます。在日米軍の朝鮮出動の空白を埋めることを直接の目的とし、アメリカ軍事顧問団によって米軍キャンプで訓練を受け、兵器も米軍から支給されました。警察予備隊の創設は、「戦力を持たない国」として日本を再建するという方針を、アメリカ政府が自ら放棄したことを意味します。

日本は、この朝鮮戦争で「ボロ儲《もう》け」をします。この軍需をまたごまかし言葉で「特需」などと表現しました。開戦翌年の一九五一年には、鉱工業生産は戦前の水準まで急速に回復します。この朝鮮戦争の特需により、日本経済は安定恐慌から一気に脱して、復興していくことになります。

2　逆コース

A級戦犯の一方は処刑、他方は釈放

『読売新聞』が二五回にわたって連載した特集記事のタイトルとして使われた「逆コース」という言葉が、流行り言葉になって定着しました。どういうことかというと、日本の「非軍事化・民主化」を掲げたGHQの占領政策が、日本を「反共の防波堤」にする方向へと大きく転換したころを契機に、日本の社会がある意味で戦前に戻るコースを辿《たど》るということです。

一九四八年一二月二三日、東条英機らA級戦犯七名が巣鴨プリズン（現在の池袋サンシャインシティがある場所）で処刑されます。日本人は、天皇誕生日を「天長節」といって祝い、戦前はこれでおおいに国民をあおりました。そのため、皇太子（現在の天皇）の誕生日に当てて処刑したと考えられています。GHQは、昭和天皇は早晩退位すると思っていたのでしょう。次の天皇の誕生日に処刑を断行しました。天皇誕生日のたびに敗戦を思い出させる、という意図があったといわれます。

岸信介

しかし翌日には、処刑よりもっと重要な意味を持つかもしれないことが起きています。岸信介・児玉誉士夫・笹川良一らＡ級戦犯容疑者一九名が釈放されたのです。

「一方は処刑、他方は釈放」、この明暗は異様です。処刑は、いわば「落とし前」の儀式で、釈放の事実のほうにアメリカの本音が表れているでしょう。「殺す人」と「使う人」を分けたのです。このとき釈放された人たちが、戦後の日本の「表と裏」を牛耳ることになっていきます。アメリカ、とくにＣＩＡと結びつきながらです。

その「表」と「裏」を象徴するのが、岸信介と児玉誉士夫です。岸は後に首相となりますが、ＣＩＡから資金提供も受け、「密接」な関係を常に保ち、総理大臣自身がＣＩＡの「エージェント」の役割も果たしていたといっても過言ではありません。ピュリッツァー賞を受賞した『ニューヨークタイムズ』の記者ティム＝ワイナーが、開示されたＣＩＡの機密資料を使って、このことを『ＣＩＡ秘録　上・下』（文藝春秋）のなかで克明に書いています。

児玉誉士夫は戦前からの右翼で、戦後社会では、「政財界の黒幕」「フィクサー」とよばれた男です。戦前は軍の嘱託として上海で「児玉機関」をつくり、「表」ではタングステン・ラジウム・コバルトなどの戦略物資を独占的に海軍航空本部に納入していました。敗戦時に児玉が中国から持ち出した大量の資金の一部が、鳩山一郎の日本自由党設立資金となったことは、公然の秘密です。最後は、ロッキード事件で田中角栄といっしょにつかまりました。田中角栄のような、いい意味でも悪い意味でも「ビッグな」総理大臣とロッキード社との間の大きな汚職にも裏社会が介在するのが、戦後の日本です。

児玉誉士夫

笹川良一も戦前からの右翼で、戦後は日本船舶振興会、「競艇のボス」として戦後の政財界で力を持ち、「日本の首領《ドン》」といわれました。アメリカとCIA、「表の社会」と「裏の社会」との密通。こういうところが見えないと、いま自分の生きている場所が見えませんよ。ディビット＝E＝カプランとアレック＝デュプロというアメリカ人ジャーナリストが書いた『ヤクザ――ニッポン的犯罪地下帝国と右翼』（松井道男訳、第三書館）という本も一読されるといいでしょう。

解除される公職追放とレッド＝パージ

占領政策の転換にともなって、二一万人に及んだ公職追放が解除されていきます。一九五〇年に軍国主義者の追放解除が開始され、五二年には公職追放令が廃止されます。そして五八年には、国内での戦犯服役者の釈放がすべて終了します。終身刑だった人も釈放されました。

このようにGHQは、軍国主義者・ファシストを社会に戻した上に、レッド＝パージもおこないます。まず一九五〇年、日本共産党中央委員二四名が公職追放されます。そのうち国会議員が七名いましたから、戦後の憲法の下で生まれた国会議員を、GHQはクビにしたわけです。

また、政府機関・報道機関・教育界（いわゆる公職）のみならず、公職以外の産業界からも、「共産主義者」やその「同調者」を追放・解雇していきます。

「逆コース」は、日本を大きく変えます。戦争犯罪人も釈放されました。公職追放が解除されさえすれば地元では名士ですから、選挙に出れば当選します。永田町の国会に、戦前の軍国主義者・戦争犯罪人が戻ってきます。

学校では「教え子を再び戦場に送るな」という平和教育をおこない、朝鮮戦争にも反対して平和教育を担った教師たちが、一斉に「共産主義者」だ、その「同調者」だとみなされ解雇されていきます。

戦前の日本軍はいわば「郷土軍」のようなもので、本籍地で召集されます。いっしょに小学校に入学した子が、いっしょに徴兵検査を受け、地元の連隊に配属されます。南方で戦った部隊は全滅したものも多かったので、男性がほとんど欠け、同窓会が成立しないクラスもたくさん生まれてしまいます。戦時中の教師たちは悩みながら、あるいは信念をもって生徒たちを戦場に送り出しました。十五年戦争といわれる長期の戦争ですから、三桁の数の教え子を死なせた教師たちも多くいました。戦後の平和教育運動の根底には死と悔恨が存在したのです。死んだ子たちの顔が目に浮かび、心をさいなんだはずです。「教え子を再び戦場に送るな」。それは心の底からしぼり出すようなスローガンでした。そのような教師たちが教壇を追われ、反対に戦争をひたすらあおった人たちが校長や教頭として戻ってきます。職員室も学校も変わっていきます。

報道機関はとくに狙われ、レッド＝パージの対象となりました。日本は戦後になって初めて、アメリカから「民主的」なジャーナリズムを教わったわけではありません。明治の自由民権運動からの伝統もあるし、大正デモクラシー期には優れた新聞・雑誌も現れています。それらが、ファシズム期に屈服したのです。とはいえ体制や戦争に協力したことへの反省をテコに行動したジャーナリストも多く戦後には現れました。しかしそのような人たちが追われ、朝鮮戦争に反対しようとする言論などが排除されます。そして戦争をあおった人たちが、再び新聞社や放送局の主要ポストに戻ってきました。

日本共産党もこういうなかで**分裂**していきます。一九五〇年、コミンフォルムが日本共産党を批判します。具体的には、占領下でも平和のうちに革命は進行できるという、野坂参三の平和革命論への批判でした。この批判に対する拒否を示す手紙を書いた徳田球一や野坂参三ら主流派を所感派といいます。一方、コミンフォルムの批判は正しい、批判を受容すべきだとする**国際派**（志賀義雄、宮本顕治）とが、ぶつかります。結局、事実上の非合法状態のなか対立し、分裂することになりました。

この時期、とくに所感派のグループが中心となって武装闘争を展開し、徹底的に弾圧されます。

3　講和と占領終結

単独講和か全面講和か

アメリカは、アジアにおける社会主義陣営の進出に対抗して、とくに朝鮮戦争勃発《ぼっぱつ》以後は日本に対し「反共の防波堤」としての役割を期待して日本の自立化を図り、対日講和条約の締結を急ぎました。もはや、アメリカにとってソ連とともに日本を占領することは得策ではありません。アメリカの狙いは、占領を終結させ、独立を回復した日本を中立的立場に置かず、西側諸国の一員に組み込むことにありました。

しかし、ここで問題があります。占領を終結したら、占領軍である米軍は日本から撤退しなければなりません。朝鮮戦争のさなか、当然、日本の基地を使っているアメリカにそのような考えはありません。そのため、サンフランシスコ平和条約と同時に日米安全保障条約を結び、米軍を駐留させることを考えます。

講和を促進するための特使**ダレス**が来日すると、第三次吉田内閣は**単独講和**（西側陣営とのみ講和すること、片面講和・多数講和とも）に応じます。保守政党や財界は、これを支持しました。それに対して「まだ戦争が終わって五年じゃないか。反省もあるし、隣国の戦争にかかわりたくない、あるいは戦争反対だ」という声がさまざまなところから湧き上がり、全面講和運動が起きます。これは単独講和論に反対し、対日交戦国すべてとの講和を主張する運動です。平和問題懇談会の知識人たち（安倍能成《よししげ》や中野好夫ら）がこの立場に立ち、全面講和・経済自立・中立不可侵・軍事基地提供反対の声明を出します。

また、左派が主導する社会党と総評が「平和四原則」を打ち立てます。総評が一気に左傾化し、ＧＨＱが「ニワトリがアヒルになった」と怒ったといわれるのも、このときのことです。

平和四原則とは、「全面講和」「中立」「基地反対」「再軍備反対」を指します。おそらくこれは、日本人半分の考え方でしょう。全面講和をすれば世界中のどの国との戦争も終わる。中立でいたい。基地も反対。再軍備もいやだ、という考えです。

しかし、社会党は戦前の無産政党の寄り合い所帯なので、肝心なときによく分裂します。両条約調印後、その批准をめぐる臨時国会に際し、左派は平和条約と安保条約の両方に反対し、右派は平和条約には賛成し、安保条約にのみ反対し、分裂しました。このあと、一九五一年から五五年まで、左派社会党と右派社会党が併立する状態が続きます。

西側諸国とのみ講和

一九五一年九月、日本全権は、首席全権の吉田茂のほか、苫米地義三《とまべちぎぞう》、星島二郎ら五名の計六名で構成され、サンフランシスコ講和会議に出席します。議長はアメリカの国務長官アチソンで、参加国は五二ヵ国です。アメリカの外交は、国務長官がやるんですね。外務長官はいません。いまだってケリー国務長官ですし、三原則で有名なジョン＝ヘイも、ハル＝ノートで有名なハルも国務長官です。

五二ヵ国というのは、招聘《しょうへい》された五五ヵ国のうち三ヵ国（インド、ビルマ、ユーゴスラヴィア）が、内容に不満だなどの理由で出席しなかったということです。ちなみに中華人民共和国と中華民国は、英米の意見が合わず、招聘されませんでした。イギリスは中華人民共和国を承認しているので、中華人民共和国が代表だと主張しました。一方アメリカは、小国でもあくまで西側陣営で、アメリカが承認する台湾が中国代表だと主張します。英米の意見が合わないと西側の足並みが揃わなくなるので、では両方を呼ばないことにしよう、ということになったわけです。

さらにソ連、ポーランド、チェコスロヴァキアは、出席はしましたが内容が不満で調印しませんでした。したがって、五二ヵ国マイナス三ヵ国で、日本を含む四九ヵ国（日本と西側四八ヵ国）が調印したことになります。

サンフランシスコ平和条約

こうして一九五一年九月八日、サンフランシスコ平和条約が締結されます。日付としてはこちらのほうがむしろ重要ですが、五二年の四月二八日にこの条約が発効し、日本の本土の占領は終結し、**主権が回復**します。

サンフランシスコ平和条約において、日本は一九一〇年の韓国併合条約締結以来、日本の植民地だった**朝鮮の独立**を承認し、一八九五年の下関条約締結以来同じく植民地だった**台湾を放棄**します。

さらに、一八七五年の樺太・千島交換条約によって領土とした**千島列島**と、日露戦争後のポーツマス条約（一九〇五年）によりロシアから奪取した**南樺太**（北緯五〇度以南）も放棄します。このとき、樺太・千島の放棄は規定されましたが、その後の帰属については規定されなかったため、一九四五年二月に米英ソ三国で結ばれたヤルタ協定（ソ連の対日参戦、ソ連への南樺太の返還と千島列島の譲渡などが約された）に基づき、ソ連が領有権を主張するようになります。

沖縄は、米軍にとって「太平洋の要石《かなめいし》」なので、アメリカは日本に返したくありません。しかし、連合国は領土的野心を持たないと宣言しました。ですからアメリカが敗戦国・日本の領土を取るといったら、仲のいいイギリスだって絶対認めません。ましてや世界が認めるわけがありません。

そこで、国連の監督下でアメリカが統治するという信託統治の形を考えます。戦前の国際連盟の委任統治領は事実上の植民地を意味し、日本はサイパンなど旧ドイツ領南洋諸島を委任統治領としていました。

サンフランシスコ平和条約に調印する吉田茂

しかし、国際連合の信託統治は、植民地色はありません。ですから好き放題には領有できません。そこで、この信託統治に日本が合意し、沖縄をアメリカの信託統治のもとに置くことを世界も認めました。

ところが、好き放題に領有できないアメリカは、ここでレトリックを用いました。とりあえず信託統治にするけれど

（条約に「とりあえず」とは書いてありませんが）、この「信託統治」案を国連に提案するまでの期間はアメリカが占領し、施政権を持ったままでいいでしょう、と主張したのです。しかし、提案時期はどこにも書いてありません。

ですから「とりあえず」「とりあえず」の連続で、一九七二年の沖縄返還まで、アメリカは沖縄の施政権を持ち続け、事実上の軍事占領を継続しました。実際には、沖縄は信託統治のもとには置かれていません。

日本は騙されたのでしょうか。そうではありません。騙されたとすれば、それは沖縄です。『佐藤栄作日記』を読むと、これを裏づけるようなことが書かれてあります。沖縄は本当に、馬鹿にされたものです。ダレスと吉田茂は、このことを「レトリック、レトリック」といって笑い合っていたといいますから。

このことには重要な背景があります。一九四七年五月三日、すでに日本国憲法は施行されています。日本国憲法では「象徴」である天皇は政治に関わってはいけない。関われば憲法違反になります。しかし、それを密かに犯したのが、一九四七年九月一九日の昭和天皇の「沖縄メッセージ」です。一九七九年にアメリカ側の公文書から発見されました。

「沖縄メッセージ」は、天皇側近の寺崎英成《てらさきひでなり》から、日本政府の頭越しに、マッカーサーの政治顧問であるシーボルトを通してマッカーサーに伝えられました。そこでは、「寺崎氏は、アメリカが沖縄その他の琉球諸島の軍事占領を継続するように天皇が希望している、と明言した。天皇の見解では、そのような占領は、アメリカのためにもなり、日本にも保護をあたえることになる」とあります。

さらには「天皇は、沖縄（および必用とされる他の島々）に対するアメリカの軍事占領は、日本に主権を残したままでの長期のリース――二五年ないし五〇年、あるいはそれ以上――というフィクションにもとづくべきだと考えている。天皇によるとこのような占領方法は、アメリカが琉球諸島に対して永続的な野心を持たないことを日本国民に納得させるだろう」（進藤栄一「分割された領土」、『世界』岩波書店、一九七九年四月号）とあります。昭和天皇はアメリカに知恵までつけているのです。

昭和天皇の「沖縄メッセージ」は、戦後の沖縄の屈辱と悲劇を決定づけたといっても過言でないでしょう。当時、アメリカ国内でも、沖縄を含めた西太平洋をアメリカの支配下に置くことを進めていた軍部と、一九四一年に米英が宣言した国際連合の基本理念となる大西洋憲章の「領土不拡大」の原則に基づき、沖縄を非軍事化して日本に返還すべきとした国務省とが対立していたからです。

本当に沖縄は昭和天皇や日本によってアメリカに売り渡されたようなものです。沖縄は、一八七九年の琉球処分で明治政府に滅ぼされて内国植民地化されるまでは、長い歴史を持つ琉球王国という隣国でした。住民の約四分の一が殺害された沖縄戦は、本土防衛準備と国体護持のための時間稼ぎのための「捨て石作戦」でした。その後の歴史や現状を見ても、沖縄の怒りはいつ爆発してもおかしくありません。

一九五〇年六月二六日、朝鮮戦争勃発の翌日、昭和天皇は再びメッセージを送っています。今回は、日本政府（第三次吉田茂内閣）どころかマッカーサーも知らないところで、側近の松平康昌を通して講和の交渉にあたっているダレスに送ったのです。ソ連・中国や国内の左翼運動に対し、昭和天皇やその周辺は、異様ともいえる恐怖感を抱いていました。だから昭和天皇は、米軍にも守ってもらうことを期待し、米軍の日本駐留を強く望んでいたのです。

そのため昭和天皇は、軍国主義者の公職追放の緩和をアメリカに求めるとともに、米軍駐留に消極的な吉田茂首相を批判し、「米軍の日本駐留と継続的基地使用を日本側から申し出るべき」、と考えていることをダレスに伝えたのです。ダレスは「これが今回の一番のお土産だ」と言ってアメリカに帰って行ったといわれています。そして昭和天皇の「のぞみ」は実現して、いまに至っています。

日本の独立後、すべての占領軍は撤退することが、サンフランシスコ平和条約には規定されています。米軍がいまも日本にいるじゃないか、と思う方がいるかもしれませんが、建て前では「占領軍」としての米軍はいちおう撤退しました。しかし実際は「駐留軍」として居座りました。基地の前の看板を替えただけです。

日米安全保障条約

占領終結により、日本は西側陣営（資本主義陣営）の一員になって、アメリカの東アジアにおける、まさに「反共の防波堤」になりました。

本当は撤退などしたくないアメリカは、サンフランシスコ平和条約調印と同日に、**日米安全保障条約**を調印し、これにより**米軍駐留**が決定しました。この条約は、アメリカ軍は基地を使うけれど、**日本防衛義務は明記されていない**という片務的条約、すなわち不平等条約です。

また、日本で内乱や騒擾《そうじょう》が起きたら、日本政府は米軍に依頼して鎮圧する。つまり、米軍を使って日本政府は日本人を殺《あや》めてでも内乱を鎮めてもらうという内容の**「内乱条項」**も存在しました。

自国の軍事力で国民を抑えられなければ、外国軍隊を使用してでも自国民を殺害するという、国家権力の一端を見ることができます。この「内乱条項」が、六〇年の新安保ではなくなります。それは、六〇年ごろには、すでに日本の内乱・騒擾程度は、自衛隊が自分たちで鎮圧できる能力をもっていたからです。さらにこの条約により、第三国の駐留が禁止されます。駐留できるのは米軍だけ、ということですね。

一九五二年には、日米行政協定によって、日米安全保障条約の細目協定が結ばれました。ちなみに、新安保の細目協定が日米地位協定です。

内容は、米軍に基地提供をすること。しかし、防衛分担金は日本がアメリカに払います。それからもうひとつ、アメリカ軍の軍人と軍属（軍の職員）及びその家族が犯した犯罪は、米軍に裁判権があるということです。つまり米軍は治外法権になっているということです。露骨にいえば、アメリカ将校のドラ息子が日本で強姦殺人を起こしたとしても、日本には手が出せない、日本人にはそれを裁けない、ということです。これには当然、大反発がありました。それで後に「公務中」という言葉が付き、公務中の米軍人・軍属の犯罪には手が出せないけれど、米兵がたとえば飲み屋で起こした事件は、日本で裁けるようになりました。

しかし実際は、一九五七年に、日本にある米軍演習場でこんな事件がありました。小銃を発砲すれば薬莢《やっきょう》が落ち、大砲を撃てば破片が落ちますが、米兵は、そうした薬莢や破片を拾うわけなどありません。しかし貧しい日本人にとってみれば、それらを集めて屑鉄屋《くずてつ》に持っていけば売れ、生活の足しになります。農家の主婦たちも演習場に入っていって、それらを拾っていました。あるとき親切そうな兵隊が「ママさん、カムカム、入っていいよ」というので、喜んで入っていくと、ジラードという米兵がその場で笑いながら、その女性をM1ライフルに装着したグレネードランチャー（擲《てき》弾《だん》銃）で撃ち殺しました。手榴弾並みの威力のある銃です。休憩中でしたが、この事件を米軍は「公務中」だとして身柄の引き渡しを拒否しました。ジラード事件といいます。

世論の大反発で、ジラードは日本の警察にいちおう身柄を拘束され、日本の地裁で「傷害致死」で執行猶予付きの判決が下り、帰国しました。擲弾銃で撃ち殺して、「傷害致死」というすごい「判決」に驚きます。アメリカ本国では、ジラードの帰還パレードまでおこなったそうです。

一九九一年の米国政府の秘密文書公開により、「殺人罪」でなく「傷害致死罪」で処断することを条件にジラードの身柄を日本へ移すという内容の密約が日米間で結ばれていたことが判明しました。日本はほとんどアメリカの属国です。

沖縄は、一九七二年まで米軍の占領下ですから、うやむやにされる米軍犯罪や、はねられてもそれっきりの交通事故などが山ほどあったことを忘れてはいけません。また二〇一一年、菅直人内閣が退陣直前に、「重要な案件」でない限り、「公務外」でも米軍人・軍属の裁判権は米軍にあるという「密約」が日米間で存在していたことを暴露しました。在日米軍人・軍属の裁判権を日本が放棄することは、日本の主権を放棄することと同じです。

4　逆コースと社会

武装共産党と「予科練くずれ」

日本共産党が、所感派と国際派に分裂したことはすでに述べましたね。レッド＝パージ後、中国に亡命した徳田球一（所感派）らを指導者とする日本共産党は、反米武装闘争の方針を決定します。そして中国共産党を模倣して、山村地区の農民への工作がおこなわれます。農地改革で残存した山林地主に対する闘争をおこない、「解放区」を組織することを指示したのです。そこで、非公然組織である「山村工作隊」をつくりました。一方、都市では「中核自衛隊」が組織され、米軍基地への襲撃のほか、交番への焼き打ちや警察官への攻撃など武装闘争を展開しました。

しかし、一九五五年の日本共産党第六回全国協議会（六全協）で突然、大転換がおこなわれ、武装闘争路線は否定されました。これでは、命を懸けて地下活動、武装闘争の先頭に立った下部党員らは、いわば切り捨てられたようなものです。このとき路線転換を受け入れなかった人たちに大きな挫折が襲い、新左翼の源流のひとつとなります。

柴田翔の『されど　われらが日々――』や高橋和巳の『日本の悪霊』は、この時期の闘争が舞台となった小説です。

海軍飛行予科練習生出身の「特攻くずれ」、敗戦の渋谷の街で、「安藤組」をつくった安藤昇のことは述べました。

同じ予科練出身の少年飛行兵に斎藤龍鳳《りゅうほう》という男がいました。一五歳で予科練に合格して特攻隊に志願し、一七歳のとき鈴鹿海軍航空隊で敗戦を迎えます。戦時逃亡罪が生きている敗戦直後の航空隊から、食糧と七・八ミリ機銃を奪って仲間と脱走しました。

やがて長野の中学に復学しますが、二年遅れの「予科練くずれ」、この海軍一等飛行兵曹の元下士官は教員に抵抗し、下級生を支配します。米軍監視下の作業で盗みを働いたり、盗品を売買したり、りんご畑を襲撃して東京で売ったりして、復員学生中心の「野盗グループ」のリーダーになりました。やがて、そのグループを率いて青年共産同盟に加盟し、その後食うこともできず明治大学を退学します。レッド＝パージで教職を追われ、六全協で共産党に切り捨てられ、雑誌記者となった後は、リーゼントとアロハが似合う映画批評家として才を発揮しますが、ヒロポンとハイミナールに溺れます。一九六〇年代末の激動のなか、共産党に裏切られても、革命を裏切ってない証しにはならないといって政治の世界に戻り、運動の高揚の終わりのなか、七一年にガス中毒で孤独に死んでいきました。

男は「いなせ」、女は「きゃん」。これが、エンコ（浅草）育ちの彼の美意識でした。「なにが粋かよ　気がつくころは　みんな手おくれ　吹きざらし」、加藤泰《たい》監督の映画『沓掛《くつかけ》時次郎　遊俠一匹』の主題歌がぴったりです。龍鳳の遺稿は、『なにが粋かよ』（創樹社、一九七二年）にまとめられました。読んでいると、彼の声が聞こえてくるようです。

第二部　占領終結後の日本

第一章　冷戦体制と主権回復後の日本

1　吉田茂の保守政権

治安体制が強化された吉田茂内閣

吉田茂内閣は、一次と二次の間には中道連立政権が挟まりましたが、二次（一九四八年一〇月〜四九年二月）、三次（四九年二月〜五二年一〇月）、四次（五二年一〇月〜五三年五月）、五次（五三年五月〜五四年一二月）は連続していて、長期政権となりました。この間の吉田政権で特徴的なのは、**治安体制・防衛体制（軍事体制）・教育統制が強化された**ことです。この三つが揃うのは、相当に強権的な政権だといえます。

一九五二年にサンフランシスコ平和条約が発効すると、GHQの指令や治安立法である団体等規正令などのポツダム政令が失効します。吉田内閣は、それに代わる治安立法として、「戦後版治安維持法」といわれた破壊活動防止法の制定を図りました。暴力的破壊活動をおこなう団体を規制する（団体解散・機関紙発行停止など）法律ですが、これには大反対がありました。まず「暴力的破壊活動」が指す内容があいまいだということです。一九九九年の周辺事態法の「周辺」と同じですね。国会や政府機関ビルを爆破するのも「破壊活動」だけど、極端にいえば中学生が多数集まって学校の窓ガラスを割るのも「破壊活動」と「解釈」されたらどうでしょう。このようにあいまいで拡大解釈が可能な表現だと、権力側に都合のいい解釈がなされ得ます。いったん「暴力的破壊活動」をおこなうという「団体」に指定して、団体解散も、機関紙発行の停止もできるとなれば、憲法で保障された結社・表現の自由などを侵すことになります。

そのため、破壊活動防止法は憲法違反であるとして、広範な反対運動が展開されました。そのさなかの一九五二年五月一日、メーデーの日の行動でデモ隊が皇居前広場に向かうと、警官隊が待ち構えていて大乱闘になりました。そのとき警官隊が発砲を始め、二名が射殺され大量の負傷者が出るという事件が起きます。これをメーデー事件、または皇居前広場事件といいます。これをきっかけに、政府は一気に破壊活動防止法を制定してしまいます。さらに、公安調査庁（「破壊活動団体」を調査・処分する団体）を設置しました。

一九五四年には、新警察法が制定されます。警察の地方分権化・民主化を図った片山内閣の政策により、四七年に公布された警察法（国家地方警察・自治体警察の設置）を廃止して、警察庁が都道府県警察を統轄するシステムになります。これにより、警察の中央集権化が進むことになり、まさに治安体制が強化されていきます。

ちなみに、警察庁と警視庁は違います。警視庁は東京都の警察です。ですから神奈川県警、大阪府警、北海道警と同じように東京都警といえばわかりやすいのですが、明治以来の首都警察としての名前が捨てがたいのでしょう。

防衛力の増強とアメリカの援助とのバーター

一九五三年の池田＝ロバートソン会談は、MSA協定受け入れを巡る交渉でした。MSA協定とは、米国の相互安全保障法（一九五一年）に基づく対外援助のことです。実質的には、アメリカの経済・軍事援助を受けたいのなら日本の防衛力を増強しろというものです。いわば日本の防衛力・軍事力の増強と、アメリカからの経済・軍事援助とのバーターです。アメリカは日本だけでなく、ほかの親米国に対し、次から次にこうした交換条件を突きつけていきました。

一九五二年、サンフランシスコ平和条約の発効にともない、ポツダム政令である警察予備隊令は失効します。警察予備隊は、**保安隊**（兵力は一一万人）に改組され、海上警備隊が新設されます。さらに五四年、いま述べたMSA協定成立を受け、航空自衛隊を新設して保安隊は**陸上自衛隊**に、海上警備隊は**海上自衛隊**に改組されました。**防衛庁**が設置され、自衛隊は内閣総理大臣の指揮監督を受ける防衛庁長官（国務大臣）により統轄されます。つまり文民統制（シビリアン＝コントロール）である、ということです。近代の軍隊は、軍人ではなく文民による統制が原則になっていますね。アメリカ軍の最高指揮官は大統領であり、いまの自衛隊の最高指揮官は、首相です。

池田＝ロバートソン会談に話を戻します。池田勇人は吉田茂首相の私設特使で、ロバートソンは国務次官補です。国務長官の下の次官でその補佐というと、ずいぶん位が下のようですが、アメリカでは国務次官補は重要なポストです。池田はMSA協定を受け「防衛力を増強する」と答えますが、ロバートソンはさらなる軍拡を池田に要求します。くだけたいい方をすれば、池田は「そういわれても、これ以上の軍拡は憲法を改正しない限り無理でしょう？　それに憲法改正したくても、改正勢力を衆参で三分の二以上確保しないと国民投票ができないわけだから、いまの吉田内閣では無理です。その代わり、未来に憲法改正をするときのために、愛国心と自衛の精神を持った子どもたちを教育しておくから」とアメリカに約束し、経済援助をしてくれるように交渉したわけです。

このとき、日米に二つの共通認識があることがわかります。日本の軍拡を阻む制約が二つあるという認識です。ひとつはやはり憲法第九条による「法律的制約」です。二つ目は戦後の平和教育による「政治的社会的制約」です。この二つがあるため、この時点でアメリカの要求どおりの軍拡は無理だ、という結論になったわけです。

学校から政治の話を消した教育統制

池田＝ロバートソン会談では「日本政府は、教育および広報によって、日本に愛国心と自衛のための自発的精神が成長するような空気を助長する」との共同声明が出されます。アメリカのために戦うことが日本の国益だ、それが愛国心だとすることが、日米にとっても都合が良かったのです。でも「若者よ、武器を取るな」とか、「教え子を再び戦場に送るな」という雰囲気が教育界にあっては、愛国心や自衛心が育つはずがありません。

そのために、教師を徹底的に締め上げる必要がありました。こういう経緯で、一九五四年に生まれたのが**教育二法**です。つまり「義務教育諸学校における教育の政治的中立の確保に関する臨時措置法」と「改正教育公務員特例法」です。この教育二法により、教員の政治活動や政治教育を抑制するため、懲戒を科すことができるようになります。当初、政府は刑事罰の導入を図りますが、世論の批判により懲戒処分への後退を余儀なくされました。

教育の憲法といわれる教育基本法第八条（現在は第一四条）には、「良識ある公民たるに必要な政治的教養は、教育上これを尊重しなければならない」と明記されています。一方、「特定の政党を支持し、又はこれに反対するための政治教育その他政治的活動をしてはならない」ともあります。これはとりようによっては、あいまいな解釈ができますから「あなたの授業は、政治的教養を教えているのではなく政治教育じゃないか」といって抑圧することが可能となります。

これ以降、政治の「セ」の字が、学校ではとても「危険」になるわけです。教師自身が政治的教養だと思っておこなった授業も、政治教育と解釈されれば、懲戒を受けることになりますから。それで、学校から政治の「セ」の字がどんどん消えていきますね。政治的教養がなければ、民主社会を支える力は育ちません。

「期待される人間像」と愚民観

時間が前後しますが、一九五二年にはすでに、教育政策の決定機関で「文部省の隠れ蓑《みの》」といわれる中央教育審議会（中教審）が発足していました。たとえば日本史ではどういう内容を教えるかについての細目を全部決めている学習指導要領を作るのは、文部大臣の諮問機関であるこの中教審です。

教育基本法では「不当な支配の排除」といって、教育行政が不当に教育内容に介入することを戒めています。ですから文部省の役人が、直接「学校ではこれを教えなさい」という形ではなく、学者たちを集めた審議会である中教審が役所に答申し、役所はそれを受けるという形をとっています。それが「文部省の隠れ蓑」といわれた所以です。

中教審が、佐藤栄作内閣の一九六六年に「期待される人間像」という答申を出しました。

そこでは「日本の社会の大きな欠陥は、社会的規範力の弱さにあり、社会秩序が無視されるところにある」といっていますから、中教審も日本社会のダメさはよく自覚しているようです。また「日本人は社会的正義に対して比較的鈍感である」と断定しています。驚くほど低い評価でしょう。一種の愚民観とも取れますね。そんなどうしようもない日本社会や日本人だから、「国家を正しく愛することが国家に対する忠誠である」と叩き込み、「日本国の象徴たる天皇を敬愛することは、その実体たる日本国を敬愛することに通ずる」と教え込まなければいけないと思ったのでしょうか。そんな「日本人」を「期待」したようです。僕らが子どものころも、よく朝礼などで校長から「期待される人間像」なるものを聞かされました。小学生のガキでしたが「佐藤首相、あんたなんかに期待されたくない！」って思いました。ちゃんと期待はずれの人間になりましたけど。

ここで「正しい愛国心」をもつことが「国家に対する忠誠」である、ということをいい始めます。この流れが、その後の中曽根康弘内閣の臨時教育審議会や、第一次安倍晋三内閣の新教育基本法につながります。日本の保守派の考え方を代表しているんですね。

しかしこれは、教育基本法の理念・人間像――真理と平和を希求する、個性豊かな人間の創造――と全然違うということで、議論・批判を呼ぶことになります。

それから民主教育の原点に戻ると、教育は、教育を受ける者のためにおこなわれるもので、教育を受ける者のよりよき自己実現の手伝いをするだけです。教育は、それ以上のことをするべきではありません。教育は、国家が「こういう人間をつくる」ための手段ではありません。学校は人をつくる工場ではないのです。すでに大正デモクラシーの自由教育運動のころに、マリア＝モンテッソーリ（イタリアの医師・幼児教育者・科学者・フェミニスト）の「教育をしないことが最高の教育である」といった理念も、ファシズム期に潰《つぶ》されていったとはいえ、日本に入っていました。

国家が「期待される人間像」といい始めたということは、もう民主主義教育の理念とは違ってきているということです。

革新勢力からの反発

ではこういう強権化・保守化の流れのなかで、革新勢力からの反発はなかったのでしょうか。それは、二つの方向でありました。**米軍基地反対闘争**と、**原水爆禁止運動**です。

占領下で市民運動はなかなかできませんでしたが、占領が終結した一九五二年から翌年にかけ、石川県内灘村にある米軍試射場建設に対する反対運動をおこなった**内灘闘争**が最初でした。

一九五五年、東京の立川基地建設に反対する**砂川闘争**が起きました。ある意味、いまもまだこの闘争は終わっていません。イラク戦争に自衛隊が派遣された直後の二〇〇四年二月、基地を監視する「立川テント村」という市民グループの三人が、イラク戦争反対のビラを自衛隊宿舎のポストに投函《とうかん》したことが住居侵入罪にあたるとして逮捕されました。自衛官募集のビラやダイレクトメールを配布して、捕まった者はひとりもいないのに、です。

アルバイトでチラシのポスティングをしても捕まることはないのに、戦争反対のビラだと逮捕されるんです。そして七五日も未決勾留《こうりゅう》され、起訴され、保釈の許可もなかなか下りませんでした。その内のひとりは公務員で、一審は無罪でした。しかし高裁で逆転有罪の判決がくだり、最高裁が上告を棄却しました。わずかな罰金刑だったかもしれませんが、その刑で七五日間も未決勾留するのですから、サラリーマンだったら会社をクビになってもおかしくありません。市民が戦争に反対して小さな声をあげることさえ、一生を左右する大事になってしまう世の中になってきたようです。

話を戻しますと、一九五五年には、**富士山麓基地反対運動**も起こります。北富士演習場への反対闘争です。この闘争も、地元のおばあさんたちがずっと続けています。

一九五四年、アメリカがビキニ環礁でおこなっていた水爆実験で、静岡県のマグロ漁船・第五福竜丸が被曝します。原爆の一〇〇〇倍ともいわれる威力を持っていたといいます。死の灰（放射能灰）を浴びた船員の久保山愛吉さんは、約半年後に亡くなりました。これは日本社会に大きなショックを与えました。日本ではまだ、原爆が記憶に新しい時期ですからね。

そこで学生運動や労働運動より先に原水爆禁止運動に火をつけたのは、杉並区の主婦たちでした。原水爆禁止運動杉並協議会という団体があって、彼女たちが「杉並アピール」をおこない、運動に火をつけていきます。また船員さんが亡くなるほどですから、近海の魚は当然被曝しています。それらをきちんと調べろ、という運動が一気に盛り上がりました。政府は重い腰を上げて築地へ行って調査し、マグロの被曝を確認しました。

一九五五年に、第一回原水爆禁止世界大会が広島で開催されます。二〇〇四年に文化庁メディア芸術祭マンガ部門大賞や手塚治虫文化賞新生賞を受賞した、こうの史代『夕凪の街　桜の国』という漫画があります。原爆の攻撃を受け、妹も失います。それでも死んだ人の下駄や靴などを盗りながら逃げるしかない。そうしてみんな死んでいくなかで、自分だけが生き残ったことをものすごく負い目に感じている少女は、みんなが死んだのに自分だけが幸せになっていいのかと思っているため、恋もできない。ようやく心が和らぎ好きな人ができたというとき、彼女にも原爆症が襲ってくる。そして結局、腐った内臓を吐くようにして死んでいく、そういうストーリーです。原爆からちょうど一〇年後の一九五五年、この大会のころに、二三歳になった少女が死にます。死に際に、もう見えなくなった目で天を見つめて「嬉しい？」といいます。「一〇年経ったけど、原爆を落とした人はわたしを見て、『やった！　またひとり殺せた』とちゃんと思うてくれとる？」これが最期のことばでした。街には「原水爆禁止世界大会」のチラシがひらひらと舞っています（「夕凪の街」）。

彼女の弟がすでに定年を迎えたあと、姉の思い出を訪ねて広島へいくという現代の話（「桜の国」）と二つ組み合わせになっている、静かないい作品です。映画にもなっているので、ぜひ観ていただきたいです。

2　五五年体制の成立

鳩山一郎内閣の成立と保守勢力の動き

占領が終結し、政界にも再編の動きが起きてきます。すでに述べたように保守勢力

鳩山一郎

の旧政治家が、戦犯釈放と公職追放解除によって、「逆コース」を辿《たど》るように政界に復帰してきたのです。一九五一年には、大物の**鳩山一郎**や、翌五二年には**岸信介**《のぶすけ》までが公職追放を解除されます。鳩山は自由党の反吉田勢力として動きます。

　前述したように、鳩山が政界に戻ってきたら権力を返すという、鳩山と吉田の口約束がありましたが、吉田がこれを断ったため対立が生じます。一九五四年、造船疑獄事件で吉田内閣への批判が高まると、鳩山は自由党を離党し、反吉田勢力を結集して**日本民主党**を結成し、総裁となります。幹事長は岸信介です。二〇〇九年の民主党で鳩山由紀夫が総裁、幹事長が小沢一郎というコンビと似た形です。同年、造船疑獄事件により、第五次吉田内閣が総辞職して「吉田の時代」が終わり、これから「鳩山の時代」になっていきます。

　鳩山一郎内閣は、第一次（一九五四年一二月〜五五年三月）と第二次（五五年三月〜五五年一一月）が日本民主党政権で、第三次（五五年一一月〜五六年一二月）は自由民主党政権になります。この内閣はアメリカ・西側陣営とべったりで反共政策をとるところは吉田政権と同じです。しかし吉田・池田の流れと、鳩山・岸の流れではちょっと違うところがあります。

吉田は、日本は軽武装で、アメリカに軍事を任せつつ、経済発展を図ろうという路線です。この流れが、いわゆる「保守本流」といわれます。池田勇人・佐藤栄作と続く、「吉田学校」ともいわれる官僚出身者が多いのが特徴です。

これに対し、鳩山・岸の流れは、吉田と比較すれば自主外交路線で、憲法改正・再軍備を促進しようとする国家主義的な路線でした。そして、森喜朗や小泉純一郎の清和会につながります。

自由民主党・日本社会党の保革対立構造の始まり

政府にこう露骨に憲法改正・再軍備の動きを見せられては、野党第一党の社会党も、のんびりと分裂などしてはいられなくなります。一九五一年から左右に分裂していましたが、五五年一〇月に統一されます。党首は鈴木茂三郎《もさぶろう》で、非武装中立の路線をとります。

この動きに対し、財界の強い要望を背景に、自由党（党首は吉田派の緒方竹虎）と日本民主党（党首は鳩山一郎）は、**自由民主党**を結党します。ここに**保守合同**がおこなわれました。初代総裁は鳩山一郎です。一九五五年に成立した、この冷戦を背景とした自民党と社会党による保守・革新対立の政治構造を、五五年体制と呼びます。以後、保守勢力は改憲と日米安保条約を基軸とする安全保障、革新勢力は護憲と非武装中立を主張していきます。なお、自由民主党は、立憲政友会や立憲民政党など戦前のブルジョア政党（資本家と地主の利害を代表する政党）をルーツにしています。一方、日本社会党は、労働農民党や社会民衆党など戦前の無産政党（労働者と農民の利害を代表する政党）をルーツにしています。

現在もそうですが、自由民主党は綱領（党の基本方針）で、憲法改正を掲げています。ですから自民党が衆参両院で全体の三分の二議席に達すると、憲法改正の国民投票が現実化します。しかし現在まで、自民党が最も議席を伸ばしたときでも三分の二弱でした。社会党などは三分の一強です。これは、日本の人々の意思の表れなのかもしれません。この後、一九九三年の細川護熙《もりひろ》連立内閣までの三八年間、東西冷戦の影を背負いつつ、五五年体制は続くことになります。

日ソ国交回復と国際連合への加盟

冷戦が雪どけを迎えた一九五六年、鳩山首相とソ連のブルガーニン首相により、日ソ共同宣言が出されます（日ソ復交）。このときの日本の外務大臣は、東条英機内閣や小磯国昭内閣、すなわちアジア太平洋戦争中の外務大臣でA級戦犯だった重光葵《しげみつまもる》です。ミズーリ号上で、降伏文書の調印をおこなったのも彼でした。

共同宣言の内容は、戦争終結・国交回復、ソ連の賠償請求放棄です。さらに、戦争終結にともない、ソ連は日本の国連加盟を支持します（それまでは拒否権を発していました）。そして日ソ平和条約を結ぶことになったら、北方四島のうち歯舞《はぼまい》群島・色丹《しこたん》島を返還すると約束します。しかしソ連からロシアに変わっても、いまだに平和条約を結んでいませんから、二島は日本に返ってきていません。これが、北方領土問題です。

それから日ソ漁業条約により、利権の大きいサケ・マスの漁獲高をめぐる北洋漁業問題が解決しました。

一九五六年一二月、日本は念願の国連加盟を果たします。これにより国際社会へ復帰しました。またこの年は、「神武景気」のなか、『経済白書』が「もはや戦後ではない」と謳った年でもあります。

3 「雪どけ」と核兵器反対運動

冷戦終結が期待される世界

少し、世界情勢に目を転じましょう。一九五三年には朝鮮休戦協定（現在も休戦中）が結ばれ、北緯三八度線付近の軍事境界線で南北朝鮮が分立します（前述）。五四年はインドシナ休戦協定（ジュネーヴ協定）が結ばれ、北緯一七度線が南北ベトナムの暫定的境界となります。

さらに、一九五五年にはアジア＝アフリカ会議（インドネシアのバンドンで開催されたのでバンドン会議ともいう）が開かれます。これは、元植民地であった発展途上国がまとまって発言を始めたという、世界にとって重要な意味がある会議です。反帝国主義・反植民地主義を掲げた平和一〇原則を唱えます。彼らは東側陣営でも西側陣営でもありませんので、第三勢力というい方をします。いまでも発展途上国のことを指して第三世界というのは、ここからきています。

一九五五年のジュネーヴ四巨頭会談では、米英仏ソのあいだで、ドイツ問題などが協議されました。具体的成果はなかったものの、四国が一堂に会したという意味があり、冷戦「雪どけ」への期待が高まります。ソ連がこのころから変わってきます。

ソ連では一九五三年に、それまで神のようにいわれたスターリンが死にます。ロシア革命の指導者はレーニンであり、スターリンは革命の時に中心的な革命家ではありませんでした。しかし寝技が得意な彼は、レーニンの死後、裏工作をしながらロシア革命の中心メンバーを粛清していきます。ナンバー2のトロツキーを追放して暗殺し、ジノヴィエフ、カーメネフなど、古参のボルシェヴィキ指導者のほとんどを粛清しました。そして、「人民の敵」と称して何十万人もの人々を処刑したのです。

フルシチョフ

一九五六年、ソ連共産党第一書記のフルシチョフは「スターリン批判」の演説をおこないます。そこで、スターリンの個人崇拝・独裁政治・大粛清の事実を公表します。スターリン批判は、中ソ関係を悪化させました。一方、日本ではスターリン批判を重く受けとめた人々が、日本共産党を批判する新左翼を形成する源流のひとつとなりました。またフルシチョフは、システムが異なる東西陣営同士が、ともに生きていけるだろうという平和共存政策を推進しました。それで冷戦の「雪どけ」が訪れます。しかしフルシチョフもしばらくして失脚したため、「雪どけ」の時代も終わっていきます。

核兵器反対運動と科学者の社会的責任

この時期、核兵器反対運動が世界的にも広がりを見せます。一九五〇年のストックホルム＝アピールでは、全世界で五億人の原子力兵器禁止への署名を集めました。一九五七年にはパグウォッシュ会議という、核兵器の脅威と科学者の社会的責任について話し合う国際会議が開かれました。この会議は九五年にノーベル平和賞を受賞していて、現在もあります。このとき先頭に立ったのはイギリスの数学者・哲学者バートランド＝ラッセルと、日本初のノーベル物理学賞受賞者の湯川秀樹です。六五年にノーベル物理学賞を受賞した朝永《ともなが》振一郎も参加しています。

当時の物理学というのはやはり先端の学問で、多くの優秀な学生は物理学科に進みました。物理学者は、社会意識の強い人が多いように感じます。社会に対する意識や世界の動きを見る目を失えば、自分の研究がどのように軍事利用されるのか、どういう社会的影響を引き起こすのかについて無頓着《むとんちゃく》になり、危険です。そうしたことと関係するのか、世界の平和運動などでも物理学者が先頭に立つことがあります。

東大全共闘の代表・山本義隆も、物理学を専攻する大学院生でした。博士課程三年生のとき東大闘争の先頭に立ち、アカデミズムからははずれます。しかし、その後の科学史の研究で『磁力と重力の発見』を出版し、毎日出版文化賞、大佛《おさらぎ》次郎賞、科学者に与えられるパピルス賞の三つを同時受賞し、韓国語にも訳されています。いまも僕と同じ駿台予備学校で物理を教えています。

一九六六年、日本物理学会主催・学術会議後援の半導体国際会議が開かれました。そこに、アメリカ陸軍極東研究開発局から資金が提供されていたのです。これに対して、東大教養学部物理教室の有志の呼びかけで、「軍関係資金問題に関する物理学会会員有志の会」が結成され、山本たち東大の大学院生や助手たちが中心となって、激しい糾弾がおこなわれました。

その結果、一九六七年の物理学会臨時総会は、「日本物理学会は今後内外を問わず、一切の軍隊からの援助、その他一切の協力関係を持たない」という決議を出しました。これは、日本の物理学が世界に誇れる内容だといえます。

山本は「研究活動にはきわめて厳格な倫理が要求されているのであり、研究を進め業績をあげることだけが唯一絶対の価値では最早ない」と語ります。そして「研究者が流れに抗して真に主体性を回復できるとするならば、それは科学の置かれている状況を批判的に捉え直し、場合によっては実際に研究を拒否する覚悟を持つことによってでしかない」（佐々木力・山本義隆・桑野隆編訳『物理学者ランダウ』みすず書房、二〇〇四年）との立場を示します。そのような覚悟で、翌一九六八年以降の東大闘争に進んでいったことになります。

4　朝鮮特需と日本経済の復興

経済復興をもたらした朝鮮戦争の軍需

一九五〇年の朝鮮戦争により、武器・車両の修理、弾薬の製造などが一気に増え、軍需がもたらされ、「朝鮮特需」といわれました。「特需」は軍需のごまかし言葉だ、とはすでに述べました。

一九六七年、佐藤栄作内閣が「武器輸出三原則」を示し、「共産圏諸国、国連決議により武器等の輸出が禁止されている国、国際紛争の当事国又はそのおそれのある国」への武器の輸出を認めないこととし、一九七六年、三木武夫内閣のとき、さらに強化されました。しかし、当時は占領下なので武器輸出は可能でした。

第二次安倍晋三内閣は、大きく、日本の国のあり方を変えていますが、武器輸出に関しても同様です。二〇一四年、国家安全保障戦略にもとづいて、「武器輸出三原則」に代わる新たな政府方針として「**防衛装備移転三原則**」が制定されました。「武器輸出三原則」は、基本的に武器の輸出や国際共同開発を認めてはいません。しかし、「防衛装備移転三原則」は、武器の輸出入を基本的に認め、その上で禁止する場合は審査するというものです。それなのに、「防衛装備移転三原則」とは、また「言葉のごまかし」です。剣道部が防具を部室から道場に持っていくようなイメージです。「敗戦」を「終戦」、ガダルカナル島からの「撤退」を「転進」、「全滅」を「玉砕」、「軍需」を「特需」、いつまで国民を愚弄するのでしょう。

特需景気によって、日本経済は安定恐慌から脱出します。一九五一年には鉱工業生産が戦前の最高水準を突破し、日本経済が復興していきます。

一九五二年、独立を回復した日本はすぐに、**ＩＭＦ**（**国際通貨基金**）に加盟します。ＩＭＦとは、**ブレトン＝ウッズ協定**（一九四四年）に基づいて設立された国際金融機関で、固定為替相場制のもとにおける為替レートの安定などを目的として、金・ドル本位制をとっています。すなわち、金と交換できるドルを世界の基軸通貨とする固定相場制の国際通貨体制です。日本はまた、**世界銀行**（「国際復興開発銀行」ＩＢＲ

D）にもすぐ加盟し、GATT（「関税と貿易に関する一般協定」）には五五年に加盟します。GATTは国際貿易の自由化を図るための機関で、一九九五年にWTO（世界貿易機関）にかわります。

こうした流れのなかで、一九五三年には独占禁止法が改正され、公正取引委員会の認可があれば不況カルテル・合理化カルテルが承認されるようになります。すると企業間の株式持合や重役兼任の制限も緩和され、財閥系のいわゆる六大銀行を中心に三井グループ、三菱グループ、住友グループなどの企業集団が形成されます。これにより、旧財閥は近代的な独占資本として再編成されることになります。

朝鮮戦争の休戦によって「特需」は終わりますが、一九五五年から五七年にかけ、今度は朝鮮復興資材の輸出などによって「神武景気」と呼ばれる好景気を迎えます。日本史上初めての好景気ということで、神話上の「初代天皇」から名づけられました。神武景気のスタートは、同時に高度経済成長のスタートでした。高度経済成長は、七三年の第一次石油危機（オイル＝ショック）まで続いていきます。

神武景気ではしゃぎ「もはや戦後ではない」

一九五五年に「神武景気」が始まりますが、この年、ひとり当たりのGNPが一九三四〜三六年の戦前最高水準を突破します。統計は翌年出るので、一九五六年の経済企画庁の『経済白書』では「もはや戦後ではない」といってはしゃいだ空気が生まれました。しかし実際は、朝鮮全土を焼け野原と化す朝鮮戦争の「特需」で儲《もう》けて日本経済を復興させました。そして、戦争が終わると、焼け跡にたかるように、朝鮮復興資材の輸出などで「神武景気」となり、そこから高度経済成長がスタートしたわけです。朝鮮が分割統治されたのは日本と米ソに責任があり、日本が分割されていた可能性だって十分にありました。その、かつて過酷な植民地支配をおこなった朝鮮の血をすするような形で、日本はどんどん大きくなっていったわけです。

「神武景気」の反動の不況は、「なべ底不況」と呼ばれました。当初、不況が「なべ底型」のように長期になる、と予測されたからです。しかし、この不況・デフレに対してインフレ政策、すなわち金融緩和（低金利政策）をおこなったところ、なんと一年で「V字型」に回復し、ここで「岩戸景気」を迎えます。つまり実際は、なべ底不況は起きなかったということです。

こうして一九五八年から六一年にかけての時期、積極的な財政・金融政策により〝投資が投資を呼ぶ〟設備投資ブームが起こります。天照大神《あまてらすおおみかみ》が天岩戸《あまのいわと》を開けて以来の好景気という意味で、「岩戸景気」と呼ばれました。

5　独立回復した日本の社会と文化

ビキニ水爆実験と『ゴジラ』

一九五四年三月、アメリカはビキニ環礁で水爆実験をおこないました。第五福竜丸が「死の灰」とよばれた放射能灰を浴び、乗組員の久保山愛吉さんが死亡したことはすでに述べました。この事件の後、本多猪四郎《いしろう》監督は即座に第一作の映画『ゴジラ』を撮りました。海底の洞窟の奥深くで現代まで生存していた、二〇〇万年前の太古の生物が、水爆実験で行動を開始したという設定です。ゴジラは東京に上陸します。道理としては、アメリカに行ってもらわなければ困るのですが。

特撮の円谷《つぶらや》英二は、丁寧な手作業で東京の街を見事に再現しています。その東京の街を、ゴジラは焼き払い、破壊していきます。死んだ親に子どもはすがりつき、母親が幼い子たちを抱きかかえて、「もうすぐお父さんのところに行けるのよ」と叫びます。

観ている人は、忘れていたり、忘れたいと思っている九年前の東京で起きたこと、戦場で死んだ夫や父を思い出したでしょう。すでに東京の中心・銀座にはネオンが輝いています。しかし、夜の銀座で使われる大量の札束がもたらす繁栄も、直視してみれば朝鮮戦争の「特需」、隣国の戦争で儲けた金です。人は自分にとって都合の悪いものは見ないものです。

円谷自身は、ゴジラは「荒ぶる神の話」と語っています（『文藝別冊　円谷英二　生誕100年記念』河出書房新社、二〇〇一年）。構想の原型は、空襲のさなかの防空壕の中でつくられたそうです。学習院大学教授で民俗学者の赤坂憲雄《のりお》は、「ゴジラは太平洋戦争で命を散らした兵士たちの化身であり、祖国への恨みを背に東京を蹂躙《じゅうりん》する」（『怪獣学・入門！』JICC出版局、一九九二年）と読み込みます。そしてゴジラの蹂躙するルートは、東京を空襲するB29の爆撃ルートの再現であったとの逸話もあります。「ローテク」なのに、第一作の『ゴジラ』の、業火に包まれる東京の迫力は海外でも定評があります。それはそうです。燃える東京を見た人たちがつくっているのですから。

『ゴジラ』は、世相も反映しています。この年に生まれたばかりの自衛隊は、映画のなかでゴジラに歯が立ちません。そして、ゴジラも殺害できる「オキシジェン・デストロイヤー（水中酸素破壊剤）」という薬剤を開発するも、軍事利用を恐れて研究を隠し、使用を拒む孤高の研究者・芹沢の苦悩も描かれます。その苦悩を知りながら、被災者救護のなか口止めの約束を破る元婚約者・恵美子の苦悩もあります。研究を悪用させないため、研究資料をすべて焼き、一度だけゴジラに使用し、最終的に自らの命を絶つ芹沢の決意には、科学者の倫理と社会的責任という「時代の苦悩」も投影されていました。

第二章　日米新安保体制

1　岸信介内閣と日米新安保条約

病気で短命に終わった石橋湛山内閣

石橋湛山

石橋湛山《たんざん》は、戦前『東洋経済新報』で活躍したリベラル派の経済ジャーナリストでした。大正期には「日本は植民地なんて捨てて、小さく生きるべきだ」といって、小日本主義を唱えました。

戦後は、傾斜生産方式をおこなった第一次吉田茂内閣で大蔵大臣を務めました。公職追放されますが、理由は軍国主義によるものではなく、要するにGHQとぶつかって邪魔者扱いされたためでした。石橋はそういう気骨も持ち合わせた政治家です。

与党である自民党は保守政党ですが、政権政党なので、党員の考え方の幅がいちおう広いですね。戦前に戻せば「大東亜共栄圏」を主張した岸信介と、真逆な「小日本主義」を主張した石橋を、党首争いさせるのですから。結果は石橋が勝ち、石橋内閣が誕生します。しかし病気のため、医者に四ヵ月間入院が必要だといわれ、「わかった、それでは責任が果たせない。私は権力に恋々となんかしない」といったといいます。石橋内閣は二ヵ月余りで退陣し、岸が引き継ぎます。ちなみに石橋は一九七三年まで生きます。

岸信介の経歴

そして岸信介内閣の時代となります（一次は一九五七年二月〜五八年六月、二次は五八年六月〜六〇年七月）。岸の経歴を大まかに追ってみましょう。彼が東京帝国大学の学生時代は、天皇機関説の美濃部達吉、民本主義の吉野作造が教鞭をとり、吉野作造門下の東大新人会の学生たちが学生運動をしているまさに大正デモクラシーの時代です。岸はそういう風潮を憎みます。当時の東大には、美濃部達吉と対立し、天皇は神であり憲法を超越して絶対万能だとする天皇主権説を唱えた、エキセントリックな憲法学者・上杉慎吉がいました。岸はその弟子で、右翼の学生運動をしていました。

岸の場合、たまたまファシズム時代の高級官僚だったために体制側にいったというのではなく、確信犯です。やがて、ファシズム体制・総力戦体制を担う「革新官僚」の代表的存在となります。商工省から満州国に派遣され、満州国産業部次長になります。次長というと中間管理職のような感じですが、違います。満州国は大臣がいますが、この役職には満州人が就き、完全なお飾りです。日本から送り込まれた次長が、全権を握り、満州の経済を牛耳りました。そして、満州の民衆から徹底的に収奪します。

ソ連のスターリン体制の五ヵ年計画を真似て、総力戦体制の構築を図ります。満州で作成した満州産業開発五ヵ年計画です。産業も人間も、すべて戦争の歯車として動くような体制をつくり、強烈な統制経済をおこないました。満州でつくったこのモデルケースを日本に持ち込み、戦前の総力戦体制の実現に寄与しました。こうした総力戦体制の企画・立案をおこなったのが、「経済の参謀本部」といわれた企画院という機関です。

岸は、一九三九年に帰国すると商工省の次官となり、四一年には、商工大臣として東条英機内閣に入閣します。アジア太平洋戦争中はいわば戦争経済の責任者となり、中国人強制連行の責任者でもありました。したがってA級戦犯に指名されて逮捕されますが、東条英機らA級戦犯七名の処刑の翌日、釈放されます。そのような人物が総理大臣になるということは、ドイツやイタリアでは考えられないことです。

治安体制強化を狙う岸信介内閣の諸政策

この岸内閣は、軍事・教育・治安三点セットへの統制をますます強めていきます。まず、自衛隊の装備を近代化するため、**防衛力整備計画**を策定します。一九五七年には第一次防衛力整備三ヵ年計画（通称、一次防）が決められます。六二年の二次防以降（三次防は六七年、四次防は七二年）の雛形《ひながた》を、岸内閣がつくったことになります。

次に教員の**勤務評定**の実施を図ります。勤務評定とは、学生へのアンケートではなく、学校長による教員の昇給・昇格判定のことです。この目的はもちろん教員統制です。また教育の国家統制であるとともに、教員集団を分裂・弱体化させ、日本教職員組合（日教組）の活動、教師の労働運動を抑えるためです。そして一九五八年、全国で一斉に勤務評定が実施されます。これに対して、日教組を中心に激しい反対運動が繰り広げられますが（**勤評闘争**）、結局は負けます。当然、いまでも教育公務員に対する勤務評定はおこなわれています。

また一九五八年一〇月、「戦後版治安警察法」といわれた警察官職務執行法改正案を国会に提出します。警職法はもともと四八年に定められましたが、このときは民主化の観点から、警察官の権限に厳しい制限が設けられました。泥棒は捕まりにくくなったかもしれませんが、人権が侵される可能性が低くなりました。近代的な国家は、国家権力を抑制することが重要ですから、警察官の質問や犯罪予防と称した警察の介入には厳しい制限をつけていました。

警職法を改正しようとしたのは、激化する勤評闘争を弾圧したかったからです。岸内閣は、さらに激しい反対運動が予測される新安保条約を結びますから、その安保闘争弾圧への準備という意味もありました。改正案の内容は、職務質問の強制、令状なしの身体検査、大衆行動の中止・解散、立入権の拡大、逮捕令状なしの留置などで、ともかく警官の権限を非常に強化しようとします。

人間はごく当たり前に歩き回ったり、身柄を拘束されたりしないことが、最低限の自由です。ですから、日本国憲法第三三条に明記されているように、逮捕されるケースはたった二つしかありません。ひとつは現行犯です（これは警官でなくても一般の人が逮捕することが可能です）。

もうひとつは、司法官憲の発する令状、すなわち逮捕令状が出されたときです。「司法官憲とは何を指すか。一、警察、二、検察、三、裁判官」。私の中学校時代に、社会科でこういう問題が出題された覚えがあります。正解は、三の裁判官です。警察が好きなように逮捕できたら、とんでもないことです。裁判官が、警察・検察に身柄を拘束して取り調べてもいいという権限を与えます。しかし期間は最大二三日間です。二三日で起訴できなければ、釈放されます。

日本では、いま述べた二つのケース以外には逮捕されることはありません。たとえば「重要参考人として出頭しろ」と警察にいわれ、パトカーで迎えに来てくれても、令状が発行されていなければもちろん行く必要はありません。裁判官が「この人の身柄拘束を認めない」といっているのと同じですから。しかし「逮捕状なしの留置」を認めるということは、こういうことをやってもいいようにする、ということです。

岸信介は衝撃を受けたようですが、この警職法改正案は廃案になりました。その原動力となったのが〝デートもできない警職法〟という庶民感覚でした。つまり社会党・総評を中心に、学生運動も含め、市民レベルでの闘争（警職法闘争）が激化したことがきっかけでした。

「お忙しいところすみません」とか、「どこ行くんだ」といって職務質問をされたことのある人がいるかもしれませんが、これに答える必要はありません。勧誘業者に「お忙しいところすみません」と声をかけられた矢沢永吉が、「お忙しいのですみません」と答え、去っていくという缶コーヒーのコマーシャルがありましたが、それでいいんです。

事実上の軍事同盟である日米新安保条約

一九五一年に締結された日米安保条約には、不備がありました。アメリカは自国の基地として日本の基地を使うのに、日本を防衛する義務は明記されていない片務的条約であり、期限も不明確だからです。また駐留米軍に対する日本の発言権もはっきりしていません。

そこで五七年、岸信介首相は訪米してアイゼンハワー大統領と同条約の改定交渉をおこない、**日米新時代声明**という共同声明を出します。内容は、「共産主義の脅威や自由主義の団結」についてでした。

さらに一九六〇年一月一九日、第二次岸信介内閣により、**日米新安全保障条約**（正式名称は**日米相互協力及び安全保障条約**）がワシントンで調印されました。この条約には、アメリカの**日本防衛義務**が明記されたので、それまでの片務的から双務的、一方的から相互的に変化はしました。また第四条では極東の安全のために随時協議することが約束されますが、ここでの「極東」がどこを指すかという問題もあります（現時点ではフィリピン以北といわれています）。そして、在日米軍の日本および極東での軍事行動に関する事前協議制が、付属の交換公文で規定されます。核持ち込みの場合などがそれに当たるということですが、いままで事前協議がおこなわれたことは一度もありません。これは「協議」ではなく「通告」、いうだけで意見を聞くつもりはない、といわれたりもしました。

一九五一年の旧安保条約では、日本政府の要請で、米軍が日本国内の内乱鎮圧に出動できるという、「内乱条項」がありました。新安保条約では、これが削除されます。

また、日米の相互協力による防衛力強化が約束されたことにより、「憲法上の規定に従う」という条件付きながら、日本の軍備拡張が義務づけられます。さらに第五条では、日米は「日本国の施政の下にある領域」における「いずれか一方に対する武力攻撃」に対し、「共通の危険に対処するように行動することを宣言する」と明記されています。つまり、日本国内における日米共同作戦行動が義務づけられ、事実上の軍事同盟になったということです。具体的にいえば、日本国内のアメリカ軍基地が外国に攻撃された場合、自衛隊はアメリカ軍の指揮下で戦うということです。また第二条では経済協力の促進、第一〇条では有効期間が一〇年であることも決められました。また日米のいずれかが終了を通告すれば、この条約は一年後に終了することも定められました。

ところで集団的自衛権とは、〝同盟国が攻撃されたら実力で阻止する〟という意味です。でも事実上は、アメリカが喧嘩するとき、日本が助っ人するということです。日本は、憲法上、集団的自衛権は認めていません。サンフランシスコ平和条約では、日本という国家には集団的自衛権があるとしていますが、日本国憲法では認めていません。ところが、二〇一四年、第二次安倍晋三内閣は、集団的自衛権の行使容認を閣議決定してしまい、「憲法違反」と批判されています。

小泉純一郎首相のころ、国会でこんな場面がありました。彼は気が向かない議題では官僚が作成した文書を読むだけですが、気が向くとはしゃいで、身振り手振りを交えてしゃべるところに妙な「人気」がありましたね。「集団的自衛権はあったほうがいい」というのが彼の持論です。国会で討論がそのテーマに及んだとき「もし日本にある米軍基地が外国から攻撃されたら、日米関係がこんなに緊密なのに、自衛隊が何もできない。これじゃおかしいじゃないか。集団的自衛権はあるべきだ」といったんです。これは、いまの安保条約では可能です。テレビ中継を見ていて、椅子からずり落ちそうになりました。その後、一瞬、自分が間違っているのか？　という変な気分になりました。

それは、野党席がしーんとしているからです。この一言で、野党席からは「小泉、安保知らないのか」「国会議員、何年やってるんだ」など、一気に野次が飛ばなければおかしいのに、そのとんでもない発言に対して反応ナシです。野党もわかっていなかったのかもしれません。小泉さんレベルなら、はっきりいって大学入試には落ちます。このとき自民党の防衛族だけが、「あっ」といって真っ青な顔をしていました。そして次の日の新聞に小さく「失言」と書いてありましたが。

そして一九六〇年、新安保条約に基づき、日米行政協定にかわって制定されたのが、**日米地位協定**です。米軍への日本の基地提供義務が定められます。軍事優先で米軍にとって有利な内容ですが、ひとつだけ行政協定より改善されたと思われるのが、米軍に対する防衛分担金の支払いをなくしたことです。

とはいえ実際は、毎年米軍にきっちりと「思いやり予算」を支払っています。一九七八年、野党が「米軍に支払っているカネの法的根拠を示せ」と追及したとき、防衛庁長官だった金丸信が一言「思いやりだ」と答えたことによる命名です。一九九九年が最高で二七五六億円で、現在までの総額は六兆円を超えています。

2　安保闘争

〝民主主義否定〟への危機感から高まる安保闘争

一九六〇年二月から五月まで、日米新安全保障条約をめぐって国会で審議されますが、とうとう五月一九日、岸内閣による強行採決がおこなわれます。警官隊を衆議院本会議に導入し、反対する日本社会党議員たちを排除したうえでの、自由民主党による単独強行採決でした。

それまでにも安保闘争は盛り上がっていましたが、ただ一般庶民からすると、あくまで外交問題は税金の問題よりも遠い問題です。運動としては全学連を中心とする学生が先頭に立っていました。しかし、この強行採決がおこなわれたことにより、戦後培ってきた議会制民主主義そのものが否定されるのではないかという危機感が一挙に噴出し、運動はものすごい勢いで一気に広がります。連日のように国会へのデモがおこなわれました。

主体となったのは、日本社会党や総評、中立労連（中立労働組合連絡会議）、全学連など一三四団体により結成された安保改定阻止国民会議でした。幹事会では日本共産党もオブザーバー参加しています。

全学連というのは、全日本学生自治会総連合の略です。学生自治会は、いわば戦後の民主化のひとつの象徴でもありました。のちには「アメリカから押しつけられた自治」という意味で「ポツダム自治会」と揶揄されますが。

国立大学であれば、国が経営主体とはいえ「学問の自治」を掲げているので、いちおう教授会が人事権や予算を司《つかさど》っていました。また学生も大人ですから、学園生活は学生自身の自治でおこないます。そういう意味で中学校の生徒会とは違うわけで、ある大学に入るということは、同時にその大学の自治会員になることを意味しました。大学は授業料と一緒に自治会費を代理徴収し、自治会執行部に渡しました。

その学生自治会の全国連合組織が、一九四八年に結成された全学連です。初期は日本共産党の影響が強く、レッド＝パージ反対闘争や朝鮮戦争反対闘争などを担いましたが、やがて全学連指導部と共産党との対立が生じ、共産党員を兼ねた全学連の学生指導部のメンバーが共産党を除名されていきます。そうして除名された指導者を中心に、反日本共産党系の独立左翼である**共産主義者同盟**（共産同、通称ブント）がつくられます。ブントは揶揄と畏敬をまじえて「新左翼の保守本流」といわれています。

学生運動では、ブントのような新左翼（ニューレフト）の勢力が、一九六〇年段階からかなり強くなってきます。そして全学連も、主流派を反日本共産党系で新左翼のブントが握り、反主流派が日本共産党系となります。

一九五九年四月から六〇年一〇月にかけては、第一次から第二三次の、安保闘争のための統一行動がありました。参加者は一日で約五八〇万人といわれた日もあったぐらい連日盛り上がり、大きなうねりになっていきます。商店街でもストを決行したり、さまざまな人たちが参加していきます。集会やデモは約六三〇〇ヵ所でおこなわれたといわれます。

日本がアメリカのアジア戦略に巻き込まれる、アメリカの戦争に加担させられるという危惧が高まり、運動はどんどん広まっていきました。ブントや全学連主流派は、安保改定を日本帝国主義の復活と捉えます。そして「反帝国主義・岸内閣打倒」を掲げ、実力闘争を展開し、吉本隆明ら知識人が支援・共闘しました。

一方、共産党や全学連反主流派は、安保改定はアメリカへの従属を深めるものだと捉えます。「反米愛国」を掲げ、反米闘争を中心に、広汎《こうはん》な支持を集めるために、整然と秩序正しく抗議しようと呼びかけました。

国会に突入した全学連と樺美智子の死

このような安保闘争の盛り上がりのなか、A級戦犯容疑者であった首相の岸信介は、警察と右翼だけではデモを抑えられないと怯え、右翼の児玉誉士夫を通して、全国の博徒やテキヤの親分衆に支援を頼みます。また、防衛庁長官に「自衛隊で鎮圧しろ」と命じます。自衛隊では、この治安出動の準備のために関東の戦車部隊を東京に結集させました。市ヶ谷駐屯基地でも、実弾の入った銃を持った自衛隊員が出撃の準備をしていました。

安保三〇周年の一九九〇年に『朝日新聞』で特集が組まれ、当時の戦車隊長が顔を出してインタビューに答えています。それによると、北富士演習場で演習中に突然「戦車部隊を東京に持っていって暴徒を鎮圧し、主要政府機関を守れ」との命令がくだります。暴徒鎮圧用の電気鞭なども用意したようです。そのとき彼は、デモ隊は戦車を見たら逃げてほしい。逃げてくれなかったらどうするんだ、本当に俺は日本人を殺すことになるのか。そう思って、戦車を運転する手が震えたといっています。そういう局面でも、現場に行けば命令には従うのが「軍人」です。

このときの防衛庁長官は赤城宗徳《むねのり》といいます。二〇〇七年、衆議院議員で彼の孫の赤城徳彦《のりひこ》（当時農水相）が、事務所費問題で話題になりました。顔に大きな絆創膏《ばんそうこう》を貼って記者会見に現れたのでワイドショーなどで「いじられ」、次の選挙で落選しました。覚えている方も多いでしょう。

その赤城宗徳が、岸首相の命令に対し「やるべきではない」と答えたといわれています。そのとき、後に総理大臣になる岸の弟の佐藤栄作らが詰め寄り、閣議で「自衛隊を出せ、腰抜け長官」といったらしいです。そこで逆上した赤城は「じゃあ、勝手にしろ」といい返し、退出します。子どもの喧嘩ではないのに「勝手にしろ」はないと思いますが、しかし、それで困った閣僚たちが「では警察の機動隊でやりますか」と話し、その形になったようです。もし、自衛隊を突入させていたら凄惨な流血の事態となったでしょう。密集する一〇万人のデモ隊に戦車を突入させたら、天安門事件と同じ大虐殺になります。そのあと赤城宗徳が「やるべきではないといったけれど、でもあともう一度やれと命じられたら、断れただろうか」などと回顧していますから、本当に戦後最悪の事態になる寸前でした。

そして一九六〇年六月一五日、一〇万人以上のデモ隊が国会議事堂を取り囲みます。そのとき突然、武装した右翼の集団が女性の多い新劇人の隊列に襲い掛かりました。五寸釘を打ち込んだ棍棒で、女優さんの顔を殴ったりしたので、多くの重軽傷者

樺美智子さんが犠牲となった場所で黙禱する全学連のデモ隊

が出ました。この襲撃に学生部隊も激昂《げっこう》しました。そして、ついに全学連の主流派が国会に突入します。そのなかで、ブント結成以来の活動家で、羽田空港占拠事件でも検挙された全学連主流派の東大生・樺《かんば》美智子さんが、国会突入時の警官隊との衝突で殺されます。これは、日本戦後史における大きな「政治的な死」でした。その後、彼女の手記『人しれず微笑まん』（三一新書、一九六〇年）は長くベストセラーになっていました。彼女は日本史学を専攻する学生で、とても優秀だったといわれています。

すでにこれ以前の闘いで、全学連の指導者たちは次々と捕まっていました。あのとき機動隊とぶつかった現場で、トラックの上から全部隊の指揮をしたのが、京都大学から呼ばれた北小路敏《きたこうじさとし》という学生です。彼は安保五〇年目に当たる二〇一〇年亡くなりました。映画のシーンにもなりましたが（監督・大島渚『日本の夜と霧』）、機動隊とぶつかっている最中に「いま情報が入って、女子学生が死亡したことが確認されました」といったのが、北小路さんです。「みんな一分間の黙禱《もくとう》をしよう」といって、乱闘している学生は一分間黙禱をします。警官隊にも「人間ならば鉄兜（ヘルメットのこと）を脱げ」と叫びます（誰も脱ぎませんが）。そのときヘルメットを被《かぶ》っていた報道陣も皆脱いで、一分間の黙禱をします。その一分後にはまたぶつかるわけですが、北小路さんはそこでトラックから引《ひ》き摺《ず》り下ろされ、警官隊の暴行を受け、怪我をします。

最後には、ブントの書記長で全学連を指導してきた東大医学部の学生（のちに精神科医）の島成郎《しましげお》さんが現場で先頭に立ちます。島さんは、のちに長く沖縄の地域医療をおこなった人ですが、彼も二〇〇〇年に亡くなりました。

東アジア情勢を緊迫させた日米新安保条約

中学校で習ったと思いますが、衆議院優越の原則により、強行採決といえども衆議院が議決した条約の締結に必要な国会の承認については、参議院が三〇日以内に議決しないときは、衆議院は、参議院がその法律案を否決したものとみなすことができるとなっており、参議院が議決せず三〇日たてば、自然成立します。実際このとき参議院は、自然休会と称して閉鎖されましたから、六月一九日、日米新安全保障条約は参議院の議決を経ず、自然成立しました。

ちょうど訪日が予定されていたアメリカ大統領アイゼンハワーは、安保闘争が激化したため、訪日中止を決めました。

岸信介は条約成立をもって退陣し、そして吉田茂の直系で〝吉田学校の生徒〟などといわれた保守本流の池田勇人内閣が成立します。そして新安保条約は、東アジア情勢を一気に緊迫させました。

もともとが寄り合い所帯の社会党は、ことが起こるたびに分裂してしまいます。このときも、安保闘争を批判していた右派の一部が社会党から脱党し、民主社会党（党首・西尾末広）を結成します。これがのちに名前を変え、民社党になります。

やがて一九六四年に民社党系の労働組合、同盟（全日本労働総同盟）ができます。一九五〇年に結成された社会党系の総評（左派的）と民社党系の同盟（右派的）が、以後の約四半世紀、労働運動の二大勢力となっていきます。そして八九年に、総評と同盟が統合され、「連合」としてまとまります。このときの組合員は約八〇〇万人です。

3　池田勇人の保守政権と高度経済成長政策

成功する国民所得倍増計画

一九六〇年、安保闘争の高揚によって第二次岸内閣が倒れると、その後を継いだ池田勇人内閣は、〝寛容と忍耐〟などと唱え、革新勢力との対立を回避しようとしました。また、安保のときの政治的な国内対立から国民の目を逸《そ》らすため、対立をあおるのではなく経済発展のほうに目を向けさせたかったこともあり、高度経済成長政策を促進していきます。この具体化が、国民所得倍増計画でした。一〇年間でＧＮＰを二倍にすることを目標とする計画ですが、実際に成功していきます。

この池田内閣も、一次（一九六〇年七月〜一二月）、二次（六〇年一二月〜六三年一二月）、三次（六三年一二月〜六四年一一月）と、長期政権になります。

日中関係は民間貿易からＬＴ貿易へ

日中関係へ少し目を転じますが、このときはまだ、中華人民共和国とは法的に戦争

池田勇人

状態が続いています。当然、国交はありません。ここでは池田勇人内閣を核にして、中華人民共和国との貿易を見ていきましょう。

第三次吉田茂内閣では、細々と**民間貿易**がおこなわれていましたが、岸信介内閣は、あからさまな台湾重視、中国敵視政策をとりました。さらに岸内閣のときに、中国物産展の会場で右翼が中国国旗を引き下ろして侮辱するというような事件も起きました。これにより、それまで細々とおこなっていた経済・文化交流が立ち消えとなります。そして池田内閣が日中貿易の再建をはかり、LT貿易を開始します。廖《りょう》承志《しょうし》の「L」、高碕《たかさき》達之《たつの》助《すけ》の「T」と、この名称は、両国通商代表者名の頭文字に由来しています。

LT貿易は、政治とは分けて経済上の交流をしていこうという〝政経分離〟の原則に基づく**準政府間貿易**です。政治的には冷えた関係だが経済のつきあいは熱いという〝政冷経熱〟の表現は、これのもじりです。LT貿易は一九六二年から六八年にかけておこなわれました。

一九六八年から七三年にかけては、佐藤栄作内閣により、**日中覚書貿易**（「メモリアル・トレード」で、MTということもあり）とよばれる貿易がおこなわれます。日本がアメリカに加担したベトナム戦争によって、日中関係が悪化したことにより、政治と経済を分けた考え方はできなくなったので、〝政経不可分〟の原則のもと、一年ごとに継続交渉する貿易に変わります。つまり、今年はまあ一応つきあいますが、来年のことは知りませんよと、レベルダウンしたつきあいになったということです。

4　新安保条約成立後の社会と文化

社会党委員長・浅沼稲次郎の暗殺と「風流夢譚」事件

一九六〇年一〇月、安保闘争を指導した日本社会党の委員長・浅沼稲次郎が、日比谷公会堂での立会演説会の最中に暗殺されるという事件が起きます。この事件の映像や写真を見たことがある人もいるかもしれませんが、池田勇人の演説の次に出てきた浅沼に、山口二矢《やまぐちおとや》という一七歳の少年が刃渡り三三センチの銃剣で胸を二度刺しました。ほぼ即死でした。そして、山口は少年鑑別所で自殺します。事件はラジオの生中継で放送されていました。このテロに対し、財界のトップ（経団連会長・石坂泰三）

が、「気持ちはわからないではない」と山口の行為を肯定する発言をして、批判されています。本音ですね。早稲田大学で開催された「浅沼稲次郎展」（二〇一〇年）では、その日の血まみれの服がすべて展示されていました。

浅沼は、大正デモクラシーの時期の早稲田大学の学生運動のリーダーで、早大建設者同盟をつくった人です。それから一九二五年、合法的な無産政党をつくろうとして、農民労働党を組織したのも彼です。しかし、つくった瞬間、三〇分後に結社禁止が命じられます。これで左派勢力を排除するような形で、翌年、労働農民党ができました。

一九六一年には、いわゆる「風流夢譚《ふうりゅうむたん》」事件（嶋中事件）が起きます。これは雑誌『中央公論』の六〇年一二月号に発表された深沢七郎の小説「風流夢譚」の内容に激怒した右翼が、中央公論社の嶋中社長宅を襲って社長夫人とお手伝いさんを刺し、お手伝いさんが亡くなった事件です。天皇家がクーデターに遭うという夢を描いたストーリーが、皇室を侮辱したからだと翌日出頭した犯人は供述しましたが、ここには皇族を侮辱したらその責任者の家族まで殺すぞ、というメッセージがありますね。

やはり雑誌は現物を見るとおもしろいので、古本を手に取ってみるといいと思います。当時の世相がリアルに感じられます。この『中央公論』一二月号は、安保の年の年末号ということもあり、錚々《そうそう》たる執筆陣です。「風流夢譚」のほか、谷川雁《がん》「前衛の不在をめぐって」、埴谷《はにや》雄高《ゆたか》「暗殺の美学」、中野好夫「自衛隊に関する試行的提案」「浅沼刺殺をめぐる国会議事録」、宮本常一「村の民主化」、梅棹忠夫「名神道路（日本探検）」、児玉大三（小林庄一の筆名）「秘録　満鉄調査部」、座談会・辻政信・岩田治彦・三輪和馬「元参謀と学生が行く世界の焦点」、岡本太郎「ちゅらかさの伝統（沖縄文化論）」、対談・石原慎太郎・武満徹「様式の壁を越える」、奥野健男「リアリズムへの疑問」などです。

ノーベル文学賞作家・大江健三郎の小説に「セヴンティーン」（一九六一年）があります。コンプレックスを持つ一七歳の少年がいろいろな経験を通して国家や民族に対して憧《あこが》れを抱いていく話です。少年の年齢が一七歳なのが象徴的ですが、雑誌に掲載された続篇「政治少年死す」では、少年がやがて右翼テロリストになっていく過程を描きます。浅沼稲次郎を暗殺した山口二矢を彷彿《ほうふつ》とさせるわけですが、結局右翼からの圧力を受け、「政治少年死す」は単行本化されませんでした。いまだに全集にも入っていません。これは「風流夢譚」事件が及ぼした影響のひとつでしょう。

また桐山襲《きりやまかさね》という小説家に、天皇へのテロの系譜をテーマにした「パルチザン伝説」という作品があります。それを『週刊新潮』が「これは第二の『風流夢譚』事件になるぞ」とあおった記事を載せたため、その後の桐山は結局、表に出ることができませんでした。それ以降は覆面作家のような形を強いられます。しかし、沖縄の自由民権の活動家・謝花昇《じゃはなのぼる》の人生と、一九七五年の皇太子（現在の天皇）の沖縄来訪に際し、ひめゆりの塔の「穴」に潜み、献花しようとした皇太子にモロトフ・カクテル（火炎瓶）を投げつけた沖縄の青年の話を重ねた小説「聖なる夜聖なる穴」や、明治時代の神社合祀《ごうし》問題と学生運動を重ねた「風のクロニクル」、連合赤軍事件を扱った「スターバト・マーテル」「都市叙景断章」など、いい小説を書き残しました。彼は四三歳の若さで、ガンで死亡します。

第三章　ベトナム戦争と七〇年安保闘争

1　佐藤栄作保守長期政権と対米協調

一九六〇年代の世界

一九六〇年代の世界情勢を先に俯瞰すると、危機はあったものの、米ソの協調によりなんとか回避できたといえます。五九年には、ソ連共産党第一書記のフルシチョフがアメリカを訪れてアイゼンハワー大統領と会談します。しかし六一年には、いわゆる「ベルリンの壁」が築かれて、緊迫します。八九年の「ベルリンの壁崩壊」の光景は、映像を見て覚えている人が多いと思いますが、この時点では非常に緊迫していたのです。

一九六二年には、アメリカの近くに位置する社会主義国のキューバに、ソ連がミサイルを設置しようとして、**キューバ危機**が訪れます。これは見誤れば第三次世界大戦になったと思われるほどの緊迫が生じましたが、最終的にフルシチョフとケネディの「ホット・ライン（直通電話）」によりソ連のミサイルが撤去されることとなり、危機は回避されました。

一九六三年には、地下実験をのぞく大気圏内外と水中核実験を禁止した**部分的核実験停止条約**が締結され、日本も同年に調印します。また、六八年に核兵器非保有国の核兵器製造を禁止する**核兵器拡散防止条約**が締結され、日本も遅れて七〇年に調印します。核兵器拡散防止条約には、「俺たちは核を持ってもいいけれど、北朝鮮はダメ、イラクはダメ」という、ある意味で大国による核独占の欺瞞《ぎまん》が隠されています。

一方、ソ連内部のスターリン批判を契機に、中ソ論争が始まります。この中ソ論争が一九七〇年代に非常にシビアな中ソ対立になっていきます。

一九六六年には、中国で**文化大革命**が始まります。「紅衛兵」を名乗る学生たちの闘争がきっかけでした。工業政策の飛躍的増大をめざす「大躍進」に失敗し、一九五九年に、国家主席は**毛沢東**から劉少奇《りゅうしょうき》にかわっていました。毛沢東は紅衛兵の闘争を機に、文化大革命をよびかけます。「社会主義が成功しても、資本主義に戻ろうとする勢力が生まれる」として、劉少奇や鄧小平らを「修正主義者」と批判し、失脚させます。「造反有理（反抗には道理がある）」を掲げた「紅衛兵」を名乗る若者たちは、共産党幹部や知識人を攻撃しました。「革命を知らない子どもたち」に「革命の英雄」たちが迫害されたのです。

一〇年にわたる文化大革命で、数十万人が殺されたといわれます。当時は情報が伝わらず、日本の左派的知識人のなかには、文革を支持する人たちが多くいました。しかし吉本隆明は、当時から「血のしたたる茶番」として、冷徹に事態を把握していました。

一方、自由化を求めたチェコスロヴァキアの運動は「プラハの春」とよばれました。これに対して、ソ連を中心とするワルシャワ条約機構軍が介入します。これで、ソ連など既存の社会主義にいまだ何らかの期待を抱いた人たちの幻想も解かれていきます。

さらに一九六〇年はアフリカの年といわれ、一七ヵ国が独立を果たしました。

非核三原則に矛盾する政府のごまかし答弁

佐藤栄作内閣は一九六四年から七二年まで続き、これは歴代最長期政権となりました（一次六四年一一月〜六七年二月、二次六七年二月〜七〇年一月、三次七〇年一月〜七二年七月）。佐藤内閣の時期と重なる僕の少年時代は、日本の首相がずっと佐藤栄作だった印象があるほどです。子どもにとっての一年は長いので、余計にそう思うのでしょう。「巨人軍の九年連続優勝」時代（一九六五〜七三年）もその時代に重なっています。佐藤内閣は保守本流・吉田政権の流れを汲んでいますが、岸信介の弟でもありますから、吉田・岸、両方の勢力を受け継いだところがありました。

一九六七年、核兵器を〝持たず・作らず・持ち込ませず〟という佐藤首相の国会答弁がありました。「核持ち込み」の密約が明らかになったいまは虚《むな》しく響く非核三原則です。七一年に、沖縄返還協定の付帯決議として、返還後の沖縄にも適用するという意味で、非核三原則を内容とする国会決議をおこないました。

しかし「本当に持ち込んでいないのか」という議論が、国会でおこなわれます。日本政府の答弁ははっきりしています。「もしアメリカが核を持ち込んでくるなら、事前協議を申し出るはずだ」→「事前協議がない」→「ゆえに核はない」という三段論法です。「ではそういうことをアメリカに問い合わせているのか」と質問すると、「その気はない」という、ないない尽くしではぐらかされます。

アメリカは最近、事前協議の対象となる核持ち込みとは核貯蔵が対象であり、寄港・移動は対象にならないということを、はっきりいってきています。

一九七四年、非核三原則などが評価され、佐藤栄作はノーベル平和賞を受賞します。しかし、ノーベル平和賞を選考するノーベル賞委員会は二〇〇一年、記念誌『ノーベル平和賞　平和への百年』のなかで、佐藤はベトナム戦争でアメリカを全面支援し、のちに公開された米公文書で「非核政策はナンセンス」といっていた事実をあげ、自らの選考を反省しています。執筆者のひとり、オイビン＝ステネルセンは出版記念会見で、「佐藤氏を選んだことは、ノーベル賞委員会が犯した最大の誤りだ」と、当時の選考を厳しく批判しました。

日韓基本条約成立により日韓米の軍事体制強化

一九五二年以来、国交正常化のための日韓会談が断続的に開催されました。韓国では李承晩《イスンマン》政権から朴正熙《パクチョンヒ》軍事政権までの時期に当たり、六五年まで全七回の会談が持たれます。しかし、植民地に対する賠償問題などをめぐって対立が続き、日本の代表が植民地統治を「正当」化する発言をし、一時決裂します。ところがベトナム戦争を背景としたアメリカの強い圧力があり、六五年、佐藤栄作内閣により**日韓基本条約**が結ばれることになります。これにより、日韓の外交関係が樹立します。ベトナム戦争中のアメリカは、日韓米でベトナムを包囲したい目論見があり、また米軍基地がある日韓両国が国交を持てないと不都合だったのです。

韓国の民衆は、何の反省もない日本とはやはり国交を結びたくありません。また、アメリカは一九四五～四八年、東西冷戦が始まる非常に緊迫した空気のなかで、韓国を占領していました。そのときアメリカは、本来なら独立運動を担い戦後の新しい韓国を築いたであろう民族主義者や共産主義者を弾圧し、逆に本来糾弾されるはずの立場だった、日本の植民地支配に協力した朝鮮人を使って韓国を占領しました。朴正煕の出身は日本の陸軍士官学校ですし、政府スタッフも多くは日本陸軍士官学校での同期でしたから、アメリカの圧力には屈しやすいわけです。

こうした背景があり、韓国併合条約（一九一〇年）以前（つまり大日本帝国時代）の諸条約は「もはや無効」というあいまいな言葉を使い、結局条約が成立します。韓国側はこれを「当時からすでに無効であったことが確認された」と解釈して国民に説明しますが、条約締結後、日本政府は「もはや無効ということは、現時点で無効になることが確認されたのであって、当時は合法の意味だ」との見解を示し、両国間の解釈の違いが露呈されました。

日本政府はこの条約により、韓国が「朝鮮における唯一の合法的政府である」こと（国連決議第一九五号）を確認しました。しかし、これによって朝鮮民主主義人民共和国との交渉の道が阻害され、現在も国交がありません。冷戦のなかで、一方の国家のみを承認することに、当時の革新勢力は反発しました。

それから日本は韓国に賠償請求を放棄させ、同時に無償三億ドル・有償二億ドルの経済援助をする約束をしました。つまり、日本は韓国に「カネはいくらでも出すが、賠償はイヤだ」といっているわけです。どういうことかというと、罪を認める償いはしたくない。しかし、援助という形で大量の資金が韓国に渡れば、日本企業（日本資本）が韓国に進出できるからよしとする、ということです。対韓経済進出は日本の再侵略の第一歩だとして、学生を中心に両国で「日韓闘争」とよばれる反対運動が起こります。

2　ベトナム戦争

インドシナ戦争にいたるまでのベトナムと日本

かつてベトナムは、フランスの植民地で、仏印＝フランス領インドシナ（現在のベトナム・ラオス・カンボジア）とよばれていました。戦前の日本は、そこに進出していきます。一九四〇年、第二次近衛《このえ》文麿《ふみまろ》内閣が、援蔣ルート（重慶の蔣介石政権への物資援助ルート）の遮断と資源獲得を目的に北部仏印に進駐しました。そのようなことがなぜ可能になったのでしょうか。それは、すでに一九四〇年にパリをナチス＝ドイツに占領されたフランスには、ナチス＝ドイツの傀儡《かいらい》、ヴィシー政権が樹立されていたので、日本はこのヴィシー政権の「了承」を得ていたからです。

一九四一年の第三次近衛内閣は、南部仏印に進駐して、サイゴンの航空基地を確保します。「自由貿易」を掲げるアメリカも、日本に対し対日石油禁輸の切り札を切ります。日本は真珠湾攻撃の数ヵ月前まで、石油の四分の三を、「自由貿易」を建て前とするアメリカに依存していたのです。

一方ベトナムでは、**ホー＝チ＝ミン**を指導者とする**ベトナム独立同盟**（ベトミン）が抗日運動をおこなっていきます。そのようななか、一九四四年から四五年にかけ、ベトナムは凶作や洪水で非常に厳しい飢饉となります（飢饉とは、社会的要因を含んだ自然災害を意味する）。そのように飢えた占領地ベトナムから、日本は徹底的に食糧を奪います。このときの日本の収奪による、虐殺に等しい餓死者の数は約二〇〇万人で、原爆を一度に一〇発落としたくらいの死者数になります。日本とベトナムとの関係を考えるとき、この歴史的事実を忘れてはいけません。

次に情けないのは、日本にベトナムから叩き出されたフランスです。日本の敗戦により、ホー＝チ＝ミンらがベトナム民主共和国の独立を宣言しましたが、再植民地化を図り、フランスが戻ってきたのです。フランスは南部を支配するため、バオ＝ダイという王を連れてきてベトナム国という傀儡政権をつくります。

そのため、一九四六年から五四年までは、インドシナ戦争が起こります。これは、軍事支配をおこなうフランスに対する民族解放闘争で、足掛け九年の長い戦いになりました。しかし最終的にはディエンビエンフーの戦いで、アメリカの支持するフランス軍は解放軍に包囲撃滅され、ベトナム民主共和国が勝利します。ようやくここでインドシナ休戦協定（一九五四年）が結ばれ、フランス軍の撤退、北緯一七度線が南北の休戦ラインであること、そして少し落ち着いた二年後に南北統一選挙を実施することが決められます。

“赤いドミノ理論”とアメリカの介入

しかしアメリカは、この休戦協定への調印を拒否しました。南北統一選挙をおこなえば、日本とフランスを叩き出したホー＝チ＝ミンのベトナム労働党が圧勝するに決まっています。

ちょうどアメリカが、〝赤いドミノ理論〟という、理論ともいえないような病的な主張をし始めたころでした。どこかにひとつ、小さくても反米の共産主義国が生まれると、それが「ドミノ倒し」の最初のドミノのようになって、周りの国が次々と共産主義化されるかもしれない。だからどんな国でも、親米国は絶対に倒さないという路線です。

こうしてアジアの共産化を恐れたアメリカは、ベトナム民主共和国（北ベトナム）に対抗して、親米のベトナム共和国（南ベトナム）の建国を後援します。そして統一選挙がおこなわれないようにし、南北分断が固定化されてしまいます。南ベトナムは、民衆の支持のまったくない、アメリカの軍事力と弾圧・処刑・拷問だけでもっているような腐敗した軍事政権です。

これに対し一九六〇年、南ベトナムの共産主義者や社会主義者、仏教徒や民族主義者により南ベトナム解放民族戦線が結成され解放闘争を展開します。政府軍は各地で撃破されました。そのためアメリカは、反政府勢力を攻撃するために、南ベトナムの内戦に介入していきます。

とくに、カトリック教徒のゴ＝ディン＝ジェム政権により、反政府運動の先頭に立った仏教徒は過酷に弾圧されました。一九六三年、アメリカ大使館前でティック＝クアン＝ドック師が焼身自殺をしました。炎が高く上がり、すごい勢いで燃えながらも、絶命するまで瞑想《めいそう》の姿勢を崩すことはありませんでした。強烈な意志の力です。その姿がテレビを通じて全世界に流されました。

焼身自殺するティック＝クアン＝ドック師

ゴ＝ディン＝ジェム政権では、弟のヌーが秘密警察長官でした。その妻は政治の表舞台にもよく出る派手な感じの婦人でしたが、焼身自殺をした僧侶に対し、インタビューのとき、この焼身自殺をした僧侶に対し、インタビューのとき、「なに、坊さんがバーベキューになっただけじゃないの」と怒鳴った映像が流れ、世界から「バーベキューマダム」と憎まれました。この政権があまりに腐敗・堕落し、傀儡政権として邪魔に思ったアメリカは、今度は軍にクーデターを起こさせてこの兄弟を殺害し、別の傀儡政権をつくります。

そういうなかで一九六四年、トンキン湾事件という謀略事件が起こります。八月二日と四日、米駆逐艦が北ベトナムの魚雷艇に「公海」上で攻撃されたと称して、アメリカは北ベトナムの海軍基地を攻撃します。八月二日の「攻撃」は領海侵犯した米駆逐艦に対する北ベトナム軍の正当な反撃で、八月四日の「攻撃」は、ベトナム戦争への本格的介入を図るアメリカの捏造事件でした。

北爆とベトナム戦争の泥沼化

一九六五年、米軍による北爆が開始されます。アメリカは、北ベトナムが南ベトナム解放民族戦線を支援していると称して、突然B52で北ベトナムに空爆を開始しました。そして南ベトナムには、アメリカの地上軍が直接介入します。最高時が五四万人、この間延べにすると二六〇万人の地上軍が投入されました。地上軍とは、陸軍や海兵隊のことです。

一九六八年、アメリカはテト攻勢を受けます。テトは旧暦の正月のことで、南ベトナム解放民族戦線と北ベトナム軍が南ベトナム全土で大攻撃をおこない、アメリカ大使館を占領したりしました。これでアメリカはショックを受けます。

そのあと、米軍による住民大虐殺事件、ソンミ村虐殺が起きました。カリー中尉率いる小隊が、子ども一七三人を含む五〇四人を虐殺します。この虐殺を暴いたのは、アメリカ人ジャーナリストでした。米兵が住民たちを虐殺する写真を撮り、映像を流しました。小さな子どもや妊婦まで殺している写真が公開され、映像が流れるなか、アメリカ国内の反戦運動が盛り上がりました。カリー中尉たちは軍事法廷にかけられましたが、カリー以外は無罪、カリーは終身刑が宣告されますが減刑され、三年後には仮釈放になります。これがアメリカの「自浄能力」のレベルでしょう。

映像の力とアメリカ国内に広がる反戦の空気

戦争の現実をとらえた生々しい映像は、いまテレビなどではほとんどカットされています。その戦争の映像を、逆に利用したのが、一九九一年の湾岸戦争のときです。

このとき大統領ブッシュ（父）は、ベトベトした油にまみれた水鳥が羽根を動かせなくなっている映像を流し、追い詰められたイラクのフセイン大統領がアラビア海に重油を流して「環境テロ」を敢行した、と喧伝《けんでん》して世論を操作しました。実際は、アメリカが撃沈したタンカーの油であり謀略であったことがしばらくしてわかりますが、すでに後の祭りです。

でも、世界は「衝撃の映像」として報じました。このキャンペーンに乗せられ、日本のマスコミはいつもどおりに便乗します。そんなとき某女性作家は、油まみれの体を洗ってもらっている弱った水鳥を見て、「私は涙が止まらない」などと、テレビで喋《しゃべ》りまくっていました。

油まみれの水鳥と、例の「ピンポイント爆撃」の映像がつくった「クリーンな戦争」という仮想現実が、本当の戦争の現実を消してしまう。肉の焦げる臭い、砕け散った脳髄、路上に内臓を広げた人体、アスファルトに血が乾いていく様、このごく当たり前の空爆下の町の現実をです。

先の女性作家には、町に買いものにいく際には、是非、油で揚げられている鳥のために、あちらこちらのフライドチキンの店に立っているカーネル＝サンダースの前で涙を流して「ヒューマニズム」の一貫性を示してもらいたいものだと思いました。

話をベトナム戦争時代に戻しましょう。アメリカでも反戦運動が起き、国内の価値観もいろいろ変わってきます。それまではアメリカンドリームに象徴されるように、頑張ればいい、そうすれば報われる、といった価値観が蔓延していました。しかし、そういう自分たちはいったいどういう現実の上にいるのかについて考えるようになりました。「お目出たかった」自分を自覚したということです。

もっとも、アメリカの歴史を直視すれば、白人にとっての「自由」であっても、アフリカ系アメリカ人（黒人）や、「インディアン」と呼称されたネイティヴアメリカンの人たちにとっての「自由」ではありませんでした。アメリカで公民権法が成立したのは一九六四年、東京オリンピックの年です。それまでアメリカの南部では、事実上黒人に選挙権もない状態でした。

このようななか、既成の価値を否定し転倒させるヒッピーやハードロック、フリーセックス、ウーマンリブ、ドラッグといったカウンターカルチャーが生まれてきます。日本にも影響を及ぼし、世界的な文化の新しい動きをつくっていきます。そういう雰囲気を象徴する、一九六九年の「ウッドストック＝フェスティバル」とよばれるロックコンサートに、四〇万人以上が集まった、そういう時代でした。

二〇世紀をずっと映像で追いかけた、ＮＨＫ『映像の世紀』というドキュメンタリーシリーズがあります。そのなかの『ベトナムの衝撃』は、非常によくできた作品です。この時代の空気を知るのには非常にいいと思います。一九六三年のアメリカのケネディ大統領暗殺、公民権運動のころから始まり、一九六〇年代のベトナムにかかわる問題、マルコムＸやキング牧師暗殺などから七五年のサイゴン陥落までを描いています。当時のハードロックをＢＧＭとしてふんだんに使い、完成度の高い作品になっています。

3　七〇年安保闘争と全共闘運動

広がりを見せる反戦運動

さて、世界的な高まりを見せたベトナム反戦運動ですが、一九六五年のアメリカの北爆を受け、日本ではべ平連（ベトナムに平和を！　市民・文化団体連合）が結成されます。これは作家の小田実《おだまこと》や哲学者の鶴見俊輔らを中心としたグループで、規約も名簿もない運動体でした。

一九六七年には、佐藤栄作が南ベトナムの軍事政権を支援するために東南アジアを歴訪し、これを阻止しようという闘争が起こります。いつものように「反対」の声を上げるだけでは仕方がない。実力闘争で阻止しようということになり、日本の学生運動が、このとき初めて権力に対して本格的に武装しました。ヘルメットと角材を持ったわけです。そして佐藤首相が飛び立つ羽田空港周辺で、警官隊と激しい衝突をくり返します。ここでまた死者が出ます。京大の一年生・山崎博昭君は中核派の隊列で闘っていた高校生（大阪府立大手前高校）のときからの活動家で、未成年でした。

　そして一九六八年の一〇・二一を迎えます。この「一〇月二一日の国際反戦デー」に、世界で反戦の意を示そう」という動きが全国各地でありました。当時、在日米軍の立川基地に向かう米軍のジェット燃料タンク車が新宿駅を通っており、前年の一九六七年八月には、新宿駅で炎上事故を起こしていました。この日、日本でもベトナム反戦の意を示す象徴的な行為としてこの米軍燃料輸送列車を新宿駅で阻止しようとします。ベトナムに運ばれるジェット燃料を一日分阻止したからといって、何人ベトナム人が死なないで済むかはもちろんわかりません。しかし、日本政府はベトナム戦争に加担しているけれど、日本の市民・労働者・学生は一日だけでもそうした行動を示すことによって、世界に反戦の意をアピールしようという思いを抱いて実力行動がなされました。新宿騒乱とよばれています。

　世界的にも大きく報道されました。野次馬を入れると数万人がいまの新宿アルタ前に集まり、学生たちの多くは新宿駅構内に立ち入り、駅の機能を麻痺させました。警察機動隊の弾圧も粉砕して新宿駅を制圧し、駅前交番を乗っ取り、反戦の意を世界に示します。強烈な映像が残っていて、ＹｏｕＴｕｂｅなどで見られます。新宿では多数が行動し、一人ひとりを限定できないため、ある時間そこにいた人を全員逮捕するという、騒乱罪が適用されました。

またこの日、ブントを中心とする別の大部隊は、丸太を抱えて六本木の防衛庁（現在の東京ミッドタウン）に突入しました。

社会運動としての全共闘運動と内面

ベトナム反戦運動が高揚する一九六八～六九年にかけての同じ時期、**東大闘争**、**日大闘争**などを中心に、全国の大半の大学で全共闘運動が高揚していきます。全共闘とは何かというと、全学共闘会議の略で、「東大全共闘」であれば「東大闘争全学共闘会議」という意味です。

この時期の全国的な学生闘争のなかで、ノンセクト＝ラディカルとよばれた、政治党派に属さない学生を中心に結成された闘争組織が大学や高校で生まれてきます。政治党派に属する人たちも個人として参加してきますが、これは直接民主主義的な行動組織であり、全員加盟制の学生自治会とは異なり（学生自治会は、クラスで委員を出します）、主体的な意志を持った学生が、たとえば学部ごと、クラスごと、サークルごとにどんどん全共闘を名乗って出てくるわけです。

東大全共闘代表の山本義隆の『知性の叛乱』の一節に、「社会に寄生し、労働者階級に敵対している自己を否定し、そこから社会変革を実践する」とあります。学生は普通貧乏ですが、当時の学生はやはりまだエリートなので、いつの間にか社会の支配システムのなかに組み込まれていく。要するに帝国主義化していく日本と、そこに組み込まれていく自分自身のあり方を問う。他を批判するのではなく、そういう自分自身のあり方を内省して批判し、社会にどうかかわるのかを考えながら、社会変革を実践するということです。それぞれ〝大学解体〟や学費値上げ反対、学生会館の自主管理、大学自主管理などを掲げて、全国の高校や大学で起きてきます。東京女子大学の入試で「ベトナムの民族解放闘争を支持し、アメリカなどの帝国主義の干渉に反対するいわゆるベトナム反戦運動が、一九六〇年代後半以降日本国内においても盛り上がった。では同じ頃、産学共同路線に反対するなどとして、帝国主義日本とそれに組み込まれている自分自身をともに撃とうとした大学、高校などにおける運動を、普通何というか」という問題が

東大・安田講堂前で、総決起集会を開く全学共闘会議（1969年1月15日）

出されました。もちろん解答は、「全共闘運動」ですね。

全共闘運動の文献としては、東大全共闘が自らまとめた『砦の上にわれらの世界を』（亜紀書房、一九六九年）や、日本大学文理学部闘争委員会書記局がまとめた『叛逆のバリケード――日大闘争の記録』（三一書房、一九六九年）があります。学術的研究としては、小熊英二『1968――若者たちの叛乱とその背景（上・下）』（新曜社、二〇〇九年）があります。

また、当時の活動家の全共闘論としては、神津陽『極私的全共闘史　中大1965－68』（彩流社、二〇〇七年）などがあります。神津は自分たちの世代について、「様々な理由で貧困により社会からはじかれたヤクザ・愚連隊予備軍の素人には手を出さぬ凛々《りり》しさや淋しさも、学業は優秀でも高校進学できなかった連中の悔しさや克己心も経験的に知っていた」と語ります。そして、当時の良心的教授連が「あのころが人生で一番楽しかった」と言っているのだから、「仕掛けた当事者の学生が面白くないわけない」とも述べています。また全共闘の分析には、江戸時代の「御蔭参り」や「ええじゃないか」の狂熱と比肩する社会分析的方法論も成り立つ、と指摘しています。

奔放で過激でひたむきな東大闘争

東大闘争は、医学部の闘争から始まりました。医学部卒業後に課せられる一年間のインターン制度（臨床実地研修）は無給で、事実上、医療労働力不足を補うためのものでしかありませんでした。インターン制度の廃止を求める闘いは高まり、一九六六年には四六の大学が加盟して、青年医師連合（青医連）が結成されます。そして同年、全国の九割近い医学部卒業生が医師国家試験をボイコットしました。

一九六八年一月、医学部自治会と青医連東大支部の研修生が無期限ストライキに入ります。これに対して東大当局は、学生と医局員との間に生じた些細なトラブルを利用し、退学者六名を含む計一七名の学生と研修生の大量処分という弾圧をおこないます。そこには、現場にいなかった学生も含まれていました。

六月一五日、不当処分撤回を求めて医学部の学生たちが安田講堂を占拠すると、一七日、東大当局は一二〇〇名もの警察機動隊を導入しました。これに対して、六〇〇〇名の大学院生・学生が緊急抗議行動を起こし、運動は高揚します。七月二日、安田講堂のバリケード封鎖が始まります。のちに山本義隆は、このときのことを「戦う意志のあるすべての学生・院生・職員に安田講堂を解放した。かくして、安田講堂のバリケードは解放空間を創り出し、他大学の学生や高校生そして市民にも解放されたのである」（山本義隆「闘争を記憶し記録するということ」、渡辺眸《ひとみ》の写真集『東大全共闘1968－1969』新潮社、二〇〇七年への特別寄稿）と述べています。

そして七月五日、山本義隆を代表として東大闘争全学共闘会議が結成され、二四日には、東大全学助手共闘会議（助手共闘）も結成されます。東大全共闘の思想や主張というべきものがあるとすれば、東大全共闘に結集するさまざまな闘争委員会や個人の「ときに奔放でときに過激で、そしてつねにひたむきで真摯な発言の総体」（前掲「闘争を記憶し記録するということ」）といえるのでしょう。

一〇月二一日国際反戦デーの闘争についてはすでに述べましたが、その日、三〇〇〇名のデモ隊が本郷から出撃しています。これも東大全共闘のバリケード闘争があったからです。このように、東大全共闘運動がベトナム反戦運動に大きく貢献したことは、山本自身も指摘しています。

一九六九年一月一八日、東大総長代行・加藤一郎は、東大に機動隊を導入しました。安田講堂のバリケードを防衛する東大全共闘や支援・連帯する学生たちは、火炎瓶や投石で激しく抵抗しました。壁には「連帯を求めて孤立を恐れず」という谷川雁の言葉を用いた文章が書きなぐられていました。

しかし翌一九日、安田講堂は「落城」しました。東大全共闘が安田講堂の時計台に据え付けたスピーカーから、最後の「時計台放送」が流されます。「我々の闘いは勝利だった。全国の学生、市民、労働者の皆さん、我々の闘いは決して終わったのではなく、我々に代わって闘う同志諸君が、再び解放講堂から時計台放送を行う日まで、この放送を中止します」。安田講堂防衛隊長の今井澄《きよし》（医学部）の声でした。

長野県の地域医療に尽くした今井澄は、二〇〇二年、民主党の参議院議員であったときに亡くなります。山本義隆はその弔辞で、東大闘争の意義のひとつは街頭行動で国会に圧力をかける従来の闘争ではなく、「ここではじめて、帝大解体を言うことによって、社会的に構造化された権力機構に自分たちのいる場所であらがってゆくという形の運動を展開したこと」だと述べています。また山本は、元日大全共闘のメンバーとともに東大闘争・日大闘争の一次史料を収集・編纂するために「68・69を記録する会」をつくりました。一九九二年、全二三巻の『東大闘争資料集』を六年かけて完成させ、翌年、国立国会図書館と法政大学大原社会問題研究所に納めました。僕もこの作業に参加させてもらいましたが、山本さんの下でさまざまな話を聞きながらその人柄に触れ、資料を収集・編纂した六年間は貴重で、珠玉のような時間でした。

学生・大衆の持てる力を最大限に発揮した日大闘争

日大は、学生数が日本一の大学でした。また、佐藤栄作首相とも親しい古田重二良《じゆうじろう》会頭の下、右翼や体育会を使った抑圧体制が敷かれ、事実上学生運動が禁止されている大学でした。一九六八年四月、東京国税庁の調査で、二〇億円以上（計三四億円とも）の使途不明金が明らかにされ、積もり積もった学生の怒りが爆発します。五月二七日、一万人もの学生が集まり、秋田明大《あけひろ》を議長に日大全共闘が結成されました。日大全共闘は、六月に法学部・経済学部をバリケード封鎖し、やがて全学に広がっていきます。右翼・体育会を使った闘争破壊がおこなわれ、激しい反撃が続きます。

九月三〇日、両国公会堂で大衆団交がおこなわれ、二万人以上の日大生が結集します。ここで大学側は屈服し、経理の全面公開や全理事の即時退陣などの確認書に署名し、学生は全面勝利します。ところが翌日、佐藤首相が「大学問題閣僚懇談会」を開き、日大の大衆団交は常軌を逸している、この問題を政治問題として取り上げる、と発言します。これを受け、日大当局は確認書を白紙撤回してしまいます。そして日大闘争のリーダーたちに逮捕状が出され、日大全共闘は苦しい闘いを強いられていきました。

東大全共闘の山本義隆は、「時の最高権力者佐藤栄作と密接に結びついた日本大学の暴力的支配体制に正面から立ち向かったこの日大闘争こそは、学生大衆のもっている正義感と潜在能力を最大限に発揮せしめた日本の近代史上の最高の学生運動であり、最大規模のそしてもっとも過酷な学園闘争であった」（前掲「闘争を記憶し記録するということ」）と賛辞を贈っています。

七〇年安保闘争と日米安保自動延長

一九六〇年の日米新安全保障条約は、期間一〇年、七〇年までとなります。日本は新安保体制の下、ベトナム戦争に対して、直接の軍事行動以外、アメリカ政府・米軍を全面支援していました。もし七〇年に新安保条約を延長しなければ、ベトナムでアメリカがおこなう殺戮《さつりく》への加担から、日本は手を引くことが可能になります。

同時進行するベトナム戦争を背景に、七〇年安保闘争は闘われます。全共闘運動はベトナム反戦運動にも呼応し、これらの闘争を担った人々や集団が、七〇年安保闘争へ参加していきました。七〇年安保闘争は、全共闘の学生、反戦青年委員会（職場や地域でつくられた青年労働者組織）、新左翼諸党派が中心となります。若い学生・高校生・労働者が先頭に立ち、街頭では激しい実力闘争がおこなわれました。火炎瓶が投げられ、機動隊の発射する催涙ガスが街を覆います。

一九六九年におこなわれた佐藤栄作首相とアメリカのニクソン大統領の会談で、日米共同声明が発せられます。そこでは、安保体制を堅持した上で、七二年に「核抜き・本土並み」で沖縄が返還されると表明されます。しかし実際はここで、「核持ち込みの密約」が交わされていました。七〇年、第三次佐藤栄作内閣は、七〇年安保闘争を圧殺して、新日米安保条約を自動延長します。また七一年、沖縄返還協定が締結され、七二年に沖縄は返還されます。

4　沖縄返還と沖縄闘争

琉球・沖縄の歴史

琉球《りゆうきゆう》・沖縄の歴史を概観してみましょう。縄文文化は北海道から沖縄まで及んでいますが、弥生文化は、北海道と沖縄には入っていません。沖縄では貝などを採取する貝塚文化が一二世紀くらいまで続きます。一四世紀には、南山・中山・北山の小王国が成立しますが、一四二九年、中山王の尚巴志《しようはし》が三王国を統一して琉球王国を成立させます。

　琉球王国は、明《みん》とアジア諸国との間の中継貿易で海洋国家として栄え、尚真王《しょうしんおう》のときが最盛期でした。江戸時代になると、一六〇九年、薩摩藩の初代藩主・島津家久が琉球出兵をおこない、一時期、国王・尚寧《しょうねい》を日本に連行しました。それ以後、琉球は朝鮮と同じく中国の冊封《さくほう》を受け、中国に朝貢しつつ、薩摩の支配・管理下に置かれました。しかし朝鮮とともに日本と国交を持ち、「通信国」と位置付けられました。ちなみに、「通商国」と位置付けられた中国・オランダと日本との間に国交はなく、貿易だけの交流でした。実は「鎖国」とは一九世紀になって初出することばで、江戸時代の日本は「鎖国」などしておらず、「海禁政策」をとっていただけです。

　一八七二年、明治政府は、琉球王国を日本の一部である琉球藩と一方的に位置付けます。一八七九年、明治政府は軍隊・警察で首里城を包囲します。そして、琉球藩を廃止して沖縄県を設置するという「廃藩置県の形式」を装い、ついに日本と異なる独自の文化・歴史を形成してきた隣国である琉球王国を滅ぼしてしまいます。そして日本に併合し、内国植民地化しました。このことを「琉球処分」といいます。琉球王国の人々は、突然、隣の国の王を「神」として敬えと命じられます。そして、以後、一九四五年までの六六年間、「大和世《ヤマトユー》」といわれる日本の支配の下に置かれました。

本土のための捨て石にされた沖縄戦

沖縄戦は、沖縄を守る作戦ではなく、本土防衛準備と国体護持のための時間を稼ぐ、いわば、「捨て石作戦」でした。一九四五年三月二六日、米軍は慶良間《ケラマ》諸島に上陸します。そこで、日本軍から自決せよ、との命令が直接・間接的に通達され、約五〇〇名の住民が集団死・集団自決を強いられます。

四月一日、米軍は沖縄本島に上陸しました。日本軍は水際作戦を取らず、米軍は、「ピクニック気分」の上陸でした。それは米軍を引き入れ、住民を巻き込んで持久戦に持ち込むという日本軍の作戦でもありました。そのため、約一五万人の沖縄の人々が犠牲となりました。また、日本軍は「スパイ」の名目で沖縄の人々を殺害したり、米軍に泣き声が聞こえるとして乳幼児を殺害するなど、大量の沖縄の人たちを虐殺しました。約一万人の朝鮮人軍夫や朝鮮人慰安婦が連行されていましたが、彼らの多くも沖縄戦の犠牲になりました。さらに日本軍は、朝鮮人軍夫の虐殺もおこなっています。

中学校や師範学校の男子生徒は鉄血勤皇隊として従軍させられ、一七八〇名中八九〇名が戦死しています。また、女子生徒はひめゆり隊などの従軍看護隊に組織され、五八一名中三三四名が戦死します。六月二三日、司令官の牛島満陸軍中将が自決し、日本軍の組織的抵抗は終結しました。

琉球王国が滅ぼされた年に二〇歳であった琉球王国の人々は六六年間、「大和世」の下で暮らしました。その人たちが、いまの日本人女性の平均寿命である約八七歳に達するのが一九四五年です。沖縄戦で殺された「オジーやオバー」は、この世代の人たちだったのです。

〇・六パーセントの沖縄に七五パーセントの米軍

沖縄の面積は日本全体の面積の約〇・六パーセントですが、その小さな沖縄に日本国内の米軍基地の、なんと約七四パーセントを集中させています。ざっくりいえば「七五パーセント・四分の三」なのですが、最近、政府は「七四パーセント」を強調しますね。いかにもバーゲンセールの「ヨン・キュッ・パ（四九八円）」みたいで、下心が見え見えです。

激しい地上戦が展開された沖縄は、日本敗戦ののち米軍による直接軍政が敷かれ、以後〝太平洋の要石《かなめいし》〟とよばれる、アメリカの極東戦略の重要拠点となりました。一九五二年、サンフランシスコ平和条約の発効で本土の占領は終結しますが、沖縄はアメリカの施政権下に置かれ、結局、事実上の軍事占領が続いたわけです。同年、米軍が設置した沖縄統治機関である琉球列島米国民政府のもとに琉球政府が置かれます。立法院・行政主席・琉球民裁判所が置かれますが、行政主席は民政府による任命制でした。

一九五三年に奄美は返還されますが、一方、米国務長官ダレスが沖縄の長期保有についての声明を出します。五四〜五八年には米軍用地接収に抵抗して、島ぐるみ闘争がおこなわれます。いきさつは、五三年、米軍が、基地を拡張するために、土地収用令を公布します。そして、一坪の土地の一年の契約料を「タバコ一個代」（ばら売りタバコにすると二本分）といわれた激安料金で貸せ、といってきます。これも拒否すれば、米軍は「銃剣とブルドーザー」といわれた実力行使で家や墓を潰して土地を奪っていきます。これに対し沖縄の人々は、一括払い反対・適正補償・損害賠償・新規接収反対の「土地を守る四原則」を掲げ、島ぐるみで闘争を展開して抵抗しました。

いまの沖縄に基地が多い理由は、沖縄以外の日本本土で反基地闘争が盛り上がってくると、日本政府がアメリカに頼んで日本の基地をどんどん返還前の沖縄に移転してもらったという事実もあります。基地が沖縄に絶対必要だからではなく、日本本土につくると反基地闘争があって面倒なので、「それなら沖縄に持っていってください」

「いいですよ」と日米で決めていたということです。要するに、すべてのツケを沖縄に回してきています。そういう歴史性のなかで、いまの沖縄を考えてください。

一九六八年、ようやく琉球政府の行政主席が選挙で選べることになります。ここで当選したのが革新系の屋良朝苗《やらちようびよう》です。そして六九年には、佐藤＝ニクソン会談で日米共同声明が発表され、安保体制強化を条件とした七二年の沖縄返還が約束されます。いうなれば、安保条約を延長すれば沖縄を返しますよ、ということです。すでに七二年の返還が決まっていたので、七〇年には沖縄から国会議員を送るための国政参加選挙がおこなわれました。

沖縄返還と県内での抵抗

沖縄ではいま述べたような米軍の基地拡張をめぐる土地収用、人権問題が多発していました。そういうなかで、一九六〇年に沖縄県祖国復帰協議会が結成されます。そして、スローガンとして「即時・無条件・全面返還」を掲げます。六九年には、日米共同声明で、沖縄の人の思いとある意味まったく違うところで「核抜き・本土並み・七二年返還」がうたわれます。沖縄闘争は、この沖縄返還協定反対闘争として闘われていきます。そのため、沖縄返還協定反対で、沖縄ではゼネストもおこなわれています。七〇年には、米兵の不当な交通事故処理をきっかけに民衆の不満が爆発して、**コザ暴動**が起きます。民衆は米軍車両を焼き、嘉手納基地内にまで突入しました。

ベトナム戦争が本格化すると、嘉手納基地を中心に、沖縄は米軍の出撃基地となります。「祖国復帰」を求める運動や反基地闘争も盛り上がりますが、「琉球独立」を掲げる運動も出てきます。また、「祖国復帰」を批判し、沖縄内部にある日本への同化志向を否定し、国家のあり方そのものを問うという、先端的な思想課題を内包した「反復帰」の声も高まります。これは、琉球という「国家」をつくろうとすることを拒否するので、「琉球独立」とも少し違います。この、新川明や川満信一らの展開した「**反復帰論**」は、四〇年を経て、学術的にも思想史的にも再評価されています。

しかし一九七一年、沖縄返還協定が調印され、それが発効します。七二年五月一五日、沖縄返還が実現しました。そして沖縄県が復活し、沖縄開発庁が設置されることになります。

すでに一九六八年には、小笠原諸島が返還されています。小笠原諸島は、無人島だったところに欧米系の人たちが住み着いて開発を始めたところです。明治初期に日本が領有しましたが、英米はほとんど興味がなかったようです。しかし小笠原には欧米系の血がもともと存在する、ということです。同時に、ポリネシア系の血も入っています。

もともとは欧米系といっても、明治以降は、日本人が多く移住して住んでいたわけですが、日本の敗戦後、アメリカは欧米系の人間だけを小笠原に残し、他の日本人はすべて追放しました。公用語は英語です。一九六八年に東京都に返還され、そこに土地を持っている日本人たちも戻れることになりました。そうすると子どもたちは日本の文部省管轄下の学校に入学することになりますが、中学生でも「あいうえお……」の五十音から勉強しなければなりませんでした。

5　一九六〇年代の社会と文化

内政の動き

政党の動きに目を転じると、この時期は**多党化**の現象がみられます。一九六四年に創価学会を母体とする公明党が成立し、六九年には民主社会党が民社党と改称、また七二年には日本共産党が第三党となったことなどが主な動きです。

また、一九六七年、美濃部達吉の息子である美濃部亮吉が東京都知事に当選したの

自殺直前の三島由紀夫

をはじめ、京都や大阪でも革新首長が誕生します。さらに、ソ連など既存の社会主義体制や日本共産党など既成左翼政党に否定的な急進派により、新左翼運動が高揚します。反日共系の政治党派（セクト）の、共産同（ブント）・革共同（中核派・革マル派）・社青同解放派・構造改革の諸派などが実力闘争を展開します。これらの新左翼諸党派とともに全共闘のノンセクトの学生や反戦青年委員会の青年労働者らが、七〇年安保闘争やベトナム反戦運動の先頭を担っていくことになりました。

このような政治の動向や、戦後の日本のあり方そのものに危機感や違和感を持った人物に、小説家の三島由紀夫がいます。三島の小説では、二・二六事件の将校の亡霊たちが「などてすめろぎは人間《ひと》となりたまひし」（どうして天皇陛下は人となってしまわれたのか）と嘆きます。三島は「楯の会」を組織し、国家主義運動を展開し、一九七〇年一一月、自衛隊市ヶ谷駐屯基地で自衛隊に決起するよう訴えた「檄文《げきぶん》」を撒き、演説をおこないます。自衛隊員から野次が飛ばされるなか、割腹自殺するという事件を起こしました。三島の行動に、マスコミや「進歩的文化人」と旧左翼たちは、侮蔑と嘲笑を込めた非難を加えました。しかし新左翼のなかには、三島の行動を深く受けとめ、このことの持つ意味の重さを考えていこうとする者も多くいました。

一方、部落解放同盟の運動により、一九六一年に同和対策審議会が政府内に設置され、同和対策事業が推進されます。同和とは行政のいい方（「同和地区」「同和教育」など）ですが、いわゆる被差別部落のことです。

同和のもともとの意味は、戦前の「同胞融和」からきています。天皇の「赤子《せきし》」である日本人の臣民はみんな同胞であり、融和しなさい、という意味です。しかし、自らの力で差別からの解放を勝ち取ろうとした全国水平社は、この融和主義を拒否して闘いました。

行政はいまでも「同和」という表現を使いますが、運動の側は、たとえば「同和教育」ではなく「解放教育」といいます。

一九六九年には「同和地区」の生活改善・福祉向上を目指した同和対策事業特別措置法が制定されます。さらに八二年には、地域改善対策特別措置法が制定されます。

「戦後二〇年」とベトナム戦争

世代的には、僕は全共闘世代から見ると少し下になり、中学生のとき全共闘運動の高揚や七〇年安保闘争の激化を見ていました。それから小学校から大学までのあいだ、ベトナム戦争がおこなわれていたので、その映像が直接テレビの画面から飛び込んで来ます。だから、あのころは小学生でも真剣に戦争について考えざるを得なかったのです。

北爆が始まった一九六五年は、「戦後二〇年」、いわゆる「終戦二〇年」の年にあたります。この時期、戦争の影や傷も、まだ生活の隅々や大人たちの言動の端々に残っていました。娯楽映画やテレビの連続ドラマにさえ、画面の普通の人々の会話や振る舞いに、戦争の痛手は、当たり前のように現れていました。

『シャボン玉ホリデー』という、いまは「伝説化」されたテレビバラエティー番組がありましたが、知っているでしょうか？　一九六五年、「終戦二〇年」の八月一五日は日曜日でした。放送日がちょうどその日にあたってしまったんですね。いまでもあの「終戦特集」でクレージーキャッツが発したギャグの、何ともいえない物悲しい笑いの印象は残っています。そのとき、自宅の二階に上がって江ノ島の慰霊の花火を眺めたり、一階に降りて『シャボン玉ホリデー』を見たり、忙しく動いていたにもかかわらず、死者を悼む、その日の夏の夜の感覚は、蚊取り線香の香りとともにいまも蘇《よみがえ》ります。

スタジオジブリ制作・高畑勲監督の『おもひでぽろぽろ』という映画がありました。バブルが崩壊した一九九一年に公開されたので、新聞の映画批評などでは、主人公の年齢を誤解していたものもありました。でも、舞台は八二年で、主人公は、二七歳のOL。つまり、五五年生まれで、僕とほぼ同い年です。映画のなかで『ひょっこりひょうたん島』を見ている六六年の小学生たちがベトナム戦争について議論する場面がありましたが、これは僕にとっても同世代的な体験です。

戦争の死の記憶を感じながら、次の戦争が身近で起きていることを感受せざるを得なかった。この実感は僕にとっては事実です。そのような事態に対し、自分は何ができるのか、何をすべきか考えることを迫られました。

そうしたなか、一九七〇年に一年上の先輩たちが、全国中学生共闘会議（全中共闘）を結成しました。いまから見ると「奇妙」ですね。でも、そんな時代だったんです。中心メンバーのひとりは、社会民主党の衆議院議員から世田谷区長になった保坂展人《のぶと》さんです。保坂さんは麴町中学全共闘を結成して、新聞を発行して社会や政治の矛盾を訴えるなど、中学のなかで闘争しました。内申書には、その「社会・政治運動」を否定的に書かれ、すべての高校を不合格にされました。だから保坂さんは「中卒」ということになります。その後、彼は一六歳から何年も、「内申書裁判」の原告として闘うことになるんですよ。この全中共闘は、いまだに「同窓会（？）」をやっていて、楽しいですよ。

あの時代は、秩序が目の前で動揺する感覚がありました。そのなかで新しい文化や風俗、価値観が、一挙に出てくる。ハードロック、アンダーグラウンドの演劇などのカウンターカルチャーとともに、フリーセックス、ヒッピー、フーテン、ドラッグなど、既存の価値を否定する生き方が、本当に噴き出すように目の前に現れました。そして海の向こうでは、ブラックパンサー（黒人解放組織）などのマイノリティーによる異議申し立て、テレビをつければ、ベトナムでの米軍による殺戮が眼前に出てきます。その一方で、反戦の意を込めた火炎瓶が、日本の街頭のあちこちで炸裂していました。

こんな情況のなか、自由で、解放され、伸びやかな空気が一瞬、流れた気がします。そんな空気を思春期に吸ってしまったのだから、やばいですね。ですから、この一瞬へのこだわりは大きいし、後は息苦しく感じてしまいます。政治的なスローガンなんか、当時からまったく信用していなかったけれど、こういう実感には確信がありました。

いま、僕自身が息苦しく感じるくらいだから、若い世代はきっと、きついのだろうと思います。もし息苦しさの自覚が無ければ、そのほうがもっと重症かな。

無差別の殺人が、いまも多く起きています。でも、その心理は自殺に近いといわれています。一九七〇年代の犯罪社会学ではすでに、このまま管理社会が強化されると、何に抑圧されているかも見えず、真綿で首を締められるような圧迫のなかで自殺する者が現れる。そして、自殺に近い無差別の殺人が増加する、ということが推測されていました。

社会の病理は、いちばん弱いところに「犯罪」という形で体現されているように思えます。加害は絶望と虚無を強いられた個人が、被害は不運な個人が引き受けるのが、まさに現在のように思えます。こんな時代、谷川雁の「革命」という詩の末尾にある、「ぎなのこるがふのよかと」という言葉が思い起こされます。遠賀川《おんがかわ》の川筋男たちの「悲しい方言」でしょうか。「残った奴が運のいい奴」という意味だそうです。

いまの若い世代が直面するきつさと比較すると、僕らは運がよく、元気で器用だったのかもしれません。理不尽なことや不愉快なことに対しては、どんどん議論をぶつけたり、異議申し立てをしたり、さらには運動まででっち上げたり、それこそ「好き放題に」できました。しかし改めて考えると、社会運動や、そこでのさまざまな体験や非日常性は、閉塞し、一瞬危険領域に入りかけた青春期の個性に、風穴を開けるくらいの有用性はあったと思います。学生運動に救われた個性は、確かにあったと思います。

一九七〇年前後の反乱は、豊饒《ほうじょう》な行為を実現しましたし、そこで生み出された思想やそこに育った感性は、歴史的体験のうちに蓄積されているように思えます。しかし政治的な言語は痩せ衰えていて、豊かな行為の身の丈には及ばなかったのではないでしょうか。苔の生えた言語では、土台行為を回収し得なかったにもかかわらず、空虚な言葉に拘束されていったように思えます。

第四章　高度経済成長と「経済大国」

1　経済成長と日本社会

「第二の黒船」、開放経済体制

経済の高度成長政策を推進する日本に対し、欧米、とくにアメリカが強烈に開放経済体制を迫ります。敗戦国だから、甘えさせて保護貿易を許容したけれどもうここまでだ、自由貿易に転換しろというわけです。一九六〇年に岸信介内閣により貿易為替自由化計画大綱がつくられ、同年に四〇パーセントだった自由化率は、六四年には九三パーセント、七〇年には九七パーセントに達します。

欧米諸国の要求に応じて、池田勇人内閣は、一九六三年のGATT一一条国への移行をおこないます。国際収支上の理由で輸入制限するなどというわがままは主張できない国になる、先進国の扱いを受けるということです。もっとラフにいえば「最近は貿易赤字だから、アメ車の輸入を半分にカットしようか」などと日本がいえなくなるということ、すなわち貿易の自由化です。

また一九六四年には、IMF八条国への移行をおこないます。それまでは円とドルとの交換に規制がありましたが、国際収支上の理由で為替管理をおこなえなくなります。これが為替の自由化です。

さらに同年にOECD（経済協力開発機構）への加入がなされます。これはいわば先進国のクラブに入れてやる、といわれたようなものです。加入することで資本の自由化が義務づけられました。これにより外国資本が日本に入り、外国からの投資もできるようになります。

東京オリンピックとオリンピック景気

一九六三～六四年にかけては、いわゆるオリンピック景気になります。東京オリンピックの準備のための需要増加によって引き起こされた好景気です。

鉄球がビルを打ち壊す。市川崑の記録映画『東京オリンピック』のファーストシーンです。オリンピックスタジアムの建設をはじめ、公共事業がたくさんおこなわれていました。戦後の民衆意識を研究する学者がよくいいますが、やはりこの東京オリンピックまでの日本は、一般の人たちも日の丸・君が代にかなり抵抗感があった。しかしオリンピック以降、こうした抵抗感がだいぶなくなった。たしかに、そういえると思います。実際、オリンピックでは掲揚塔にめったに揚がらない日の丸がたまに揚がると、大歓声が上がりました。アナウンサーは、「ニッポン、ガンバレ！」と絶叫していました。

小学生としては、アメリカばかりが勝つので、アメリカ国歌が耳についたという記憶があります。僕は江ノ島の対岸の育ちですが、江ノ島のヨットハーバーがオリンピックの会場のひとつとして、そのころできました。磯を潰してつくったわけですから、子どもにとっては遊び場がひとつ奪われるということです。また、教師からは、「これからは外人さんがたくさんこっちにも来るんだから、日本人らしく態度をちゃんとしなきゃダメだ、ニューヨークはゴミなんてひとつも落ちてないんだ」などという真っ赤な嘘を教えられました。

オリンピックも万国博覧会も、三波春夫という演歌歌手が、「東京五輪音頭」とか「世界の国からこんにちは」を歌っていました。「オリンピックの顔と顔、それ、ドドンパ、ドドンパ、顔と顔。四年たったらまた会いましょう」、覚えているところが悲しいですね。浦沢直樹の漫画『20世紀少年』では、三波春夫をもじって、「春波夫」というのが出てきましたね。

オリンピックは秋で、運動会の季節なので、運動会では五輪の輪を持たされて「東京五輪音頭」を踊らされました。まさに「少年の日の屈辱の記憶」っていうんでしょうか。そのせいか、いまだに僕はオリンピックが嫌いです。スポーツなのに、なにか国家を背負ってやらされているという雰囲気に抵抗がありました。いまは昔に比べそういう空気が少なくなったとは思いますが……。スタジアムまで二位で走ってきて、観衆の歓声のなか、最後に抜かれて三位になった円谷幸吉という自衛隊員のマラソンランナーは、次のオリンピックも期待されて、結局自殺しました。あの遺書は何ともいえません。本当に延々と「父上様　母上様　三日とろろ美味しゅうございました。干し柿、もちも美味しゅうございました。　敏雄兄、姉上様、おすし美味しゅうございました。　勝美兄、姉上様、ぶどう酒、りんご美味しゅうございました……」というろんな人にもらった食べ物がおいしかったことをひたすら書いて、最後に「幸吉はもうすっかり疲れ切って走れません」といって、死ぬわけです。彼を追い込んだものはまだいるように思えます。

東海道新幹線の東京―新大阪間開通も同年です。一九六四年一〇月一〇日がオリンピックの開会式ですが、一〇月一日にぎりぎり間に合って、新幹線が開通しました。

ベトナム特需といざなぎ景気

一方、そのオリンピック景気の反動として、一九六四年から六五年にかけて「四〇年不況」が起こります。「四〇年」というのは、昭和四〇年、すなわち一九六五年のことです。

「四〇年不況」に際し、一九六五年、佐藤栄作内閣は、歳入不足を補塡《ほてん》するために、**戦後初の赤字国債**の発行を決定し、翌年発行しました。国債は国民から、あるいは国の機関から借金をすることです。外債は、外国からの借金です。

赤字国債は、次の世代に負担を強いるという問題点があります。そのためにずっと禁止されていましたが、特例法という形で赤字国債が発行できるようになりました。その後、延々と赤字国債の発行が続き、いまも赤字国債が累積しています。その結果、私たちは現在一人当たりで八〇〇万円以上の借金を背負っている状態です。その始まりが、ここにあったということです。

しかし、景気はすぐに回復しました。ベトナム戦争が起きたからです。ベトナム戦争関連の需要で儲けることになります。この「**ベトナム特需**」を背景に、今度は一九六六年から七〇年までの「いざなぎ景気」とよばれる長期の好景気を迎えます。そして、六八年にはGNPで西ドイツを抜き、アメリカに次ぐ資本主義世界第二位となりました。いまはGDP換算なので当時と少し計算方法が異なりますが、二〇一〇年には中国に抜かれて第三位になりました。

世界第二の「経済大国」となる背景に戦争あり

戦争とのかかわりのなかで、戦後の経済史を概観してみましょう。一九四五年、敗戦により戦前の日本の体制が崩壊し、日本の「非軍事化・民主化」を基調とする連合国軍による占領（事実上は米軍の単独占領）政策により、財閥解体・農地改革など、不徹底ながらも経済の民主化が図られました。

一方、戦前、人民戦線事件で検挙されたこともある労農派のマルクス主義経済学者・有沢広巳《ひろみ》の提案で、石橋湛山を蔵相とする第一次吉田茂内閣は一九四六年、基礎産業部門である石炭産業と鉄鋼業に資金・資材を集中させて経済復興を図る**傾斜生産方式**を閣議決定し、片山哲・芦田均《あしだひとし》中道連立政権が継承・実施しました。

しかし、東アジアにおける冷戦の激化を背景に、アメリカの占領政策は日本の「非軍事化・民主化」から、日本を「反共の防波堤」にする方向へと転換していきました。それにともない経済政策も転換し、一九四八年一二月、インフレ収束による日本経済の自立を目的にする経済安定九原則が、GHQを通して第二次吉田茂内閣に指示されました。そして翌四九年より、ドッジ＝ラインといわれるデフレ政策が実施されました。その結果、赤字を許さない超均衡予算の下、四〇万人以上の公務員・公共企業体職員を解雇するなどの一連の施策により、インフレは収束しました。しかし、日本経済は安定恐慌とよばれる深刻な恐慌に陥りました。

ところが一九五〇年に朝鮮戦争が勃発《ぼっぱつ》すると、「朝鮮特需」と称する軍需によって、翌年には鉱工業生産は戦前水準を突破し、日本経済は復興しました。そして五五年、朝鮮復興資材輸出などによる民間設備投資の進展などを要因として、「神武景気」（一九五五〜五七年）とよばれる好景気となり、七三年の第一次石油危機（オイル＝ショック）まで続く高度経済成長の起点となりました。またこの五五年には、一人当たりのGNPが戦前最高水準（一九三四〜三六年の平均）を超え、翌五六年の『経済白書』は、「もはや戦後ではない」と謳《うた》ったことは覚えていますね。

一九六五年にアメリカの北爆開始によりベトナム戦争が本格化すると、翌年より、この戦争によってもたらされた「ベトナム特需」と称される、アメリカや東南アジア諸国などへの輸出拡大などを要因とする、「いざなぎ景気」（一九六六〜七〇年）とよばれる長期の好景気が訪れたことは、さきほど述べました。そして六八年には、西ドイツを抜いて、GNPは資本主義世界第二位となり、ここに日本は、アメリカに次ぐ「世界第二の経済大国」となったのです。

このように、「平和憲法」といわれる日本国憲法の下で、戦後の日本は、「平和」を享受しつつ経済発展をしてきたとする見方もできます。しかし、本当にそうでしょうか？

このような戦後の民主的なシステムの下での日本「本土」が経済発展を享受できたのはなぜでしょうか。その理由のひとつが、日本の国土の約〇・六パーセントの面積の沖縄に在日米軍の基地の約七五パーセントを集中させて軍事基地化させていることにあります。もうひとつの理由は、一九八〇年代まで、隣国の韓国に、成熟した民主的な民衆を抑圧する軍事独裁的な親米政権をアメリカが維持させていたことにあります。日本「本土」の「平和と繁栄」など、この二つのことによって担保された、冷戦下におけるアメリカのアジア戦略の一環のなかに生み出された現象にすぎないのではないでしょうか。いわば、アメリカという「お釈迦様の手のひら」の上での「平和」と「経済発展」。

つまり戦後の日本は、日米安保体制の下で、常にアメリカへの支援という形で、

「戦争」への関与を継続することによって、経済を成長・発展させてきたということでしょう。この事実について、日本人と他のアジアの人たちとでは記憶の仕方が違うようです。

「昭和三〇年代」へのノスタルジアが数年前ブームとなりました。「みんな、頑張った」、確かにそうでしょう。戦争で生き残った人には「死んだ奴の分まで」という思いもあったと思います。しかし、かつて以上に、いまも頑張っていると思います。もっと悲惨な形で。いまと違って高度成長期には、頑張った分の見返りはありました。しかし、それは朝鮮やベトナムといった、かつての植民地や占領地でのアメリカの戦争に加担して得たものであるということは自覚すべきでしょう。

2　産業構造の高度化

農業基本法と農業における激変

一九六一年、池田勇人内閣は、農業基本法を制定します。農業と他産業の格差是正が掲げられます。そして米麦中心から、畜産や果物・果樹の生産への選択的拡大をすすめます。これにより農産物は多角化し、自立経営農家を育成します。

しかし、有力農家は機械化し経営拡大ができますが、貧農は脱落していきます。政府はこれをわかったうえで、計画しています。産業構造を変えるためです。高度経済成長には低賃金労働力が必要です。そのためここで農業人口を減らし、それを高度経済成長を支える低賃金労働力にしていこうとしました。農業基本法にはそういう意味が含まれていることを押さえてください。

これにより**農業人口は減少**し、一九六七年には農林水産業人口が二〇パーセントを割り、七〇年にはそのうちの八四パーセントが兼業農家となります。いわゆる「三ちゃん農業」です。

「三ちゃん農業」とは、じいちゃん、ばあちゃん、かあちゃんの三人による農業、という意味です。つまり、父親と息子はサラリーマンなどの勤め人になる、ということです。

エネルギーの転換で生じた三井三池争議

工業方面では、重化学工業が発展し、全工業生産額の三分の二を占めるにいたり、石炭から石油への**エネルギー転換**が図られました。これにより石炭産業が斜陽化し、各地で大量解雇がおこなわれていきます。こうした動きを背景として、一九五九年から六〇年に筑豊の三井三池鉱山で合理化反対の大争議が闘われます。合理化というのはクビ切り、リストラのことです。一二五七名が指名解雇されました。「何歳以上は解雇」という解雇の仕方ではなく、「あいつとあいつ、あいつ……」と、主に組合員を中心にクビが切られました。これは三池炭鉱労組の破壊も目的としていたからです。

それに対して総評、炭労（日本炭鉱労働組合）などが全面支援をおこない、全学連も応援に行きます。「総資本」対「総労働」という激しい闘争が展開されました。銀行員の労働組合などと違って炭鉱の労働者、遠賀川の川筋男です。地底何百メートルで連帯して働いている「炭鉱夫」たち、あの五木寛之『青春の門』の世界の人たちです。川筋男は気が荒く、「炭鉱夫」は連帯感が強いのに加え、みんな軍隊から帰ってきたばかりだから統率も取れていて、激しい闘争が繰り広げられました。警官隊とぶつかっても、簡単には屈しません。会社側は、最後は、ヤクザまで動員して組合員を殺させました。第二組合が分裂、両者が衝突するなど激しい闘いを継続してきましたが、結局、労働組合側が負けました。これで、日本の労働運動は大きな打撃を受けました。

一方、春に賃上げを要求して統一行動をおこなう春季闘争、すなわち、春闘が定着してきます。一九五五年から始まり、翌年から総評が指導して現在に至ります。春闘などの労働運動や、労働力の不足により賃金は上昇し、サラリーマンなど労働者の生活は向上します。また農家所得の増加もあいまって、需要が増大し、国内市場が拡大します。こうして五〇年代後半には、白黒テレビ・電気洗濯機・電気冷蔵庫の「三種の神器」により、六〇年代後半から七〇年代にはカー・クーラー・カラーテレビの「3C（新三種の神器）」により、日本人の生活に**消費革命**が起きたといわれます。

3　高度経済成長のひずみ

公害発生による四大公害訴訟

高度経済成長には当然、ひずみが出てきます。

高度経済成長を推進する日本政府は、国民の生命や身体より、経済の成長による「日本」の発展を優先してきたといっても過言ではありません。国民の健康をむしばんでいることを認識しながら、企業が長期にわたり、汚染物質をたれ流しにしていることを放置してきました。深刻な公害問題が続発します。やがて、**水俣病**（熊本県）、**第二水俣病**（新潟県）、**イタイイタイ病**（富山県）、**四日市ぜんそく**（三重県）の四大公害訴訟が起こり、一九七一〜七三年にかけて、皆、原告側が勝利します。

水俣病は、チッソ水俣工場の廃水中のメチル水銀（有機水銀）、第二水俣病は、昭和電工鹿瀬《かのせ》工場から阿賀野川流域に流出したメチル水銀、イタイイタイ病は、三井金属神岡鉱業所から神通川《じんづうがわ》流域に流出したカドミウム、四日市ぜんそくは、四日市市のコンビナート六社から発生した亜硫酸ガスを原因としていました。

チッソ社長に詰め寄る患者の家族たち

公害対策基本法と環境庁

非常に後ればせながら、国の対応として、一九六七年に**公害対策基本法**がようやく制定されます。そこでは、事業活動などにともなって発生する大気汚染・水質汚濁・土壌汚染・騒音・振動・地盤沈下・悪臭の七つを公害と規定しています。そして、七一年に**環境庁**が設置されることになります。九三年に、公害対策基本法は廃止されて環境基本法にかわり、二〇〇一年に環境庁は環境省に改組されました。

公害対策基本法で少し前向きと感じられるのは、国及び地方公共団体にも公害防止の責務が義務づけられたことでしょうか。しかし情けない条項もあります。それは「経済発展との調和」という条項です。公害対策は、いま問題になっている地球温暖化と同じです。公害対策をおこなうと費用がかかります。そのため、「経済発展の足を引っ張らない程度の公害対策」を求めるといった条項が付けられたわけです。

公害対策の基準も、東京都など地方自治体のほうが厳しいものとなり、このことからも国の対策は批判されていきます。一九七〇年に通称「公害国会」といわれた、公害に関する関連法案が多数出された国会がありました。これにより「経済発展との調和」という条項はなくなります。

高度経済成長期の大衆文化とカウンターカルチャー

一九五五年の「神武景気」から、七三年の第一次石油危機（オイル＝ショック）までを高度経済成長の時代と言いますが、この間、六〇年代末の激動を含めて、日本の文化には大きなうねりが起きます。

一九五六年、石原慎太郎原作・古川卓巳監督の『太陽の季節』や、中平康監督の『狂った果実』など石原裕次郎が出演する「太陽族映画」が大ヒットし、小説とあいまって太陽族ブームが起きます。また、ゴダールの『勝手にしやがれ』は強烈な刺激を与えます。即興演出・同時録音、揺れる心が表現されるような手持ちカメラ、従来の映画文法を否定したフランスのヌーベルバーグ（新しい波）の影響を受けた監督たちが生まれます。彼ら大島渚・吉田喜重・篠田正浩らの作品が「松竹ヌーベルバーグ」と呼ばれました。

一九六五年、若松孝二のピンク映画『壁の中の秘事《ひめごと》』がベルリン国際映画祭に出品され、権威主義者に打撃を与えます。六〇年代末から七〇年代初頭の政治的激動のなかで、加藤泰監督・藤純子主演『緋牡丹博徒　お竜参上』など「東映任俠映画」に、全共闘の学生たちが共感します。さらに、七三年の深作欣二監督『仁義なき戦い』に始まる「実録抗争路線」は内ゲバの時代にオーバーラップします。七二年の神代辰巳監督『濡れた唇』から始まる「日活ロマンポルノ」には若手監督も登用され、秀作が続出し、その後の日本映画を支える監督たちが育ちます。

一方、一九六二年の古沢憲吾監督・植木等主演の『ニッポン無責任時代』から、「無責任シリーズ」といわれた東宝のサラリーマン喜劇が始まります。青島幸男作詞の「スーダラ節」がよく似合う高度経済成長期の陽気で「いい加減」な気分が反映されています。六九年に始まる山田洋次監督の『男はつらいよ』は、松竹の「フーテンの寅シリーズ」として親しまれ、九六年に主演の渥美清が死去するまで四八本が製作されました。荒川の鉄橋を忸怩《じくじ》たる思いで渡って帰る、「車」という姓をもつ「的屋《てきや》」の香具師《やし》、神農道の渡世人、寅次郎の悲哀は、いつしか人気者の「寅さん」のご帰還へと風化していきました。この時期、松竹は、六九年の『喜劇　女は度胸』に始まる森崎東監督の「女シリーズ」を公開していきます。七一年の『喜劇　女は男のふるさとヨ』以降は、お座敷ストリップの置屋「新宿芸能社」を舞台にして、低く位置をとった視点から「スケベ」で温かく、バイタリティーのある重喜劇の傑作を、森繁久彌や倍賞美津子を主演に撮ります。僕の好きな監督です。東大出身の山田洋次の作品の「大衆」には旧左翼の価値観が張り付きます。森崎東の兄・森崎湊は、満州の現実に理想を打ち砕かれて満州建国大学を中退し、海軍予備学生出身の少尉候補生になります。特攻要員でしたが、敗戦の翌日、割腹自殺をします。京大出身で六全協世代の森崎東には、その傷と兄の死が影を落とし、新左翼の感性が作品にそっとにじんでいます。

戦後の演劇は、千田是也《これや》らの俳優座、岸田國士《くにお》らの文学座、宇野重吉らの民芸を中心とした新劇で始まります。一九六〇年代後半、非商業的な実験劇運動が起こり、唐《から》十郎《じゅうろう》の状況劇場、寺山修司の天井桟敷、佐藤信らの68／71黒色テント、鈴木忠志の早稲田小劇場、蜷川《にながわ》幸雄らの現代人劇場などが、「アンダーグラウンド演劇（アングラ演劇）」と呼ばれる新しい演劇をつくります。七〇年代に入ると蜷川幸雄は商業演劇に移り、演出家として国際的評価を受け、在日韓国人作家のつかこうへいは『熱海殺人事件』などを上演し、小劇場演劇を〝笑いのある演劇〟に変えていきました。

唐十郎は、「紅《あか》テント」と呼ばれる移動劇団でテント芝居を上演します。「特権的肉体論」を掲げ、「現代の河原乞食」を自任します。一九七〇年、『少女仮面』で岸田戯曲賞を受賞しました。寺山修司は、戦後の前衛芸術を担った歌人・劇作家・映画監督でした。代表作は、歌集に『田園に死す』、戯曲に『毛皮のマリー』、映画に『書を捨てよ町へ出よう』などがあります。「あしたのジョー」のテーマ曲の作詞も寺山修司です。唐十郎には少年の日の原初的な不安が、寺山修司には子宮への回帰を迫る不安が、作品の無意識の核にあるように思えます。

戦後日本の漫画家を代表する手塚治虫は、大阪大学付属医学専門部卒の医師・医学博士ですが、全集は全四〇〇巻に及び、SF・歴史・社会問題など多方面にテーマを求めます。代表作に「鉄腕アトム」「ブラック・ジャック」「火の鳥」「奇子《あやこ》」などがあります。長谷川町子は、一九四六年より地方紙で、五一年から七四年までは『朝日新聞』で、四コマ漫画の「サザエさん」を連載し、六〇〇〇回以上に及びました。五九年三月一七日、同じ日に講談社の『週刊少年マガジン』と小学館の『週刊少年サンデー』が創刊されます。『週刊少年マガジン』にはちばてつやの「あしたのジョー」、赤塚不二夫の「天才バカボン」などが、『週刊少年サンデー』には横山光輝の「伊賀の影丸」、赤塚不二夫の「おそ松くん」、藤子不二雄の「オバケのQ太郎」などが連載されます。「右手に（朝日）ジャーナル、左手に（少年）マガジン」などといわれ、漫画は全共闘の学生などの支持を受けます。

一九六四年には、大衆性・娯楽性を目指さない漫画誌『ガロ』が創刊され、白土三平が大作「カムイ伝」を連載し、つげ義春の「ねじ式」や「紅い花」など従来の漫画の概念を超えた幻想的作品群は詩人にも衝撃を与えます。七〇年、山上たつひこは『週刊少年マガジン』に「光る風」の連載を始めます。近未来の二〇世紀末、日本はファシズム国家になっています。ある村で奇病が発生し、病んだ住民たちは小さな島に移住させられます。実は秘密の化学兵器工場から漏れた物質によるものでした。村上龍の『コインロッカー・ベイビーズ』は、七二年の夏にコインロッカーに捨てられた何人ものなかで、死ななかったたった二人の嬰児《えいじ》の未来を描いていますが、その発想には、「光る風」の影響があるように思えます。同じ年、山上は作風を一変して「喜劇新思想体系」を連載します。満たされっこない性欲が充満したような、とっても過激な喜劇です。でもその世界には独特な生活感が流れます。七四年から連載される「がきデカ」は爆発的にヒットし、〝こまわり君〟は一世を風靡します。日本初の少年警察官（?）〝こまわり君〟の顔は、どこか〝ニクソン〟に似ていました。七六年に連載の始まる「こちら葛飾区亀有公園前派出所」の作者・秋本治は、九九話まで、当時ビッグだった山上たつひこをもじって、〝山止たつひこ〟のペンネームを使っていました。

敗戦直後から高度経済成長期に庶民の心情を代弁した「歌謡曲の女王」に美空ひばりがいます。一二歳の時の主演映画『悲しき口笛』は主題歌とともに大ヒットしました。ビートルズやローリングストーンズがヒットするなか、一九六〇年代後半から沢田研二・瞳みのるたちのタイガース、萩原健一たちのテンプターズなど和製ＧＳともいわれたグループ・サウンズが人気を博しました。ボブ＝ディランらのフォークソングは、抵抗の歌としてジョーン＝バエズらによりベトナム反戦と連動し、新宿駅西口広場の「フォークゲリラ」の運動や、関西の高石友也（現ともや）や岡林信康らに影響を与えます。岡林は〝それで自由になったのかい〟と問いかけ、〝あんたの云ってる自由なんて、ブタ箱の中の自由さ〟と挑発します。そして〝俺たちが欲しいのはブタ箱の中での　より良い生活なんかじゃないのさ〟と叫びます。しかし、やがて「自由さ」より、「四畳半フォーク」の内向きの「優しさ」のほうが、自分の在り方を確信させるもののようになっていきます。そして七〇年代には、吉田拓郎・泉谷しげる・井上陽水らが登場します。

一九七二年、沖縄は返還され、日中国交正常化が実現されます。一方、浅間山荘の銃撃戦、連合赤軍事件の同志粛清、テルアビブ空港でのイスラエル軍との交戦など、行動はさびしく急進化しますが、政治的高揚は終焉を迎えつつあります。

中村敦夫演じる無宿人の「木枯し紋次郎」は、〝あっしには関わりのねぇこって〟と世俗の正義を切り捨てます。泉谷しげるは〝季節のない街に生まれ　風のない丘に育ち　夢のない家を出て　愛のない人にあう〟と柔らかいニヒリズムで「春夏秋冬」を語り、RCサクセションの忌野清志郎は〝たばこと絵の具のにおい〟の「ぼくの好きな先生」と歌い、失われたもののなかから甘えられる記憶を探します。そして〝都会では自殺する若者が増えている　今朝来た新聞の片隅に書いていた　だけども問題は今日の雨　傘がない〟と井上陽水はいい切ります。でも〝君の事以外は考えられなくなる〟と述べながらも、〝それは　いい事だろう？〟と同意を求めるように問いかけます。七二年、時代はもうそこまで来たのですね。社会や政治を介した言語では、自分をつなぎ止めることができなくなった。社会とぶつかったときの実感や政治と向き合ったときの自画像では自己を確認できなくなってきたのです。そして、〝いい事だろう?〟と念を押しながら、私的な内側の世界に向かっていきます。そんな時代になっていったのです。

第三部　現代の世界と日本

第一章　高度経済成長の終焉と日本の政治・経済

1　一九七〇年代の世界と日本

中ソ対立により生じた米中接近

アメリカにとって、東側のソ連と中国は両方とも敵対関係にありますが、より緊張した関係はソ連のほうです。そこで中ソ対立が深刻化すると、「敵の敵は味方」という政治力学に従い、アメリカは中国に接近していきます。

一九七二年にニクソン大統領が訪中し、毛沢東・周恩来との間で米中首脳会談がおこなわれました。その一年前の七一年、突然、秘密裡にニクソンの大統領補佐官キッシンジャーが中国に行きます。七一年七月、ニクソン大統領は、七二年五月までに中国を訪問し、米中関係の改善をはかるとの声明を出しました。いわゆる、「頭越し外交」です。アメリカに倣って台湾を正当政権としてきた佐藤栄作内閣は、これではしごをはずされ、大きな打撃を受けることになります。

一九七一年、すでに国連も中華人民共和国を中国の正当な政権として招請し、台湾を国連から追放します。それでも日本はアメリカに従って、正当な政権は台湾だと主張していたのです。

一九七六年に毛沢東が死亡し、文化大革命を担った四人組（江青、張春橋、姚文《よう ぶん》元《げん》、王洪文）が失脚し、鄧小平らが再び台頭します。そして七九年、米中国交正常化が実現します。

一方、アメリカのほうは一九七一年、ベトナム戦争によるアメリカ経済の後退を背景にして、ニクソン大統領が金・ドル交換停止をおこない、いわゆるドル＝ショックが起こります。ベトナム戦争での失費が原因です。金・ドル本位制では、金がどんどんアメリカから流出することになります。ドル＝ショックとニクソン訪中、二つ合わせて「ニクソン＝ショック」といういい方をすることもあります。

アメリカ国内のベトナム反戦運動の高まりもあり、一九七三年にベトナム和平協定が成立し、アメリカはベトナムから撤退します。そして七五年、ベトナムの解放勢力によってサイゴンが陥落します。アメリカはついにベトナム戦争に負けたのです。

日中共同声明によって戦争状態が終了

一九七二年、ニクソン大統領が訪中すると、衝撃を受けた佐藤栄作内閣は退陣しました。その後に組閣した田中角栄内閣が、外交方針を大きく転換します。同年、田中首相は訪中し、中国の周恩来首相との**日中共同声明**を発表し、**日中国交正常化**が実現します。ここで田中首相は、中国国民に戦争で損害を与えた加害責任を認め、〝**責任と反省**〟の意を表しました。

声明ではまず、日中間の**不正常な状態の終了**が宣言されます。「不正常な状態」とは、「戦争状態」を指します。次に、日本は中華人民共和国が中国の**唯一の合法的政府**であることを承認します。このことは、台湾が中国領土の不可分の一部であると認めることを意味します。そして、中国は戦争賠償請求権を放棄します。

日中国交正常化の実現の結果、一九五二年に結ばれた**日華平和条約**（日台条約）が**破棄**されます。現在、台湾の国民政府とは、外交関係が断絶しています。「建て前」では、中国の一部として交流しているという形になりますが、貿易など民間レベルでの密接な関係は続いています。

中ソ関係に気を遣い成立した日中平和友好条約

一九七八年、福田赳夫《たけお》内閣のときに、日中平和友好条約が結ばれます。内容は「両国の恒久的な平和友好関係の発展」と、「アジア・太平洋地域・他のいずれの地域でも覇権を求めない」というものです。共同声明のあと、この条約が結ばれるまで六年もかかってしまったのには「覇権」という言葉が関係しています。「覇権」は一般的な言葉です。しかしこのころは中ソ対立が高まっていて、中国はソ連のことを「覇権主義」といって批判していました。そのため「覇権」という文言を使うことによって、日本も中国といっしょになってソ連を批判しているように見えてしまい、日ソ関係が悪化するような事態になったら困ります。そのことに配慮したため、この調整に手間どったというわけです。そして前述したように、残留孤児の問題の調査が着手されるのも、ここからです。

日本赤軍と李香蘭

一九四八年、英米の支援のもとに、軍事力とテロによってユダヤ人国家・イスラエルが建国されます。そのためイスラエルに故郷を追われ、パレスチナ難民が生まれます。パレスチナ難民は、ユダヤ人の入植と中東戦争で故国を失ったパレスチナ人たちです。いまでも難民キャンプの生活を強いられています。

パレスチナ問題とは、イスラエルによるパレスチナのアラブ民族排除によって引き起こされる国際紛争のことです。パレスチナ問題をめぐり、アラブ諸国とイスラエルの間で、四次にわたる中東戦争が起きました。

一九六四年、パレスチナ人の組織・パレスチナ解放機構（PLO）が結成されます。六九年にアラファト（二〇〇四年死去）がPLO議長となり、反イスラエル闘争を指導します。七一年、日本を出国した共産同赤軍派の重信房子を中心に、日本人の活動家が集まり、やがて日本赤軍が結成されました。そして、パレスチナ解放闘争を支援していきます。いまでも駅などに、若いころの彼ら・彼女らの写真が貼られ、国際指名手配になっている人たちもいます。彼らはイスラエル、アメリカ、日本から見れば犯罪者ですが、パレスチナの民衆からは、故国を捨てて民族解放闘争に参加した英雄です。

一九七一〜七二年に、連合赤軍事件が起こります。浅間山荘での警官隊との銃撃戦の後、彼らが「総括」と称して、同志を粛清していたことが判明してきます。「〝3時のあなた〟の山口淑子でございます」。日本からの突然の電話が、重信房子のもとにかかりました。レバノンの首都ベイルートにいる彼女は、なんと「李香蘭」から、同志粛清の事実を知らされるのです（重信房子『わが愛わが革命』講談社、一九七四年）。コメントを求めたテレビのワイドショー「3時のあなた」の司会者・山口淑子とは、かつての「満州」の大スター「李香蘭」です。「中国人の女優・歌手」として、絶大な人気を集めました。戦前は国策会社・満州映画協会（満映）の専属女優でした。日本敗戦後、中国で「漢奸《かんかん》」（日本に協力して国を売った中国人）として裁判にかけられました。しかし、そこで初めて「日本人」であることが明らかとなり、国外追放処分となります。戦後も女優・参議院議員として活躍し、二〇一四年、九四歳で波乱の人生を閉じます。彼女を主人公とした作品に、劇団四季の『ミュージカル李香蘭』や上戸彩が演じたテレビドラマ『李香蘭』などがあります。なお満映は、大杉栄、伊藤野枝を虐殺した、元憲兵大尉・甘粕正彦が理事長でした。

話を戻します。同志粛清の事実は、パレスチナにいる日本赤軍のメンバーに大きな衝撃を与えました。メンバーたちはその後テルアビブ（ロッド）空港事件といわれる行動を起こします。PLOに所属するPFLP（パレスチナ解放人民戦線）との共同作戦でした。この時、日本赤軍のメンバー三人は管制塔に向かおうとしたといわれています。しかし、空港ロビーでイスラエル軍と激しい銃撃戦になり、その巻きぞえで乗客などに多数の死者が出ました。この戦闘で、京大の活動家であった奥平剛士と安田安之が戦死し、鹿児島大生の岡本公三がイスラエルの捕虜となります。逮捕された岡本はイスラエルで終身刑の判決を受けますが、一九八五年、イスラエルとパレスチナ側との捕虜交換で英雄として奪還され、いまはレバノンに政治亡命しています。激しい拷問の後遺症により、いまも精神を痛めているとのことです。テルアビブ空港事件は、パレスチナとイスラエルの戦争のなかでの出来事です。

一九九三年には**パレスチナ暫定自治協定＝オスロ合意**に基づき、PLOアラファト議長とイスラエルのラビン首相が相互を承認して、パレスチナ人の自治に合意しました。しかしラビン首相は、帰国後すぐにイスラエルの右派の青年によって暗殺されました。

2　オイル＝ショックと日本

スミソニアン協定と変動為替相場制

ベトナム戦争によるアメリカ経済の後退が背景となり、ドル＝ショックが起きます。一九七一年八月、「ニクソン声明」で新経済政策が示され、金・ドル交換停止と、関税とは別に、一〇パーセントの輸入課徴金を導入するという発表がなされました。これにより、金と交換されるドル（金一オンス＝三五ドル、一オンス＝二八・三五グラム）を世界の基軸通貨とする固定為替相場制である、金・ドル本位制、すなわちブレトン＝ウッズ体制が崩壊します。

そのため、一瞬、変動為替相場となりますが、すぐに一九七一年一二月、ワシントンのスミソニアン博物館に先進一〇ヵ国の蔵相が集まります。そこで、安い円やマルク（西ドイツ）に耐えられないというアメリカの要求を呑んで、円・マルク切り上げ、ドル切り下げを断行するかたちで、固定為替相場制が再構築されました。これを**スミソニアン協定**（スミソニアン合意、スミソニアン体制）といいます。このとき、一ドル＝三〇八円へと、円は切り上げられました。

しかし、スミソニアン体制も、一年あまりしか続きませんでした。一九七三年、**変動為替相場制**が採用されます。変動為替相場制とは、外国為替相場の変動を市場の需給に任せておく制度、つまり、為替市場の実勢価格に従って外国為替相場（為替レート）が常時変動する制度のことです。この結果、単純にいうと、日本の輸出が伸びれば円が上がり、輸出が減少すれば円が下がるようになります。もちろん、日本の輸出が伸びると思えば、投機的に多数が円を買うのでまた上がる、といったことも起こりますが。

一九四九年のドッジ＝ラインから、すでにGNPが世界二位の七一年まで一ドル＝三六〇円の固定為替相場制でした。この間に輸出も大幅に上昇し、経済力も上がっていますが、しかし、円の価値は一ドル＝三六〇円のままです。これは経済の実態よりはるかに円安で、日本の輸出にはきわめて有利な状態であったことになります。しかし、変動為替相場になれば、日本経済の実態にともなって、徐々に円の価値は上がっていきます。徐々に円が上がっていくということは、日本商品がアメリカなど外国でどんどん割高になっていき、輸出が不利になっていくということです。これで、経済の実態よりも非常に円安だったという固定為替相場のうまみがなくなり、輸出中心の日本経済は、円高不況になっていきます。

第四次中東戦争により起こった第一次オイル＝ショック

一九七三年、第四次中東戦争が勃発すると、ＯＡＰＥＣ（アラブ石油輸出国機構）加盟のアラブ産油国は、親イスラエル政策をとる欧米・日本に対して、石油供給制限をおこなうという石油戦略をとりました。そして、アラブ以外も加入するＯＰＥＣ

（石油輸出国機構）も、原油価格を約四倍に引き上げたため、第一次石油危機（オイル＝ショック）が起こります。そのあとも原油価格はどんどん高騰し、世界経済は大打撃を受け、世界同時不況が進行します。七四年には日本経済も戦後初のマイナス成長となりました。

ところで、一バレルとは約一六〇リットルです。一石は約一八〇リットルで、一斗缶（ブリキの灯油缶）が一〇個並んだ体積ですから、一バレルは一斗缶八・八個分ぐらいです。これがいちばん安いときにいくらだったかというと、一バレル＝二ドルでした（いまは一バレル＝一〇〇ドルの時代です）。この「水より安い」といわれた原油価格は、アメリカのイスラエルを利用した中東支配のおこぼれをもらったから可能だったというわけです。日本は、この安価な石油で高度経済成長を進め、太平洋ベルト地帯といわれる石油化学工業地帯が形成されます。

オイル＝ショックの際に、田中角栄内閣の三木武夫副総理が中東八ヵ国を歴訪しました。「土下座外交」と揶揄されましたが、日本は「アラブの友好国」と認められ、石油削減が緩和されました。なぜかというと、日本はこれまでアラブに対し、侵略も植民地支配もしていないという「歴史」があるからです。そこが欧米とは違うわけです。もうひとつ、アラブの人たちは、自分たちと日本人は同じアジア人だと思っています。だから外交辞令かもしれませんが、日本にアラブの大臣が来たりすると、「アジアで経済発展した日本は、われわれの誇りだ」といった意味のことをよくいっています。

狂乱物価とスタグフレーション

当時の日本経済は、田中角栄内閣の日本列島改造の構想で地価など物価が高騰していました。そこにオイル＝ショックで原油が暴騰しましたから、狂乱物価になります。そのためモノは不足し、次はトイレットペーパーや洗剤がなくなるのではないかというデマが流れ、買い占めに走ったり、学校のトイレットペーパーを持ち帰ったりする人が多く出ました。警備員に止められている主婦たちの買い占めの様子は、よく教科書に出ています。

これに対し、政府は総需要を抑制してインフレに対処しようとしました。いわば、狂乱物価というひどいインフレに対し、総需要抑制政策というデフレ政策で水をぶっ掛けた。そうしたら今度は不景気になった、ところが、不景気なのに、物価だけが上昇するというとんでもない事態になった。これが、スタグフレーションです。そういうなかで一九七四年には、戦後初のマイナス成長となってしまいます。すなわち、ここでついに、五五年の「神武景気」以来継続した高度経済成長の時代は終焉《しゅうえん》したことになります。

　このような経済状態に対し、企業は「減量経営」により、労働者数・雇用者数を抑制し、パート労働への切り替えや賃金抑制など労働者に犠牲を強いて、コスト引き下げのための方策をとります。一方、政府は省エネルギー政策と称して石油緊急対策要綱をつくりました。具体的にはマイカー自粛、ネオン・深夜放送自粛、石油・電力一〇パーセント削減などです。

　それにしても、日本はいつも「建て前」の世界が張り出すと、「私」より「公」が重くなります。そして、日本で「公」とは、ひとりの利益を超えたみんなの共通の高い利益ではなく、「お上《かみ》」のいい換えです。お上が大切で個人の利益は恥ずかしいもののようにいう、戦前と同じような空気がはびこってきます。「マイカー運転をやめよう」という標語が、実際にありました。産業用のトラックは別でしょうが、「彼女とドライブなんて、このオイル＝ショックのときになんだ！」「非国民！」というような雰囲気・精神主義がはびこってしまいます。こういうことでは戦前も戦後も、社会はあまり変わっていないのかもしれません。福島第一原発事故の後の「一億総節電」のような雰囲気も、異様に感じます。本当のところ電力の需給能力はどうなのか、しかと見極める必要があります。事実、二〇一五年現在、原発は一基も稼働していません。誰でも反対しにくい「いいこと」がいわれたときは、とりあえず眉につばをつけてみるのが、日本社会で生きる知恵です。戦後の価値のひとつは、やはり「公」より「私」が大切だといえる社会、恣意的自由を肯定しうる社会の到来であったような気がします。

ネオン自粛は、湾岸戦争のときにもありましたね。石油とは全然関係ないのに、オイル＝ショックになるかもしれない、石油を使うのは無駄遣いだといって、横浜ベイブリッジや隅田川の永代橋の夜灯を消していました。一晩にいくらかかるのかと思って調べたところ、横浜のベイブリッジは三万三〇〇〇円、永代橋は三〇〇〇円だそうです。それなら「俺が払ってやろうか！」という気分になってしまいます。

先進国の首脳が、世界情勢・国際経済について話し合う**先進国首脳会議**（サミット）が、一九七五年から毎年一回開催されることになります。第一回はフランスのランブイエでした。オイル＝ショック後の世界不況打開のために、ジスカールデスタン仏大統領が提唱したことに端を発します。初年の参加国は米・英・仏・西独・伊・日の六ヵ国で、翌年からカナダが加わります。

イラン革命による第二次オイル＝ショック

日本は省エネ・合理化（リストラ）などがおこなわれても、従順な人が多いので、イラン革命によって生じた第二次オイル＝ショックでは、比較的打撃が少なくて済みました。マイクロエレクトロニクス（ＭＥ）革命で成果をあげられたことも、打撃を小さくするのに役立ったのでしょう。

しかし危機的経済状態から〝一抜け〟した日本は、他国に集中豪雨的に輸出をおこなったので反感を買い、この後、**貿易摩擦**が起こっていきます。

3　一九七〇年代の政局

日本列島改造論を唱えた田中角栄内閣

佐藤栄作内閣退陣のあとを受け、自民党総裁選で福田赳夫を破った田中角栄内閣が誕生しました。第一次田中内閣は、一九七二年七月七日から一二月二二日、第二次内閣は、同日から七四年一二月九日までです。

一九七二年、田中角栄首相が、日中共同声明を周恩来中華人民共和国首相と発して日中国交正常化を実現したことはすでに述べました。

内政面をみると、重要なのは「日本列島改造」です。これは、再配置による工業の地方分散、二五万人規模の新地方都市づくりと地方の生活環境整備、新幹線と高速道路による全国的な高速交通ネットワークの整備などをおこなう。そうして過密・過疎の同時解消を図ろうという、思い切った政策でした。

しかし、この大型公共投資を中心とする内需拡大策は、開発地域の名指しや、資金の過剰流動性を背景に、激しい土地投機と地価暴騰をもたらしました。

一九七三年二月に変動為替相場制に移行して以来の円高不況、同年一〇月、第四次中東戦争に際して、第一次オイル＝ショックが日本経済を直撃。そして七四年には、戦後初のマイナス成長となって、高度経済成長の時代は終わりました。

一九七四年、評論家の立花隆が、雑誌『文藝春秋』に「田中角栄研究―その金脈と人脈―」を発表します。これで田中首相の政治資金調達を巡る疑惑が明るみにでて、この金脈問題で批判を浴び、「今太閤」といわれた田中も退陣を迫られました。

三木武夫内閣とロッキード事件

金権政治批判の声のなか、田中角栄は退陣しましたが、金権政治へのダーティなイメージを払拭《ふっしょく》するためか、「クリーン三木」という触れ込みで、派閥間の妥協の上に、小派閥から三木武夫が首相として選出されます。〝つなぎ〟のような内閣といわれましたが、一九七六年には防衛費をGNPの一パーセント以内と決定し、軍拡に歯止めをかけました。

ロッキード事件の公判で東京地裁に入る田中角栄

三木内閣のとき、アメリカが事実を暴露する形で、大規模な汚職事件である**ロッキード事件**が発覚し、田中前首相は逮捕されます。このときも右翼の黒幕の児玉誉士夫が間に入り、いっしょにつかまります。このあと党内抗争で〝三木おろし〟にあい、総選挙の敗北を機に三木内閣は退陣しました。

福田赳夫内閣と「超法規的措置」

三木内閣を引き継いだのが、福田赳夫内閣です。七一歳という高齢を心配する周囲の声に対し、明治三八年生まれをもじって「明治三八歳」といって若さをアピールしました。また三木内閣で外交や経済が沈滞していたので、総理大臣をもじって「掃除大臣」ともいっていました。

一九七七年、日本赤軍が日航機をハイジャックして、バングラデシュのダッカ空港に強制着陸し、人質と交換に日本で服役または拘留中の政治犯ら九名の釈放を要求しました。このダッカ日航機ハイジャック事件に際し、福田首相は「人命は地球より重い」として、「超法規的措置」で、出国を拒否した三名を除き、テルアビブ空港事件でのイスラエル軍との交戦で戦死した奥平剛士の弟で京大生の奥平純三ら六人を引き渡しました。このとき吉本隆明は、「戦後日本が第二次大戦の殺りく加害・被害体験から学んだ、ほとんど唯一の取柄」は、「人命尊重のためならばどんな要求でも呑み込んでよい」という思想だと評価しました。しかし、一方で「テロリストの脅迫に屈した」と国際的な批判も浴びました。

前述したように一九七八年、福田内閣は日中平和友好条約を結び、日中関係の進展に寄与しました。

元号法を定めた大平正芳内閣と元号の「意味」

一九七八年に、大平正芳内閣が発足しましたが、翌七九年にイラン革命が起きます。これによりイランでの石油生産がストップし、イランから原油を購入していた日本では原油価格が高騰して第二次オイル＝ショックが起きます。

また同年に、**元号法**が定められました。元号を定めるということは、「時間を支配」することです。日本の元号は「大化」が初めてですが、もともとは中国から輸入された考え方で、いわば「皇帝（あるいは天皇）の時間のなかで生きろ」という意味がありますね。

近世まで天皇に馴染みの薄かった国民（臣民）の意識のなかに、明治政府は徹底的に、天皇の存在を刷りこもうとしました。そして、朝から晩まで、日常すべての時間を天皇の時間と同一化させるために、一八六八年に一世一元の制を定めました。ひとりの天皇の在位中には必ずひとつの元号を用いるという制度で、明治天皇の一〇年目とか大正天皇の五年目というように、天皇によって時間を考えるようにしむけます。

しかし、元号は戦後、法的意味を失います。そのため、元号と一世一元の制を法制化したものが、元号法です。元号法により、公文書の日付は皆元号で書くよう指示されます。

すなわち、すべての時間を明治、大正、昭和という天皇の時間で区切って考えさせようとする政策です。歴史を「明治」「大正」「昭和」と、天皇の支配で時期区分することは、歴史の転換を見誤らせます。天皇の統治の時間で歴史を見る目をつくる、イデオロギッシュな政策です。それ故、元号と一世一元の制の法制化は、近現代史にとって非常に重要な意味を持つのです。

第二次大平内閣では、自民党の内紛で内閣不信任案が可決されて初の衆参ダブル選挙がおこなわれました。しかし党内抗争で弱った大平は、選挙前に急死します。そのときにあらわれた日本人の〝浪花節〟的感覚はすごいですね。首相急死への同情で、選挙は自民党が圧勝しました。

4　行政改革とバブル経済

行政改革による国鉄分割民営化

一九六一年の池田勇人内閣のときに、第一次臨時行政調査会が開かれ、行政改革がおこなわれます。しかし、より重要な意味を持つのは、八一年から八三年にかけて第二次臨時行政調査会によっておこなわれた行政改革です。会長は土光敏夫経団連名誉会長で、鈴木善幸内閣が着手します。そして実質的には、中曽根康弘内閣によって推進されます。

オイル＝ショック以後の経済の低成長と国の財政赤字への対処が目的で、スローガンは〝増税なき財政再建〟でした。要するに「小さな政府」を目指した新自由主義、新保守主義的な政策です。

結局、中曽根内閣が推進した「小さな政府」によって実現した主なものは、一九八五年のＮＴＴ（日本電信電話）、ＪＴ（日本たばこ産業）、八七年の国鉄分割民営化によるＪＲグループということになります。

ジャーナリストの田原総一朗が後年、中曽根内閣の官房長官だった後藤田正晴（故人）に、「国鉄分割民営化って、ほんとは社会党潰しなんでしょう？　もうそろそろ答えてもいいでしょう」と質問したら、「まあ、そういうところもあるかな、ハハハ……」といっていました。

どうして国鉄分割民営化が、社会党潰しになるのでしょうか。「風が吹けば桶屋が儲《もう》かる」よりは、論理的です。要するに国鉄分割民営化をおこなえば、国鉄労働組合（国労）が弱体化するわけです。国労は総評の最も中核の位置を担っていますから、総評が弱体化します。そして、総評に支えられたのが社会党ですから、総評が弱体化すれば、社会党の土台が崩れます。結局、国鉄分割民営化は国労潰しになるし、総評潰しになるし、社会党潰しになるというわけです。

バブル経済の原因をつくったプラザ合意

一九八五年、ニューヨークのプラザホテルで開かれたＧ５（五ヵ国蔵相・中央銀行総裁会議）で円・マルク、とくに**円高を促進**するために協調介入をおこなうという**プラザ合意**がなされます。そして先進五ヵ国の中央銀行が、市場で、一斉にドルを売り、円を買います。売られたドルは下がり、買われた円は上がる、というわけです。

一九八六〜九一年にかけて、いわゆるバブル経済が訪れます。プラザ合意により円高になると、日本の輸出産業は大打撃を受け、円高不況になります。しかし、日本の自民党政権はアメリカの無理難題を常に呑まされてきており、このときの中曽根康弘内閣も同様です。

しかし同時に、自民党政権を支えているのは財界です。そのため中曽根内閣は、円高不況対策として、財界に見返り措置をおこないます。それが、法人税減税と超低金利政策です。この結果、企業にいわゆる「金余り現象」が生まれます。余剰資金です。「愚かな奴に金を持たせるとろくなことをしない」というのが世の常ですが、やはり日本人は愚かでしたね。

輸出に頼っている日本ですが、みんな欲望があるわけですから、たとえば社長さんが従業員の給料をぱっと上げれば購買力が大きくなって、国内市場拡大に寄与したでしょう。日本はGNP世界二位の国ですよ。また、地道な研究・開発に大量の資金をつぎ込んだら、いま頃違った世界が広がっていたかもしれません。ところが何をやったか。企業はひたすら、土地や株を買いあさりました。

その結果、地価・株価が異常に暴騰し、実際の価値から離れた架空の価値、すなわち「バブル＝泡」が形成されていってしまいました。しかし、それは、やがて弾《はじ》けます。

さて、一九八八年の竹下登内閣のときに消費税三パーセントの導入が決定され、翌年から実施されます。一九九七年、橋本龍太郎内閣のとき五パーセントに上がり、民主党の野田佳彦内閣が成立させた法案に基づき、二〇一四年、自民党・公明党の連立政権である第二次安倍晋三内閣のときに、さらに八パーセントに上がりました。

一九九二年、GATTのウルグアイ＝ラウンドで、日本は米の輸入自由化を迫られます。そこで九三年の細川護熙《もりひろ》内閣のときに、米輸入の一部自由化がなされました。しかし現在、米には関税が七〇〇から八〇〇パーセントかかっています。

5　一九八〇年代の政局

鈴木善幸内閣と「日米同盟」の罠

新冷戦とよばれる国際情勢のなかで、一九八〇年、鈴木善幸内閣が誕生します。鈴木は元社会党の衆議院議員であり、自民党ではハト派です。しかし、日本の軍拡を求めるアメリカに一〇〇〇海里以内のシーレーン（海上交通路）の防衛を約束したのも鈴木内閣でした。

当たり前のように、「日米同盟」という言葉が使われます。運命共同体のようなことだといっている、政治家さえいます。いつから、「日米同盟」ができたのですか？これは大事なことですが、知っている人が意外と少ないので困りものです。

これは別に、一九五一年の旧安保条約を指しているわけでも、六〇年の新安保条約を指しているわけでもありません。出所は、この鈴木首相のときです。

「日米同盟」の誕生は、実は何も知らない鈴木首相がアメリカで、外務大臣と外務省に乗せられてサインしてしまったことに始まります。すなわち、一九八一年五月、鈴木首相とレーガン米大統領との首脳会談後の日米共同声明で、初めて日本は「日米両国間の同盟関係」という表現に合意させられたのです。

サインの後で、「同盟とは軍事的な関係のことです」と外相らにいわれた首相は、帰国後すぐに、羽田空港で「日米安保条約は軍事的同盟の意味はない」と弁明しますが、へそを曲げた外相や外務事務次官が辞職します。その上、アメリカの不興を買い弱った首相は、次の総裁選にも出ないまま去っていくことになります。総理大臣が、アメリカや外務省に「はめられた」ようなものでした。

一九八二年に**教科書検定が外交問題化**したのも、鈴木内閣のときでした。

かつて日本の文部省による教科書検定では、政府に都合の悪いことはカットしていました。南京大虐殺も関東大震災の朝鮮人虐殺も皆、教科書には載っていませんでした。このように、侵略や植民地支配にかかわる「好ましくない」事実を隠蔽《いんぺい》し、歴史が偽造されたため、中国・南北朝鮮・台湾・マレーシアなどが侵略や植民地化の歴史記述に問題があるといって抗議してきたわけです。

そこで鈴木内閣の官房長官・宮沢喜一は、世界に向け「日本政府の責任で是正します」と宣言したので、文部省の役人は真っ青になったものの、いちおうの落ち着きをみました。これ以降、検定による規制がようやく緩み始めます。

しかしその際、沖縄における住民虐殺の記述に関してのみ削除されていたことがわかり、記述回復を求める意見書が沖縄県議会から採択されます。沖縄の人たちの怒りは当然です。

中曽根康弘内閣と「戦後政治の総決算」

一九八〇年代に、教科書検定問題とともに、アジア諸国とのあいだで外交問題化したもうひとつの事件があります。八五年に**中曽根康弘首相**が閣僚を率いておこなった**靖国神社公式参拝**です。靖国神社は戦前の軍国主義の精神的支柱とされた、軍管轄の特殊神社です。靖国神社は戦争の犠牲となった日本国民を祀《まつ》っているわけではなく、幕末以来、天皇のために死んだ軍人・軍属を英霊として祀る神社です。

ですから、たとえば沖縄の洞窟で米軍の火炎放射器によって一緒に焼き殺された人たちのなかでも、軍服を着た日本兵は本人の意思に関係なく靖国の「英霊」となりますが、隣で焼き殺された沖縄の人たちは靖国神社に祀られることはありません。また、東京裁判でA級戦犯となった東条英機らも「英霊」ですが、空襲などで死んだ人々は「英霊」ではありません。

A級戦犯を「神」として祀る神社に首相と閣僚が公式参拝することに対し、日本政府は歴史をどう捉えているのかとの怒りを招き、中国・韓国を中心に激しい抗議が出て、国際問題に発展しました。

国内では、憲法の問題が浮上しました。憲法で保障されている信教の自由には、重要な二点があります。ひとつは、国民はどんな宗教を信じてもいいということ。二つ目は、それを保障するために、国家は特定の宗教を保護・監督してはいけないという政教分離の原則です。当然、税金を使って公用車に乗り、閣僚を引き連れて首相が公式に特定の神社を参拝することは、憲法上問題があることになります。

しかし中曽根内閣は、ゴムのように伸び縮みする憲法解釈によって、この問題をすり抜けました。神社の正式なお参りの仕方は、「二最敬礼・二拍手・一最敬礼」です。その正式な参拝形式をとらず簡易的な参拝で済ませば、宗教行為にはあたらないといって押し切りました。「何でもあり」といったところです。

一方、一九八二年一一月に誕生した中曽根内閣は〝戦後政治の総決算〟を掲げ、戦後民主主義に対する否定的評価をおこないます。そして「レーガン―サッチャー―中曽根」というラインで新自由主義・新保守主義を取り、行政改革を進めます。八五年のＮＴＴ・ＪＴの民営化、八七年の国鉄分割民営化によるＪＲの発足はこの内閣でのできごとです。さらに、行政改革を推進するなかで、防衛費は「聖域」だといって増加させる一方、福祉を〝切り捨て〟にしました。

そして、ソ連のアフガニスタン侵攻以来の新冷戦といった米ソの緊迫した情況のなかで、一九八六年、ちょうど一〇年前に三木内閣が設けた軍拡の歯止め策、防衛費ＧＮＰ一パーセント枠を突破させます。アメリカの戦略に同調して、日本を「不沈空母」にすると発言して顰蹙《ひんしゅく》を買いました。日本は沈まないでしょうけれど、乗っている人間はどうなるんでしょう。

また一九八五年に、一九七九年の国連総会で採択された女性差別撤廃条約に批准するため、男女雇用機会均等法が制定されます。しかし、財界の要求を入れて、罰則規定はなく、先進国のなかでは遅れていました。これ以前は四年生大学卒の女性を採用する大企業は多くありませんでした。この法により、補助的業務に携わる一般職に対し、基幹業務をおこなう総合職も導入され、雇用の時点で女性の賃金も男性と同じになりました。

なお、同法は一九九七年に改正され、新しくセクハラ防止の配慮義務などが付け加わります。またそのときに、ジェンダー（生物学的性のセックスに対する、社会・文化的な性）の観点から、「女子」「婦人」を「女性」、「男子」を「男性」という表現に改めました。僕らが大学生のころ、「女子」なんて言う奴がいると、「中学生かよ！」と思いましたが、いまはお笑いの世界から「女子・男子」が復活してくるという時代の逆行で、この表現・語感は「イカサナイ（死語かもしれませんが）」と思います。

二〇〇六年の再改正では、妊娠・出産等を理由とする不利益取扱の禁止、男女労働者に対するセクハラ防止措置の義務化が加わりました。

竹下登内閣と「平成」

一九八七年一一月に発足した竹下登内閣では、日米貿易摩擦の原因となっていた牛肉・オレンジの輸入問題がいちおうの決着を見せます。しかし八八年七月には、リクルートコスモス社の未公開株が政界などに譲渡されていたリクルート事件が発覚します。天皇・裕仁《ひろひと》死去にともない「平成」と改元され、三パーセントの消費税が導入されたのも、竹下内閣のときです（八九年）。

宇野宗佑内閣と「女性問題」

一九八九年六月、「当て馬」といわれながらも宇野宗佑《そうすけ》内閣が成立します。それでも首相となってうれしそうでしたが、女性問題のスキャンダルと参院選における自民党の敗北で辞任し、わずか二ヵ月という短命に終わります。宇野内閣成立の翌日の六月四日、中国では民主化運動を弾圧する天安門事件が起きました。北京の天安門広場とその周辺で、民主化を求める学生や市民に、「人民解放軍」が発砲をはじめました。中国共産党の軍隊である「人民解放軍」が、「インターナショナル」（革命歌・労働歌）を歌う「人民」を虐殺して民主化の動きを封じ込めたのです。

6　現代社会と社会運動

原子力発電と原発政策の本音

二〇一一年の三・一一東日本大震災は、日本社会の構造的矛盾を否応なく暴き出しています。東京電力福島第一原発一～四号機は地震によって損傷し、本当は想定していたのに「想定外」と称する津波により非常用電源が喪失し、冷却機能が失われ、核燃料のメルトダウン（炉心溶融）と水素爆発を次々と引き起こしました。そして、多量の放射性物質が放出されました。

子どもたちはこれからずっと、未知数の放射線障害の危惧を持ちながら成長していかなければなりません。これは人災であり、責任の所在を探っていかなければ、同じことの繰り返しとなるのではないでしょうか。

「原子力ムラ」という言葉があります。原発政策を推進してきた東京電力など電力会社、経済産業省、東大を中心とする学者グループ、自民党の族議員たちです。彼らの無責任さや独善性、また、テレビを中心とするメディアに対しての、真実や批判を隠蔽させようとする「影響力」が暴露されたのではないでしょうか。莫大《ばくだい》な原発建設費と交付金は、原発メーカーやゼネコンに流れ、それが族議員などの政治家に業界から還流され、高級官僚の天下り先をつくります。まさに、政・財・官の癒着の最たるものです。

また、加害者が明白な原発事故の被害を、「風評被害」という使い勝手のいい言葉で隠蔽し、あたかも「消費者が悪い」というようなイメージすら生産しています。放射性物質で汚染されている食物を食べることが、被災地の生産者に貢献することではありません。被害は加害者が責任を負うものです。

罰則規定まで設けた「節電」の強制の意味も追及されるべきでしょう。「計画停電」は本当に不可避だったのか？　警察のキャンペーンをもじれば「覚せい剤やめますか？　人間やめますか？」のように、「原発やめますか？　人間やめますか？」と迫りたいのかもしれません。「節電」を拒否するとメディアで発言したら、「非国民」のように扱われるでしょう。公的な「正義」なるものに抗《あらが》えない。かつて吉本隆明は、そんな雰囲気を「戦争が露出してきた」といいました。

全国各地に原発が建設されています。札束で地域社会や地域の共同性を潰し、原発なしでは生きていけないような「原発都市」をつくりました。自民党政権や高級官僚が電力会社とともにおこなったことです、そのときの学者の役割も考えてみてください。「プルトニウムは食べても大丈夫です」と住民にいった東大教授がいました。「先生、今晩の夕飯にいかがですか？」といってみたい気になります。

一九五五年、日米原子力協定が締結されて濃縮ウランを受け入れ、同年、原子力基本法を制定し、「平和利用」に限定して原子力の研究・開発をおこなうことを定めました。翌五六年に原子力委員会が設立され、初代委員長は内務省の警察官僚から読売新聞社社長となり、A級戦犯容疑者であった正力松太郎です。またこの年に、茨城県東海村に日本原子力研究所が設立され、六三年には初の原子力発電に成功しています。そして六六年に、日本初の原子力発電所である、東海原子力発電所が完成しています。

山本義隆は『福島の原発事故をめぐって』（みすず書房、二〇一一年）で原発・原発政策のあり方への根底的な批判をおこなっています。ぜひ読んでください。

原発政策を推進した中心人物は岸信介です。正力松太郎とは巣鴨プリズンの「ムショ仲間」でした。岸は原子力について「平和利用ということは軍事利用ということと紙一重である」との認識を持ち、「平和利用だといっても、一朝事《いっちょうこと》あるときこれを軍事的目的に使用できないというものではない」と語っています。そして、原発によって核兵器保有の潜在的可能性を高めることにより、「国際の場における発言を高めることができる」と本音を話しています。「原子力の平和利用」のお題目が、いかに虚妄であるかよく示しています。

いまは亡き忌野清志郎の「サマータイム・ブルース」の歌詞が聞こえてくるようです。〝それでもテレビは言っている　日本の原発は安全です　さっぱりわかんねえ根拠がねえ！〟

労働運動の高揚・挫折と右派的再編

一九七〇年代の労働運動についてみると、**七四年春闘**は〝国民春闘〟として闘われ、六〇〇〇万人が参加して大いに盛り上がります。山手線や中央線をはじめ、国鉄の電車の車体いっぱいにスローガンを書いたステッカーが貼られた車両がホームに入ってきます。大学の立て看板のように「スト権奪還！」「闘争勝利！」と車体に大きく横書きされた電車も街中を走っていくわけです。

一九七五年、公務員の**スト権奪還スト**がおこなわれました。国鉄全線で一九二時間（八日間）にわたり電車を止めて闘いました。あとでわかったことは、このときの三木内閣は実は公務員にスト権を返すつもりでいたことでした。この動きに対し、中曽根康弘が表に出て「国鉄労働者の違法ストライキと闘え」と訴えます。とはいえ「違法ストライキ」以前に、スト権を奪ったことがすでに憲法違反の疑いがありますが。

しかし、そうした情報はリアルタイムには入ってきませんでした。実はあと一歩のところまでいっていたのです。とはいえ、一九二時間も電車を止めて最大限の闘いを仕掛けたにもかかわらず、スト権の奪還は実現しませんでした。これで日本の労働運動は、大きく力を失います。

労働運動が打撃を受け弱体化するなかで、労働界の再編が右派的に進みます。一九八九年、社会党系の総評が解散し、民社党系の同盟などと統一しました。ここに、約八〇〇万人の労働者を組織する連合（日本労働組合総連合会）が誕生します。現在、連合は民主党を支持して、民主党政権のときは政権を支えていました。

一方、右派的な同盟との統一を拒否して、共産党系が約一四〇万人の労働者を組織して全労連（全国労働組合総連合）を結成します。新左翼系や旧社会党左派系の約五〇万人は、全労協（全国労働組合連絡協議会）の下に結集しました。

急進化した新左翼運動の衰退

一九七〇年代に入ると新左翼運動の高揚はかげりを見せますが、その一方で、運動は激化してきます。七〇年、共産同赤軍派によるよど号ハイジャック事件が起きます。リーダーの田宮高麿が「我々は明日のジョーである」といったことは、時代を象徴していました。七二年、浅間山荘で警官隊と銃撃戦をおこなった連合赤軍では、同志たちを粛清していたことがのちにわかります。この事件が、日本の新左翼運動に強烈な衝撃を与えました。また、いわゆる「内ゲバ」と呼ばれる党派闘争により、多数の死者を出した新左翼運動は、全体としては急速に衰退していきます。しかし多くの活動家たちは、各地の市民運動に参加したり、山谷《さんや》や釜ヶ崎の日雇い労働者の運動を含め、さまざまな労働運動の現場で活動の場を持ち、運動を広げていきました。

一方、一九六六年に、千葉県成田市に新東京国際空港（成田空港）が建設されることが決定し、それに対する反対運動が起こります。農民の土地を強引に取り上げていくことに対して、地元・三里塚の農民が立ち上がりました。その闘いを学生や新左翼の諸党派が支援し、長く厳しい闘争が展開されました。実力闘争のなかで、何人もの死者が出ました。これが三里塚闘争です。七八年、激しい反対闘争により管制塔が占拠され、開港が延期されます。しかし結局、同年、空港は開港されることになりました。

第二章　ポスト冷戦と五五年体制の崩壊

1　冷戦の終結

新冷戦で軍拡を迫られる中曽根政権

一九七九年にソ連がアフガニスタンに侵攻すると、米ソ関係は緊張します。翌年のモスクワオリンピックは、アメリカに従い日本もボイコットしたので、選手たちは泣いていました。またアメリカでは、民主党のカーター大統領の「人権外交」や軍縮路線に批判が高まります。そのようななかで八〇年、「強いアメリカの復活」を掲げた共和党のレーガンが、アメリカ大統領に当選しました。こうして八〇年代は、新冷戦といわれる米ソの対立による緊迫した時代を迎えます。

新冷戦の一九八〇年代、日本はアメリカから軍拡を迫られていきました。そして、対ソ強硬策と「小さな政府」をめざす新自由主義・新保守主義を基軸とする、アメリカの共和党の大統領レーガン（レーガノミックス）――イギリスの保守党のサッチャー首相（サッチャリズム）――自民党の中曽根首相のラインができます。

マルタ会談と冷戦の終結

緊迫した新冷戦下のソ連で、「人間の顔をした民主的な社会主義」などを掲げる、理想主義的な指導者ゴルバチョフ書記長が登場し、ペレストロイカ（改革）が進められます。ゴルバチョフはグラスノスチ（情報公開）も進め、政治や社会の自由化も推進しました。また、シェワルナゼ外務大臣は新思考外交を推し進め、対米関係の改善に努めます。

そうしたなかで、一九八六年、ソ連でチェルノブイリ原子力発電所の事故が起きます。広い範囲が放射能で汚染され、多くの犠牲者が出ました。事故の再発防止のためにも西欧諸国と協調し、改革を進める必要性が、ソ連国内で認識されるようになりました。原発事故も、大きな社会変革の契機になっていたのですね。三・一一東日本大震災、福島第一原発事故と直面する現在の日本にとっても、この事実は示唆を与えます。

ソ連の自由化の動きは、東欧諸国の民衆を刺激しました。一九八九年一一月、東西分断の象徴であった、ドイツのベルリンの壁が崩壊します。

一九八九年一二月、地中海のマルタ島で、ゴルバチョフ・ソ連共産党書記長と、ブッシュ米大統領の首脳会談がおこなわれます。これが**マルタ会談**です。ここで、米ソ両首脳によって「**東西冷戦の終結と新時代の到来**」が宣言されます。

ここに、一九四七年のトルーマン＝ドクトリンから始まる、戦後世界を規定した東西冷戦時代が終わったのです。そして九一年、ロシアはウクライナやベラルーシなどとともに独立国家共同体（ＣＩＳ）をつくり、ソ連は解体されました。

2　五五年体制の崩壊

海部俊樹内閣と湾岸戦争

一九八九年八月には**海部**《かいふ》**俊樹内閣**が発足します。九〇年、イラクがクウェートに侵攻すると、アメリカはイギリス・フランスなどと「多国籍軍」を組織して、九一年一月、イラクを攻撃しました。これが**湾岸戦争**です。

アメリカから「国際貢献」を求められた海部内閣は、アメリカを中心とする「多国籍軍」に、国民一人当たり一万数千円に当たる、一三五億ドルを支払いました。そこには、この間円高になったために上乗せされた五億ドルも入っています。

また戦闘終結後、機雷処理のために、海上自衛隊掃海艇をペルシャ湾に派遣しました。これは、初の自衛隊の海外派遣になりました。

宮沢喜一内閣とPKO協力法・従軍慰安婦問題

一九九一年一一月に宮沢喜一内閣が発足した直後、ソ連が解体・消滅します。九二年、宮沢内閣はPKO協力法を成立させ、ついに自衛隊をカンボジアに派兵しました。自衛隊員の死者は出ませんでしたが、ともに派遣された文民警察官とボランティアが殺されました。

またこの年、元従軍慰安婦の女性たちが名乗りをあげ、従軍慰安婦問題が浮上します。宮沢内閣は一九九三年、韓国でヒアリング調査をし、内閣官房長官・河野洋平の談話という形でまとめました。これが、いわゆる「河野談話」です。ここで、日本政府として正式に、従軍慰安婦が強制であったことを認めました。なお、河野洋平は、後には自民党総裁や衆議院議長を歴任します。

『従軍慰安婦と戦後補償』（三一新書、一九九二年）という本に、目を覆いたくなるような悲惨な例がたくさん出てきます。著者は高木健一という弁護士です。そのひとつを紹介しましょう。「死ぬ前に日本の蛮行を明らかにしたい」という、一九二四年一二月七日に全羅北道《チョンラポクド》に生まれた吉甲順《キルチョンスン》さんの証言です。五人の軍人が家に来て、トラックに乗せられ、船に乗せられ、日本の慰安所に連れて行かれます。そこで、脱走しようとした女性が捕まります。ここからは、証言をそのまま引用します。

「その女性は全裸で逆さづりにされ、軍人が彼女を叩き、乳房をえぐりとり、刀で腹を割き内臓を取り出し、それを私たちに投げつけ『お前たちも逃げようとしたらこんな目にあう』と言ったのです。私は驚きこわくなってトイレの窓から逃げようとしましたが、追われ、足を引っ張られ、引きずられて、上着を脱がされ、逆さづりにされてしまいました。気絶すると水をかけられ、熱い鉄のコテを背中に当てられ、銃の先で突き刺されました。それらの傷跡が今も残っています」

その後、彼女は一日に五人から一〇人の軍人の相手をさせられ、空襲のときに脱出して、敗戦時まで日本にいました。これが、一人の女性の人生に、日本がしたことです。これに目をそむけることはできません。これがオカルト映画ではなく、現実だからです。

「河野談話」においても、調査の結果、慰安所が「軍当局の要請により設営されたもの」であること、「本人たちの意思に反して集められた事例が数多くある」こと、「慰安所における生活は、強制的な状況の下での痛ましいものであった」ことを報告しています。そして「我々は、歴史研究、歴史教育を通じて、このような問題を永く記憶にとどめ、同じ過ちを決して繰り返さないという固い決意を改めて表明する」と日本政府の決意を示しています。この「決意」が、その後の日本政府にどのように継承されているかは疑問ですが。また、日本政府は軍の関与や、強制であったことは認めましたが、国家賠償はしていません。

従軍慰安婦＝日本軍性奴隷制度問題の現状

二〇一四年八月、朝日新聞社は、朝鮮人の強制連行に自らが直接従事したとする吉田清治氏の証言を虚偽と認定しました。そして、一九八二年から九四年に掲載した、吉田証言をもとにした記事一六本（のち八〇年と八四年の記事二本を追加）を取り消しました。このことをきっかけに、一部の政治家やメディアから、あたかも従軍慰安婦（「日本軍」慰安婦）の強制連行の事実そのものが根拠を失ったかのような言動があふれます。また、従軍慰安婦そのものが、「怪しげなこと」のような雰囲気がつくられていきます。さらには、慰安婦問題にかかわる大学教員や所属機関に対する脅迫までもおこなわれるようになってきてしまいました。

一方、ネット上は、民族差別や排外主義をあおり、女性の人権を蹂躙《じゅうりん》する「便所の落書き」のようなヘイトスピーチで炎上します。ついには、バーチャルな「ネット空間」の言葉が現実の街頭にまで飛び出してきました。「韓国人をぶっ殺せ！」「朝鮮人をガス室に送れ！」などのヘイトスピーチを、スピーカーを用いて大音響でわめきまくる隊列が、日の丸を掲げて道路を跋扈《ばっこ》する事態まで生み出したのです。「嘘も百回いえば本当になる」とは、ナチス政権の宣伝相ゲッペルスの言葉の意訳といわれていますが、学生たちのなかにも「慰安婦って嘘だって」というような意識が蔓延し始めています。

そのようななかで二〇一五年五月、歴史学研究会や日本史研究会など、一六の歴史学会・歴史教育者団体が、旧日本軍の慰安婦問題を巡り、日本の加害の事実や被害者と誠実に向き合うよう一部の政治家やメディアに求める声明を発表しました。ここには、数千人の歴史学者・歴史教育者が加盟しています。

いま、「歴史素人」たちが書く自慰史観・手淫史観の「歴史物」が街にあふれています。自慰史観・手淫史観に喜ぶ「日本人像」は、外から客観性をもって眺めれば、どう見えるでしょう。まるで、円陣を組んで顔を見合わせながら、お互いをほめ合っている光景に見えるでしょう。そして、内輪の「ムラ」でしか通用しない「ヘイト」で「オナニー」な言葉を向き合って発しながら、ひたすら一緒に快感を貪《むさぼ》ろうと足掻《あが》いている無様《ぶざま》な痴態がイメージされます。これでは、日本列島に住むすべての人々を慈《いつく》しもうとする人のみならず、「愛国者」を自任する人たちでも悲しむはずです。

このような現状に抗し、前述のように学者や教育者たちも行動を開始しました。「強制連行された『慰安婦』の存在は、これまでに多くの史料と研究によって実証されてきた」と声明を発したのです。そして、「『慰安婦』とされた女性は、性奴隷として筆舌に尽くしがたい暴力を受けた」と明記し、ここに「歴史玄人《くろうと》」として、歴史の偽造に立ち向かう矜持《きょうじ》を示したのです。

また、これらの学者や教育者たちは、「慰安婦」の実態について、「近年の歴史研究は、動員過程の強制性のみならず、動員された女性たちが、人権を蹂躙された性奴隷の状態に置かれていたことを明らかにしている」と歴史的事実を提示します。その上で、「日本軍『慰安婦』問題に関し、事実から目をそらす無責任な態度を一部の政治家やメディアがとり続けるならば、それは日本が人権を尊重しないことを国際的に発信するに等しい。また、こうした態度が、過酷な被害に遭った日本軍性奴隷制度の被害者の尊厳を、さらに蹂躙することになる」と警鐘を発しました。

なお、一九九六年に国連人権委員会の決議に基づいて提出された、「女性への暴力に関する特別報告書（通称・クマラスワミ報告書）」では、日本軍の従軍慰安婦は、「軍隊性奴隷制（military sexual slavery）」と明記されます。また、二〇〇七年に採択されたアメリカ合衆国下院一二一号決議では、日本軍「慰安婦」を性奴隷と人身売買であると認定していますし、同様の決議は、オランダ、カナダ、EU、台湾などの議会でも採択されています。

一方、従軍慰安婦を巡る動きに対し、アメリカの日本研究者たちは、「日本の多くの勇気ある歴史家が、アジアでの第二次世界大戦に対する正確で公正な歴史を求めていることに対し、心からの賛意を表明する」として、『日本の歴史家を支持する声明』を発します。そこでは、「大勢の女性が自己の意思に反して拘束され、恐ろしい暴力にさらされたことは、既に資料と証言が明らかにしている通り」と明確な事実を示します。その上で、「二〇世紀に繰り広げられた数々の戦時における性的暴力と軍隊にまつわる売春のなかでも、『慰安婦』制度はその規模の大きさと、軍隊による組織的な管理が行われたという点において、そして日本の植民地と占領地から、貧しく弱い立場にいた若い女性を搾取したという点において、特筆すべきもの」と断じます。

日本の政治家のなかには、「何で日本ばかり責められる。他の国でもやっている」というようなことを言う者もいます。東京裁判に触れたところでも述べましたが、他者の犯罪をもって自らの犯罪は無くなりません。品性と知性の低さを世界に示しているだけです。

なお、二〇〇七年、安倍晋三首相は「旧日本軍の強制性を裏付ける証言は存在していない」と独自の「信念（?）」を開陳しました。しかし、安倍氏本人としてはいやいやながらでも、やはり日本政府や首相となると、慰安婦の強制を認める「河野談話」をこれからも継承していく」方針しかとりえません。それでは、「強制は無い」とする安倍氏の政治家としての「信念（?）」と矛盾します。そのためか、そのあとの国会で、「官憲が家に押し入って人さらいのごとく連れて行くという強制性、狭義の強制性を裏付ける証言はなかった」と発言します。このように、「強制」を針の穴のように究極に狭く定義する「人さらい発言」で、「強制は無い」とする前言との「整合性」を取り繕《つくろ》おうとしたのです。北朝鮮の「拉致」でも、「家に押し入って人さらいのごとく連れて行く」ことは無かったはずです。「拉致」で同じレトリックを使ったら、「拉致」問題も無いことになってしまいます。

第二次安倍内閣においても、首相は「河野談話の見直し・改変」を唱えていましたが、二〇一三年、アメリカによる圧力からでしょうか、また「信念（?）」を変え、「安倍内閣の閣議決定は河野談話を引き継いでいる」と述べています。

従軍慰安婦と「日本人」の「戦後責任」

従軍慰安婦問題を巡る日本の現状を見てきました。いま、この教室で時間と空間を共有している僕たちは、何を問いかけられているのでしょうか。「お前たち日本人は！」と厳しく問い詰められるかもしれません。それに対して「日本人として恥ずかしい！」とか、「日本人はそんな酷いことをしていない」とか、さまざまな答えがあるかもしれません。

そのことを考える前に、「日本人」ということについて少し考えましょう。いま、僕が「ここで一緒に学んでいる我々日本人は……」といったら、どうでしょうか？　この教室では日本国籍を有する者は多数派でしょうが、「僕は韓国籍、私は朝鮮籍、自分は中国籍、俺はアメリカ籍、日系ブラジル人、ハーフだ、クウォーターだ……」など、さまざまな受講生がいるかもしれませんよ。

よく大学入試で「我が国の○○について答えなさい」といった問題を見ます。はっきりいって、これは入試問題として成立しないと思います。正解は受験生の国籍によって、それぞれ異なってしまいます。日本の大学の入試を受ける受験生の「我が国」がすべて「日本」だと思い込んでいる酷《ひど》い錯誤です。このような「出題ミス」をする大学や出題者の見識が問われます。多数派の「常識」は、概して「思い込み」であることが多いのです。

さて、日本国籍を持つ皆さんは、「日本人」としての責任を問われたとき、どう応えるのか考えてみてください。もし、僕が「日本人」としての責任を追及されたらどうするか。「戦後に生まれた僕は、大日本帝国のおこなった組織的犯罪である従軍慰安婦制度に加担していない」と答えます。しかし、「一人の日本国籍を有する個人」としては、「従軍慰安婦制度に加担した日本人や、その犯罪の隠蔽を図る日本人を糾弾する」と答えます。「日本人」なるものとして「日本人」の責任を負うことはないが、「日本人」なるものとして「日本人」の犯罪をかばうこともないという立場を説明します。

しかし、偶然、日本に生まれたから日本国籍を有するだけとはいえ、僕は日本国籍を持つ者として日本国憲法の下にあり、多くの権利を享受し、また、国外では政府の発行するパスポートによって保護を受ける存在であることも事実です。すなわち、

「日本人」としての既得権は保持しているのです。また、「日本国民」として、「国の最高で最終的な決定を行う権利」すなわち「主権」を有しているのです。選挙権も被選挙権も持っているのです。

それ故、戦後において、戦争責任の追及を怠った歴史、戦前に日本が犯した犯罪に対する戦後補償を怠った事実については責任を免れません。また、日本国の主権者として、日本政府に戦争責任の追及や戦後補償を迫り実現させることができなかったことには、大きな責任があります。すなわち、「戦争責任」はないが、大きな「戦後責任」があるのです。

それから、宿題が一つ。日本国籍を持つ君たちは、いつから「日本人」になったのですか？　オギャーと生まれたときに日の丸をもって日本人とか、星条旗をもってアメリカ人とかいいながら生まれてきたわけではありませんよね。誰が、何時、どのように、君たちを「日本人」として作り上げたのですか？　なぜ、そんなことを聞くのか、それは、歴史的転換点である「いま」と「未来」に関わるからです。

第二次安倍晋三内閣が集団的自衛権の行使容認の閣議決定をおこなった現在、「日本国家の意志」として外国の人を殺害することになるでしょう。「日本人」として外国人を殺すこと、「日本人」として戦死すること、これらが讃えられ、マインドコントロールも進むでしょう。君たちは、納得して、人を殺したり、自分が戦死したりすることができるのですか？「日本人」であることが人殺しの「正当性」になるのですか？　さっきの宿題を、よく考えて解いてみてください。

五五年体制の崩壊と細川護熙・羽田孜連立内閣

一九九三年六月、自由民主党の宮沢喜一内閣に対する内閣不信任案が、自由民主党から小沢一郎らが賛成に回ったことで可決されました。そこで九三年八月、日本新党の細川護熙を首相に、**非自民八党派連立政権**（日本社会党・新生党・公明党・民社党・社会民主連合・日本新党・新党さきがけ・参議院の会派である民主改革連合の七党一会派）が成立しました。一九五五年から三八年間続いた**五五年体制**が崩壊したのです。しかし野党（自民党）から金銭疑惑を追及されると、翌年四月、細川護熙首相は突然辞任を表明してしまいました。

羽田孜《はたつとむ》が後継首相となりますが、小沢一郎の手法が強引だと反発した新党さきがけと日本社会党が連立政権を離脱します。そのため、少数与党政権となった羽田孜内閣は、総辞職しました。わずか六四日間の内閣でした。

村山富市を首班とする自社さ連立内閣

五五年体制崩壊後の政局を辿っていきましょう。

羽田内閣の退陣によって、日本社会党委員長の村山富市を首相に、日本社会党・自由民主党・新党さきがけの三党による連立内閣が成立しました。自由民主党はなんと、日本社会党の委員長を首相に担いで政権に復帰したのです。

その際自民党は、村山富市首相に、日米安保体制の堅持、自衛隊合憲、日の丸・君が代の容認などを約束させます。そして、従来の日本社会党の基本政策を一八〇度転換させることを所信表明などで言明させたのです。はっきりいって、このとき事実上、社会党は死んだと思います。

一九九五年一月、阪神・淡路大震災が起き、六〇〇〇人以上の死者が出ました。三月には、オウム真理教による地下鉄サリン事件が起きます。ともに村山内閣のときです。この事件以降、「安全」の名目で、人権が軽視される傾向が社会のなかに生まれてきます。

また同年、沖縄で少女が三人の米兵から暴行を受けました。日米地位協定により、米軍が犯人の身柄を拘束します。その事件をめぐり、八万五〇〇〇人が参加する「米兵少女暴行糾弾・日米地位協定見直し」を掲げる沖縄県民総決起大会が開催されます。沖縄の米軍基地は、米軍が「銃剣とブルドーザー」によって沖縄の民衆から奪った私有地の上にあることが多いのですが、駐留軍用地特別措置法で、地主が土地を貸すことを拒否しても、市町村長が「貸します」と代理署名して米軍に土地を貸す形が常態化していました。しかしこのとき、市町村長は代理署名を拒否しました。さらに大田昌秀沖縄県知事も軍用地強制使用の代理署名を拒否します。こうして、大量の地主の土地が、期限切れで米軍による不法占拠状態になります。そのため国は大田知事を訴え、結局、橋本龍太郎首相が代理署名をしました。

この事態に対し、一九九七年、日本政府は駐留軍用地特別措置法の改正を強行します。そして、不法占拠状態になる沖縄の米軍基地を、米軍による「暫定使用」という形をとって「合法化」しました。このとき、国会の傍聴席で声をあげた沖縄の人々を逮捕したのが、日本のやり方でした。

橋本龍太郎内閣と日米安保共同宣言

一九九六年一月、村山富市内閣の退陣を受けて、自由民主党総裁の橋本龍太郎が、自由民主党・日本社会党（のち社会民主党に改称）・新党さきがけの連立内閣を継承しました。

同年四月、橋本龍太郎首相とクリントン米大統領との日米首脳会談で日米安保共同宣言が発表されました。そこでは、ソ連崩壊後も、朝鮮情勢が不安定要因と確認されます。そしてこれに対処するために、日米の共通安全保障目標を、日米新安保条約の「極東」から、「アジア太平洋地域」へと拡大することが合意されました。また、日本の防衛力の拡張と、在日米軍の抑止力としての水準の維持が規定されます。

さらに、一九七八年、福田赳夫内閣が閣議決定した、冷戦下でのソ連の日本侵攻を想定した「日米防衛協力のための指針（ガイドライン）」の見直しも合意されました。このことは、安保の実戦化・強化をめざした、事実上の「日米安保の再定義」を意味します。

翌一九九七年、日米安保共同宣言の合意を受けて、第二次橋本龍太郎内閣は、日本「周辺」、すなわち朝鮮有事を想定した「新しい日米防衛協力のための指針（新ガイドライン）」を閣議決定します。国会決議はしていません。そして一九九九年、この決定に基づき、小渕恵三内閣は周辺事態法・改正自衛隊法・日米物品役務相互提供協定（ACSA）など、新ガイドライン関連法案を成立させることになるのです。

なお、二〇一五年、第二次安倍晋三内閣はガイドラインを再改定し、地理的制約をなくし、日本の「周辺」から「地球規模」に拡大しました。

国連の国際先住民年（一九九三年）を受け、一九九七年にアイヌ文化振興法が成立し、法律上でアイヌが民族として位置づけられます。これによって、一八九九年に制定され、約一〇〇年も続き、アイヌ民族の差別と貧困を固定化した北海道旧土人保護法がようやく廃止されます。しかし、アイヌ民族が「先住民族」であることは、国会の付帯決議のみで法律には明記されませんでした。

「旧土人」とは、アイヌ民族に対する蔑称です。明治政府はアイヌ民族の文化・伝統を否定し、アイヌ民族の風俗・習慣を「陋習《ろうしゅう》」として禁止し、日本人への「同化《かふ》」を強制します。そして、北海道旧土人保護法を制定し、アイヌ民族に土地を下付して農民化を図ります。肥沃な土地は和人が奪い、アイヌ民族には地味の悪い土地を下付したので、アイヌ民族への差別とアイヌ民族の貧困は固定化されました。

アイヌ民族は日本の先住民族、マイノリティです。マイノリティがいかに正当に扱われるかは、その国の民主主義や人権尊重の度合いを測る尺度になります。

一気に制定された周辺事態法と治安三点セット法

小渕恵三内閣では一九九九年、周辺事態法など新ガイドライン関連法案が次々に成立します。ほかに国旗・国歌法、盗聴法、改正住民基本台帳法（二〇〇二年より住基ネット実施）といった、まさに防衛・教育・治安三点セットの法律が一気に制定され、日本の大きな曲がり角になりました。

当時の法律では新ガイドラインの内容を実践できないため、安全にかかわる事態が日本の周辺で起こった場合、日本が米軍を支援できる枠組みである周辺事態法が制定されます。この「周辺」の定義があいまいであることは、「序」で述べました。

周辺事態法では、その目的を、第一条において「この法律は、そのまま放置すれば我が国に対する直接の武力攻撃に至るおそれのある事態等我が国周辺の地域における我が国の平和及び安全に重要な影響を与える事態（以下「周辺事態」という）に対応して我が国が実施する措置、その実施の手続その他の必要な事項を定め、日本国とアメリカ合衆国との間の相互協力及び安全保障条約（以下「日米安保条約」という）の効果的な運用に寄与し、我が国の平和及び安全の確保に資することを目的とする」と明記しています。

そして第二条において、基本原則を、「政府は、周辺事態に際して、適切かつ迅速に、後方地域支援、後方地域捜索救助活動（中略）その他の周辺事態に対応するため必要な措置（以下「対応措置」という）を実施し、我が国の平和及び安全の確保に努めるものとする」としています。

同法にある「周辺事態」とは、あいまい、かつ、恣意的拡大解釈を可能とするものであることは何回も述べていますが、それ故、アメリカが日本の「周辺」でおこなう、「先制攻撃」や軍事介入にも自衛隊が参戦することを可能とする内容を含むことになります。また、自衛隊による米軍の「後方地域支援活動」とは、アメリカの軍事行動と一体となった軍事活動をおこなうのみならず、自衛隊の海外や他国の領域での戦闘行為に法的根拠を与えることになることも懸念されました。

第九条においては、「関係行政機関の長は、法令及び基本計画に従い、地方公共団体の長に対し、その有する権限の行使について必要な協力を求めることができる」「関係行政機関の長は、法令及び基本計画に従い、国以外の者に対し、必要な協力を依頼することができる」と明記されています。

すなわち、「周辺事態」に対応するため、政府は国の各機関のみならず、地方自治体や民間企業などにも協力を要請して、国民・労働者の動員を図ることができると規定されているのです。つまり、民間企業に勤めていても、アメリカの戦争に協力して戦場に物資を運ぶか、拒否して解雇されるかという決意が、諸君の「人生の選択」のなかに含まれる事態となったのです。

国旗・国歌法には、たんに日章旗を国旗とする、「君が代」を国歌とする、としか書かれていませんが、日の丸の前で直立不動し、君が代を歌うことを拒否した教員が大量に処分されている東京都の例を見れば、教育統制の実態がよくわかるでしょう。

日本国憲法第二一条には、「通信の秘密は、これを侵してはならない」とあります。しかし政府は麻薬取引、スネークヘッド（蛇頭）、組織暴力を取り締まるためだといって**盗聴法**を定めました。実際は、警察による「予防」と称する「事前盗聴」や、内容がわかるまで聞いてみることができる「予備的盗聴」、別件の犯罪について聞いてみることができる「別件盗聴」が認められています。事実上、警察の盗聴が「合法化」されたに等しくなってしまいました。

改正住民基本台帳法は、戸籍情報に一一ケタの番号をつけ、コンピュータで処理するための法律です。徴税や徴兵は戸籍という名簿に基づいておこないますから、権力者にとって戸籍は人民支配の根幹です。二〇〇二年から**住基ネット**が実施されていますから、僕たちには一人ひとり番号がついて、管理されていることになります。

日本は天皇を中心とする「神の国」であると発言して物議をかもしたのは、二〇〇〇年に発足した**森喜朗**《よしろう》内閣でしたね。

3　二一世紀の政局と平成不況

バブル経済の破綻

バブル経済は、一九八六〜九一年まで続きました。地価や株価は暴騰して、バブルといわれた、実体とかけ離れた架空の価値が形成されていきました。これに対し大蔵省（当時）は、土地取引の総量規制をおこないます。

加えて日銀は、金融引き締め（高金利政策・デフレ政策）に転じ、公定歩合は八九年五月の二・五パーセントから、九〇年八月の六パーセントまで引き上げられました。そのため、九一年をピークに地価は下落していきました。

また、一九九一年の証券不祥事を機に、株価は下落します。八九年一二月、日経平均三万八九一五円だった株価は、九二年八月には、危険水域といわれた一万五〇〇〇円台を割り込んでしまいました。こうしてバブル経済は破綻していきました。

九・一一対米同時多発テロと小泉純一郎内閣

二〇〇一年四月、小泉純一郎内閣が成立します。

同年九月一一日、アメリカで対米同時多発テロが起きました。アルカイーダによって世界貿易センタービルとペンタゴンが攻撃されたのです。これを受けたブッシュ米大統領は、「対テロ戦争」と称して、アフガニスタンのタリバン政権に攻撃を開始しました。このとき米国務副長官のアーミテージはパキスタン大統領に対し、「もしアメリカに協力しなければ、パキスタンを石器時代に戻す」といって脅したといいます。ベトナム北爆での空軍参謀総長ルメイの発言と同じ内容を、ここで聞くとは思いませんでした。二〇世紀は人類史上、信じられないほどの殺戮の時代でしたが、二一世紀も殺戮で幕を開けたことになります。

九・一一を受けた小泉内閣は二〇〇一年一〇月、テロ対策特別措置法を成立させ、海上自衛隊のイージス艦をインド洋に派遣します。

二〇〇三年、ブッシュ米政権は、ありもしない「大量破壊兵器」を口実にイラク戦争を開始します。これによって主権国家イラクは解体情況となり、大量の一般市民が殺されていきます。

ブッシュ政権のアメリカがイラクを攻撃した理由は、「イラクは大量破壊兵器を持っている。それを用いて他国を攻撃しようとしている。イラクは対米同時多発『テロ』を起こしたアルカイーダと協力関係にある」、というものでしたが、二〇〇四年、アメリカの公的機関がこれらを否定しました。あのアメリカ大統領ブッシュによる大量殺戮の責任を、国際社会は法的に追及できていません。

イラク攻撃の直前、週刊『プレイボーイ』（集英社）が、イラクの市場で笑顔ではしゃぐ少女たちの写真を掲載しました。そこには「こんな可愛い娘たちの上に、本当に爆弾を落とすのか！」というような言葉が書いてあったと記憶しています。いい記事でした。しかし、空爆はすぐに現実になりました。あの少女たちは生きていられたのでしょうか。肉片にされていたならば、協力した日本や主権者である「日本人」には大きな責任があります。アメリカ人にはわからないかもしれませんが、小さな町まで焼き尽くされた日本の人々には、記憶と伝承によって、爆弾の下の世界がよくわかるはずだったのですが。

二〇〇三年七月にはイラク復興支援特別措置法を成立させた小泉内閣は、翌年、陸上自衛隊をイラクに派兵しました。

元外交官で評論家の孫崎享《まごさきうける》氏は、日本がイラク戦争に参加した理由を、「『米国に言われたから』それ以外の理由はない」（『戦後史の正体』創元社、二〇一二年）と明確に述べています。二〇一五年、衆議院の特別委員会で、防衛省は、二〇〇三年から〇九年までのあいだにイラクへ派遣された自衛隊員のうち、在職中に自殺で死亡したたと認定された隊員は二九人、二〇〇一年から〇七年のテロ対策特別措置法に基づくインド洋での給油活動に従事した隊員のうち、在職中に自殺で死亡した隊員は二七人だったことを明らかにしました。

小泉内閣は、「聖域なき構造改革」を掲げました。「官から民」を掲げ、郵政民営化に取り組み、日本郵政グループが発足します。

一方、二〇〇四年、労働者派遣法を改正して規制緩和をおこない、製造業務などの派遣を解禁します。このことが、後に「派遣切り」により職を失い寮からも追い出され、ホームレスや「ネットカフェ難民」になる者を生み出すことになります。小泉内閣の徹底した新自由主義的政策により、一気に格差社会が広がっていきます。

相対的貧困率とは、国民を所得の高い順に並べて、真ん中の順位の人（中央値）の半分以下しか所得がない人の比率を意味します。つまり、真ん中の順位の人の年収が四〇〇万円だとしたら、二〇〇万円以下の所得層が「貧困層」といわれ、そのような人たちがどれだけいるかということが、相対的貧困率です。

二〇〇六年のOECD（経済協力開発機構）の発表によると、日本の相対的貧困率は、OECD加盟国中、第二位になりました。前年は、メキシコ、米国、トルコ、アイルランドに次ぐ第五位だった日本が、「小泉改革」により、「世界二位＝銀メダル」レベルの格差社会になってしまったのです。「一億総中流社会」といわれた高度経済成長の時代は幻となりました。

なお、二〇一四年七月に厚生労働省がまとめた「国民生活基礎調査」によると、中央値の半分の額に当たる「貧困線」（二〇一二年は一二二万円）に満たない世帯の割合を示す相対的貧困率は一六・一パーセントでした。これらの世帯で暮らす一八歳未満の子どもを対象にした「子どもの貧困率」も一六・三パーセントとなり、ともに過去最悪を更新しました。相対的貧困率は世界四位になったようですが、日本人の約六人に一人が「貧困層」に分類されることを意味します。

毎年替わる日本の総理大臣

二〇〇六年九月、第一次安倍晋三内閣が「美しい国」を標榜して、成立します。祖父である岸信介を尊敬する安倍晋三は〇六年、教育基本法の全面改正をおこないました。愛国心を掲げたこの改正により、男女共学の原則もなくなってしまいました。

二〇〇七年には国民投票法を成立させますが、野党の反対を押し切って、憲法改正にしか適用されない「手続き法」にしてしまいました。本来ならイラク派兵や消費税問題や原発の是非など、国民の総意が求められる案件についても適用されるべきでしょうが、それらは認められていません。さらに最低投票率が決められていないため、たとえば投票率が四〇パーセントしかなくても、過半数の賛成で成立するため有権者の二〇パーセントで憲法改正が容易に実現できるようにしてしまったのです。防衛庁が格上げされ、防衛省となったのも安倍内閣のときです。最後は、所信表明演説をおこなった直後に政権を投げ出し、あまり美しくない形で辞任しました。

二〇〇七年九月、安倍政権を引き継いだのは、福田康夫内閣です。福田康夫は福田赳夫の子です。

二〇〇八年、洞爺湖サミットの前にアイヌ先住民族国会決議が可決されましたが、それ以外に目立った政策もないまま一年足らずで、彼も政権を投げ出します。

二〇〇八年九月、麻生太郎内閣が成立します。麻生太郎は吉田茂の孫です。この内閣も、たいした成果を上げられないまま、一年で退陣しました。漢字の読み間違えが話題となり、漢字ブームが起きます。子どもたちの漢字教育には貢献したかもしれません。

鳩山由紀夫内閣と政権交代

二〇〇九年九月一六日、鳩山由紀夫内閣が成立し、政権交代が実現しました。幹事長は小沢一郎です。非自民政権は、一九九三年の細川護熙連立内閣以来、一六年ぶりです。衆議院議員総選挙で民主党は圧勝し、民主党・社会民主党・国民新党の三党連立内閣となりました。

「脱官僚・政治主導」を掲げ、マニフェストで子ども手当、高速道路の無料化などを掲げましたが、野党の自民党・公明党から財源の問題で攻撃を受けます。しかも、民主党内にも反小沢勢力を中心に、当初からマニフェストに反対の勢力がおり、しだいに顕在化してきます。

鳩山内閣は、「東アジア共同体の創造」を国家目標の一つとして、沖縄の**普天間基地移設問題**では「最低でも県外」を掲げます。そして、自民党政権時代の日米合意を反故《ほご》にしたのです。しかし、官僚からの抵抗もあり、県外移設は実現できず、これに反発した社会民主党党首の少子化対策担当大臣（当時）福島瑞穂は合意書への署名を拒否し、大臣を罷免《ひめん》されました。その後、**社会民主党は連立離脱**を決定します。

メディアは検察と一体となって「人物破壊」（『人物破壊　誰が小沢一郎を殺すの

か?』カレル・ヴァン・ウォルフレン著 井上実訳、角川文庫、二〇一二年)といわれるような小沢一郎への攻撃を起こします。「政治とカネ」などという使い古されたステレオタイプのキャンペーンを張り、改革を担う能力を持つ、首相就任寸前の人物を潰しにかかりました。民主党内では、反小沢勢力を中心に「鳩山おろし」といわれる倒閣運動が顕在化し、二〇一〇年六月四日、鳩山内閣は総辞職しました。

その後、鳩山由紀夫は政界を引退し、自ら結成した民主党も離党します。そして、東アジア共同体研究所を設立し、普天間基地移設問題では、辺野古への新基地建設に反対し、沖縄の運動に連帯しています。首相だったとき、最後まで「最低でも県外」を貫いて倒されたなら、歴史に名を残したかもしれません。

三・一一東日本大震災と福島第一原発事故

二〇一〇年六月、民主党と国民新党連立の菅直人内閣が成立します。しかし、同年七月の参議院選で、唐突に「消費税一〇パーセント」を持ち出し、惨敗します。九月の代表戦で、小沢一郎を破り、「小沢色」を一掃して、改造内閣をつくりますが、党内対立は激化します。

二〇一一年、三・一一東日本大震災に見舞われ、東京電力福島第一原子力発電所も爆発します。政府の対応の不備が指摘されていますが、そのようななか、突然「脱原発」を掲げました。しかし、その方針の継承のないまま、九月に代表が交代し、松下政経塾出身の野田佳彦内閣が成立しました。

三・一一東日本大震災にともなう原発事故は、日本のシステムそのものの根底的欠陥と、腐敗した利権構造を浮かび上がらせて、戦後日本に大きな転換を強いていきます。しかし、二〇一一年一二月一六日、野田内閣は、収束の方向性すら見えないうちに、福島第一原発の原子炉が冷温停止状態を達成したとして、原発事故の「収束宣言」をおこないました。さらに同内閣は、翌二〇一二年六月、原子力基本法を改正して、原子力の利用に関し、「我が国の安全保障に資することを目的」と明記しました。日本は核技術の軍事利用に道を開いたとの批判の声が、内外から上がります。原発政策を推進してきた岸信介の「原発によって核兵器保有の潜在的可能性を高める」といった「本音」が、民主党政権によって法的に規定されたという皮肉な結果になりました。

二〇一二年八月、野田内閣は、消費税増税を柱とする社会保障・税一体改革関連法を成立させました。これを受けて、二〇一四年四月一日より、五パーセントから八パーセントに消費税率を引き上げられ、二〇一七年四月一日からは、さらに一〇パーセントに引き上げられることが予定されています。

二〇一二年九月、野田内閣が尖閣諸島を「国有化」すると、中国各地で反日暴動が起き、日系企業に矛先が向かいます。その背景には、「領土問題」としては「棚上げ」されていた尖閣諸島を、東京都が購入するとの石原慎太郎都知事の宣言がありました。「真正保守」を標榜する野田佳彦は、「自民党の二軍」「自民党の劣化コピー」との世評通り、コンプレックス故か、背伸びして、自民党でも慎重となる政策に手を付けたのです。そのため、民主党はすっかり支持を失いました。

「政権交代」の崩壊と第二次安倍晋三内閣

二〇一二年一二月、衆議院議員総選挙において、民主党は大敗を喫し、野田内閣は退陣しました。同年一二月二六日、自由民主党・公明党の連立内閣である第二次安倍晋三内閣が成立します。当初、「安倍カラー」を隠し、「アベノミクス」を掲げ、国民の目を景気回復に向けさせます。「アベノミクス」は「安倍」と「エコノミクス」の合成語で、米大統領レーガンの「レーガノミクス」の模倣です。名称を先行させてマスコミに流すという広告業界的手法で「流行り言葉」にして売り込みました。

二〇一三年一二月、第二次安倍内閣は、**特定秘密保護法**を成立させました。「平成の治安維持法」「戦後版の国家総動員法」ではないかと懸念されています。同法では、「その漏えいが我が国の安全保障に著しく支障を与えるおそれがあるため、特に秘匿することが必要であるもの」を行政機関が「特定秘密」に指定する、としています。その上で、秘密を扱う人、その周辺の人々を政府が調査・管理する「適性評価制度」を導入し、「特定秘密」を漏らした人、それを知ろうとした人を厳しく処罰するというものです。

では、「特定秘密」とは何でしょうか？　対象になる情報は、「防衛」「外交」「特定有害活動の防止」「テロリズムの防止」に関する情報とされていますが、あいまいでいくらでも拡大解釈ができてしまいます。また、行政機関が「特定秘密」を指定するので、都合の悪いことは隠し、知ろうとすれば弾圧ができます。漏えいすれば、一〇年以下の懲役と合わせて一〇〇〇万円以下の罰金という厳罰が科されます。たとえば、学生時代の友人が集まり居酒屋で飲んでいます。ひとりが、「うちの会社、最近、防衛省関連の仕事が取れてレーダーの部品をつくってるんだ」などと世間話をしています。どこにでもある話です。ところが、この部品が「特定秘密」に関わるものだとしたら、逮捕されることもあるのです。

また、「特定秘密」を知ろうとする行為も処罰の対象になるので、ジャーナリストや学者の取材や調査も弾圧される恐れがあるのです。国会議員も例外ではありません。国会・国会議員への特定秘密の提供を厳しく制限し、国会議員も刑事罰の対象に含みます。国会議員の権限や国会の地位との関係から考えても大きな問題があります。

さらに、同法においては、「テロリズム」について、「政治上その他の主義主張に基づき、国家若しくは他人にこれを強要」するものと法的に規定しています。これでは、主権者である国民の当然の権利である集会やデモでさえ、「テロリズム」として排斥されてしまう恐れがあります。

一九二三年の関東大震災の二年後に治安維持法は成立しています。二〇一一年の三・一一東日本大震災の二年後に特定秘密保護法が成立しています。関東大震災に際し、大杉栄、伊藤野枝や労働運動家たちが虐殺される事件が起き、数千名の朝鮮人や数百人の中国人も虐殺されました。「国家」が張り出し、「非国民狩り」とともに「民族浄化」と称するマイノリティーの抹殺がおこなわれたのです。今もヘイトスピーチに象徴される差別・排外主義が顕在化しています。三・一一東日本大震災の後、「戦後」は、もう「いままで」と同じではありません。それ故、自分を取り巻く現状を歴史から見ることが不可避となってきているのです。

普天間基地移設問題と「オール沖縄」

第二次安倍晋三内閣は、米軍普天間基地移設に伴う名護市辺野古への新基地建設を、沖縄の人々の意志を踏みにじり強行しています。警察や海上保安庁の「海猿」を使って住民を弾圧しながら強行するやり方を、菅義偉《すがよしひで》内閣官房長官が「粛々と」と表現したので、翁長雄志《おながたけし》沖縄県知事は「上から目線」と批判しました。

二〇一四年におこなわれた選挙、すなわち名護市長選挙、名護市議選挙、沖縄県知事選挙、衆議院議員選挙の沖縄四選挙区、これらすべてで新基地建設反対の圧倒的な民意が示され、「オール沖縄」の結集した力を見せつけました。

県知事選のなか、那覇のスタジアムで開かれた「一万人集会」で、重い病を押して演壇に上がった俳優の菅原文太さんは、遺言のように語りました。「政治の役割はふたつあります。一つは、国民を飢えさせないこと、安全な食べ物を食べさせること。もう一つは、これが最も大事です。絶対に戦争をしないこと」。そして、映画『仁義なき戦い』のせりふをもじって、「仲井眞さん、弾はまだ一発残っとるがよ」。大きな拍手が沸き起こります。そして、「沖縄の風土も、本土の風土も、海も山も空気も風も、すべて国家のものではありません。そこに住んでいる人たちのものです。辺野古もしかり！　勝手に他国へ売り飛ばさないでくれ」と叫ぶように語りました。

　それから一年後、二〇一五年五月一七日、同じ那覇のスタジアムで「戦後70年　止めよう辺野古新基地建設！　沖縄県民大会」が三万五〇〇〇人の参加をもって開催されました。そこで翁長雄志知事は、「沖縄は自ら基地を提供したことは一度もございません。普天間飛行場もそれ以外の基地も、戦後、県民が収容所に収容されている間に接収され、また居住所等をはじめ、強制接収されて、基地建設がなされたのであります。自ら土地を奪っておきながら、『普天間飛行場が老朽化したから』『世界一危険だから』『辺野古が唯一の解決策だ』『沖縄が負担しろ、嫌なら沖縄が代替案を出せ』こういう風に言っておりますが、こんなことが許されるでしょうか」と訴えました。そして、「どうか日本の国が独立は神話だと言われないように、安倍首相、頑張ってください」と皮肉りつつ、「**ウチナーンチュ、ウシェーティナイビランドー**（沖縄の人をないがしろにしていけない）」と演説をしめました。

　そのようななか、沖縄では**琉球独立論**も真剣に語られるようになってきました。二〇一三年、「琉球民族独立総合研究学会」が松島泰勝《やすかつ》龍谷大学教授らによって発足されます。会員は約三〇〇〇人、国際法に従って民族自決権を行使し、住民投票、独立宣言、各国からの承認獲得というプロセスを経ての平和的独立を目指しています。そして、そのための研究、人材育成をおこなうことを目的にしています。太平洋の島国パラオのように、軍隊も持たず平和に暮らしている実例は世界に豊富にあるので、琉球人が独立して非武装中立の小国になることを構想しています。

一方、沖縄在住の芥川賞作家目取真俊《めどるましゅん》氏は、戦後の沖縄・日本をめぐる構造を「第二次世界大戦後、米国は日本の占領統治を円滑に進めるために天皇制の維持を必要とした。しかし、それは日本に侵略されたアジア諸国に不安と反発を引き起こす。そのために憲法九条で日本を非武装化し、再び侵略国家とならない担保をつくった。同時に共産圏の拡大を狙うソ連に対抗するために沖縄に巨大な米軍基地を造った」と分析します。そして、「日本の戦後は、憲法九条と日米安保条約の間に横たわる矛盾を沖縄に米軍基地を集中させることで大多数の国民の目からそらし、国民の側もまた見ないふりをして米軍基地提供に伴う負担を回避してきた」（『日刊ゲンダイ』二〇一五年三月三〇日）と厳しく批判しています。

安倍内閣の集団的自衛権行使容認と「戦争法案」

集団的自衛権とは、ある国家が武力攻撃を受けた場合、直接に攻撃を受けていない、その国と密接な関係にある他国が、協力して共同で防衛をおこなう国際法上の権利です。国連憲章第五一条で加盟国に認められている権利ですが、従来、日本政府は日本国憲法第九条により、集団的自衛権の行使は認められないと解釈してきました。

ところが、二〇一四年七月一日、第二次安倍晋三内閣は、集団的自衛権を限定的に行使することができるという、憲法解釈を変更する閣議決定をおこないました。

そして、武力の行使の「新三要件」として、①「我が国に対する武力攻撃が発生したこと、又は我が国と密接な関係にある他国に対する武力攻撃が発生し、これにより我が国の存立が脅かされ、国民の生命、自由及び幸福追求の権利が根底から覆される明白な危険があること」、②「これを排除し、我が国の存立を全うし、国民を守るために他に適当な手段がないこと」、③「必要最小限度の実力行使にとどまるべきこと」をあわせて閣議決定しました。

二〇一五年五月、第二次安倍内閣は、日米ガイドラインを再改定し、地理的制約をなくし、日本の「周辺」から「地球規模」に拡大しました。また、ついに「戦争法案」といわれる安全保障関連法案を国会に提出しました。安倍内閣自身は、「平和安全法制」と、いつもの言葉によるごまかしです。

法案の骨子は、未だ日本への直接の武力攻撃は発生していない事態だが、日本平和と安全に重要な影響を与える事態を「重要影響事態」と規定し、そのような事態が発生した場合は、米軍を中心とした他国への支援がおこなえるようにするものです。

また、我が国と密接な関係がある国が攻撃され、そのまま放置すれば、日本が直接攻撃された場合と同様の、日本の存立や国民の生命等を守れない死活的かつ深刻な事態を、「存立危機事態」と規定し、日本への攻撃をしていない他国であっても、集団的自衛権を行使して武力攻撃を可能とするものです。

日本のあり方そのものを変える動きに、反対運動も高まります。そのようななかで、衆議院憲法調査会で、与党推薦を含む三人の参考人である憲法学者全員が、安全保障関連法案に対し、「憲法違反」と明言しました。安倍内閣は「合憲」と主張しますが、憲法学者の九五パーセント以上が「違憲」としています。また、歴代の内閣法制局長官も「違憲」としています。安倍内閣は、まさに「裸の王様」状態です。ただ、この王様は物語より強気のようです。「火遊びすると寝小便する」という戒めくらい噛み締めてほしいものです。

「戦後七〇年」、大きな転換期で筆をおきます。来年のいまごろ、日本がどうなっているか僕にはわかりません。多分、誰もわからない、わかっているようなことをいう者は詐欺師かもしれません。そのような「歴史的現在」に、いまいるのです。

「むすび」にかえて　九・一一以降の世界と三・一一以降の日本

九・一一の衝撃で始まった二一世紀

二〇世紀は、「殺戮の世紀」と呼ばれています。一億人以上の人々が、「殺される」という形で、たった一度の「生」を終えたからです。これは人類史上、初めての経験です。殺戮によるその夥《おびただ》しい死は、どのような形で、誰によってもたらされたものなのでしょうか？　そのことを直視する必要があります。

実に、それらの殺戮の大半は、「正当性」の名の下におこなわれました。それも「合法的殺人」です。戦争・処刑・民衆運動鎮圧など、さまざまな形態をとりました。そして、それらの行為の主体は、すべて「国家」であるというのが事実です。つまり、二〇世紀の一億にも垂《なんな》んとする「死」は、近代国民国家によってもたらされた「合法的殺人」による「死」だったのです。

「殺戮」の記憶を持つ二〇世紀を乗り越え、二一世紀は、「殺戮の否定」を前提とした「世紀」であってほしいと望みました。しかし、実際はどうだったでしょうか。二〇〇一年九月一一日のアメリカ合衆国の軍事・経済中枢に対する攻撃と、その報復である対「テロ」戦争と称するアフガニスタンへの空爆。二一世紀は、こんな幕開けになってしまいました。

アメリカのアフガン空爆について、新聞各紙の「社説」は、程度の差はあれ、これを是としました。そのことに、やはり、と思いながらも驚かされました。これを「世論」というのかは知りません。しかしその「世論」が、小泉純一郎内閣の自衛隊海外派兵、アメリカの戦争・殺戮への加担の背景となったことは事実でしょう。

「何で人を殺してはいけないの?」と生徒に問われ、「最近の子どもたちは、命の大切さがわかっていない」、と嘆く教員たちがいました。何気なく見ていたテレビの画面のなかにです。九・一一対米同時多発テロ、それに続くアフガニスタン空爆の衝撃が、まだ覚めやらぬ頃でした。

教員たちの「嘆き」はどうも、子どもたちの「道徳心や倫理観」の欠如が理由のようでした。それを見ていて、僕は「何とおめでたい人たちなのだろう」という思いを禁じえませんでした。ひょっとしたら、この教員たちにとっての「人殺し」とは、路地裏での強盗による刺殺や、痴情関係のもつれの果ての扼殺《やくさつ》、こんな貧困なイメージでしかないのかもしれません。

「何で人を殺してはいけないの?」もし僕が、そんなふうに子どもらに問われたら、「人を殺してはいけない!」なんて誰もいってないよ。そう、本当のことを答えます。「人を殺してはいけない!」なんて世界に、誰も生きてはいない。残念だけど、僕も君たちも。そう伝えなければなりません。それが、いまの世界とこの国の真実だからです。

九・一一以降、いや「戦後七〇年」間、この国は何をやってきたか。良くいえば「正義のために戦う国」、はっきり言えば「正義」と称して「殺戮する国」の行為、すなわちアメリカの行動を「国益」だと称して、常に公的に支持してきました。「国益」とは「お国のため」ということです。

ここで立ち止まって、考えてみなければなりません。さもなければ、再び「人を殺す」ことを「名誉」として強制される時代が来るかもしれません。残念ながら、極論ではないのです。歴史を見ればわかることです。たった七〇年前の、戦前戦中の日本がそうだったからです。いや、戦後の日本が、いつも支持し続けているアメリカだって、実はそういう国だからです。よく見るといいでしょう。戦後、アメリカは常に戦争をしているのです。そしていつも、アメリカではアメリカのために「戦うこと」は「名誉」です。でも、「戦うこと」とは、「人を殺すこと」です。

自衛隊は、「国家の意思」でたった一人の人間も殺したことのない「軍隊」です。それは誇っていいことでしょう。本人たちの意見は違うかもしれませんが。

しかしそんな自衛隊にも、「国家の意思」「日本国の行為」として、外国の人を殺す日が、そう遠くない時期に来るでしょう。現に自衛隊はいまも海外に派兵されているからです。そして、憲法違反の声を無視して、集団的自衛権の行使容認が閣議で決定されてしまったからです。

そんな時が来てしまえば、「人殺し」を「名誉」とする「世論」が、さまざまな力を使って生み出されてくるでしょう。それに抗《あらが》うことは、「空気を読む」人々には、とてもつらくなります。一人でも殺せば、自衛隊の在り方も一線を越えるでしょう。

先進国で「死刑」をおこなっているのは、日本とアメリカ（州によって異なる）ぐらいです。もちろん、EUは廃止しています。日本国憲法の第三六条では、「公務員による拷問及び残虐な刑罰は、絶対にこれを禁ずる」とあります。しかし、占領下の一九四八年、最高裁で刑法の規定にある絞首刑は、憲法にある「残虐な刑罰」に当たらない。だから「合憲」だ、との判決が出されました。A級戦犯の処刑の必要が背景にあったからともいわれています。ともあれ、現在その「判例」のみに基づいて死刑制度が存続しています。それ故、日本国民は「義務」として裁判員になって、自らの意志に反して、「国家」によって「死刑」という名の「合法的な国家の殺人」に加担させられる可能性がいつでもあるということです。裁判員は多数決ですから。

どんな「理由」やどんな「正当性」を持ってきても、「人を殺す」ことがあった一生と、「人を殺す」ことがなかった一生とは違うはずです。

だから子どもたちには、どのような「正当性」が標榜されようとも、「正義」だからと教えられても、人の最低の前提である「生存」を否定することに対してだけは、根底的な懐疑を持とう、といいます。「人を殺す」ことを肯定する「現実」、これを支える「イデオロギー」というものは、実は、とても強くて深いのです。

だからこんな現実のなか、「人を殺すことがない」「人に人を殺させることがない」、そんな人の在り方を考えよう。そのために、ともに苦闘していこう。それ以外、いまの僕には、子どもたちに伝える言葉がありません。

九・一一以降の「戦争の時代」、そして、三・一一の東日本大震災における多くの死を経験したいま、日本の戦後は、転機を迎えています。この変革期にこそ、未来を展望することが必須です。そのときに、戦後日本の歴史を見つめなおす視点は武器になります。そして、似非《えせ》ヒューマニズムを排して、真剣に、ウチナンチュー（琉球・沖縄の人）のいう「命《ぬち》どぅ宝」（命こそ宝）の意味を考えなくてはなりません。

本書は、二〇一一年一一月に弊社より刊行された『戦後史をよみなおす　駿台予備学校「戦後日本史」講義録』を改題、一部訂正・加筆のうえ文庫化したものです。

福井紳一——1956年、東京都生まれ。駿台予備学校日本史科講師。早稲田大学アジア太平洋研究センター特別センター員。慶應義塾大学文学部卒業、明治大学大学院文学研究科博士前期課程修了。専攻は日本近現代思想史。「歴史を見ることは現在を見ること」がモットーで、30年にわたり駿台予備学校で日本史を教えるかたわら、立教大学・日本獣医生命科学大学・敬愛大学で非常勤講師も務める。

著書に『満鉄調査部事件の真相』（小学館、共著）、『センターで学ぶ日本史ーセンター・国公立・私大の完全攻略』（共著）『短期攻略　センター日本史B』『日本史論述研究』（以上、駿台文庫）、『一九三〇年代のアジア社会論』（社会評論社、共著）、『論戦「満洲国」・満鉄調査部事件』（彩流社、共著）、編著に『東大闘争資料集（全23巻・別冊5巻）』（68・69を記録する会・山本義隆らと共編）などがある。

講談社+α文庫

今起きていることの本当の意味がわかる
戦後日本史《せんごにほんし》

福井紳一《ふくいしんいち》

2015年7月22日第1刷発行
2021年11月22日第3刷発行

発行者——鈴木章一
発行所——株式会社　講談社
東京都文京区音羽2-12-21 〒112-8001
電話　編集(03)5395-3522
販売(03)5395-4415
業務(03)5395-3615

デザイン——鈴木成一デザイン室
印刷——凸版印刷株式会社
製本——株式会社国宝社

KODANSHA

落丁本・乱丁本は購入書店名を明記のうえ、小社業務あてにお送りください。
送料は小社負担にてお取り替えします。
なお、この本の内容についてのお問い合わせは
第一事業局企画部「+α文庫」あてにお願いいたします。
Printed in Japan ISBN978-4-06-281608-3
定価はカバーに表示してあります。

講談社+α文庫 Ⓖビジネス・ノンフィクション

書名	著者	内容	価格	番号
新装版 墜落遺体 御巣鷹山の日航機123便	飯塚 訓	あの悲劇から30年……。群馬県警高崎署の刑事官が山奥の現場で見た127日間の記録	790円	G 55-3
新装版 墜落現場 遺《のこ》された人たち 御巣鷹山、日航機123便の真実	飯塚 訓	日航機123便墜落現場で、遺体の身元確認捜査を指揮した責任者が書き下ろした鎮魂の書！	800円	G 55-4
小惑星探査機 はやぶさの大冒険	山根一眞	日本人の技術力と努力がもたらした奇跡。「はやぶさ」の宇宙の旅を描いたベストセラー	920円	G 250-1
「売れない時代」に売りまくる！ 超実践的「戦略思考」	筏井哲治	PDCAはもう古い！ どんな仕事でも、どんな職場でも、本当に使える、論理的思考術	700円	G 251-1
〝お金〟から見る現代アート	小山登美夫	「なぜこの絵がこんなに高額なの？」一流ギャラリストが語る、現代アートとお金の関係	720円	G 252-1
仕事は名刺と書類にさせなさい 「目立つが勝ち」のバカ売れ営業術	中山マコト	一瞬で「頼りになるやつ」と思わせる！ 売り込まなくても仕事の依頼がどんどんくる！	690円	G 253-1
女性社員に支持されるできる上司の働き方	藤井佐和子	日本一「働く女性の本音」を知るキャリアカウンセラーが教える、女性社員との仕事の仕方	690円	G 254-1
武士の娘 日米の架け橋となった鉞子《えつこ》とフローレンス	内田義雄	世界的ベストセラー『武士の娘』の著者・杉本鉞子と協力者フローレンスの友情物語	840円	G 255-1
誰も戦争を教えられない	古市憲寿	社会学者が丹念なフィールドワークとともに考察した「戦争」と「記憶」の現場をたどる旅	850円	G 256-1
今起きていることの本当の意味がわかる 戦後日本史	福井紳一	歴史を見ることは現在を見ることだ！ 伝説の駿台予備学校講義「戦後日本史」を再現！	920円	G 257-1

＊印は書き下ろし・オリジナル作品

表示価格はすべて本体価格(税別)です。本体価格は変更することがあります